D0413241

f

EL curso **ELE** *SM (niveles 1 y 2) es un curso de español dirigido a estudiantes* **adolescentes** *y* **adultos**, *y diseñado para ayudar a alcanzar un grado de competencia lingüística que permita:*

- *saber responder en cualquier situación de lengua hablada;*
- *comprender textos escritos;*
- *acceder a cualquier examen oficial de español como lengua extranjera (D.E.L.E., escuelas oficiales de idiomas o universidades).*

Este libro corresponde al nivel 2 del curso, y su objetivo esencial es afianzar la comprensión y expresión orales y desarrollar la destreza lectora de los alumnos que quieren alcanzar un nivel medio.

Por ello, la sección PARA TODOS LOS GUSTOS *incluye interesantes documentos auténticos que enriquecerán el bagaje lingüístico y cultural de los alumnos.*

En cada lección se propone una doble página (AL HABLA, A LA ESCUCHA, A LA LÍNEA, POR ESCRITO) *donde se trabajan las cuatro destrezas de forma globalizada. Así el alumno habla, oye, lee y escribe dentro de un marco variado y motivador.*

La gramática se presenta en cuatro apartados diferentes, según las necesidades del alumno:

— **FÍJATE**: *para uso inmediato a la hora de realizar las actividades.*

—  : *para presentar irregularidades gramaticales.*

WITHDRAWN

— RECUERDA: *como recapitulación gramatical, al final de cada lección.*

— RESUMEN GRAMATICAL: *al final del libro, como material de consulta.*

Con una programación rigurosa, **ELE 2** *SM continúa la línea didáctica de* **ELE 1** *SM, reforzando los contenidos necesarios para acceder al nivel medio. Dicho nivel capacitará a los alumnos para desenvolverse con soltura en español.*

Comercializa

Para el extranjero:
EDICIONES SM - Joaquín Turina, 39 - 28044 Madrid (España)
Teléfono 91-422 88 00 - Fax 91-508 99 27

Para España:
EN&B, Hispano Francesa de Ediciones, SA
Alcalá, 261-265 - Edificio 4-1º - 28027 Madrid
Teléfono 91-350 05 96 - Fax 91-359 30 39
CESMA, SA - Aguacate, 43 - 28044 Madrid (España)
Teléfono 91-508 86 41 - Fax 91-508 72 12

© Belén Artuñedo, Cynthia Donson - Ediciones SM

ISBN: 84-348-4067-7
Depósito legal: M-44240-2001
Fotocomposición: Grafilia, SL
Orymu, SA - Ruiz de Alda, 1 - Pinto (Madrid)
Impreso en España - Printed in Spain

Ele

CURSO DE ESPAÑOL PARA EXTRANJEROS

LIBRO DEL ALUMNO

sm

01429176
CHESTER COLLEGE
ACC No. 01083749
DEPT QUARTO
CLASS No. 468.3421 ART
LIBRARY

2

PROYECTO Y COORDINACIÓN EDITORIAL
Departamento ELE de Ediciones SM

AUTORAS
Belén Artuñedo
Cynthia Donson

ASESORES
Leonardo Gómez Torrego
Ramón Palencia

EQUIPO EDITORIAL
Maqueta: Antonio Herrera

Cubierta: Equipo de diseño de Ediciones SM

Dibujos: Omar Fiaño, Julio Sánchez

Fotografías: EFE, Javier Calbet, J. M. Navia, SIPA-Press, Sonsoles Prada, Filmoteca Nacional, Yolanda Álvarez, Archivo SM, J. M. Ruiz, F. López-Aranguren, Jordi Sierra i Fabra

ÍNDICE

UNIDAD 1	TEMAS	OBJETIVOS COMUNICATIVOS	GRAMÁTICA	FONOLOGÍA
Lección 1 **Nos volvemos a ver**	Saludos y presentaciones. Identificación de personas. Vacaciones. Situación geográfica. Despedidas.	Saludar y presentar a otras personas. Hablar sobre parentesco, estado civil, edad, lugar de residencia, ocupación y aficiones. Hablar de lo que se ha hecho recientemente. Deletrear palabras. Describir ciudades, situación geográfica, tamaño y aspectos relevantes. Despedidas.	Demostrativos: *éste/ése/aquél.* Verbo *ser.* Interrogativos: *¿quién/cómo/dónde/cuánto/qué/cuándo?* Pretérito perfecto. Verbo *estar.*	Deletrear. Sonidos /θ/ /k/ /g/ /x/ /b/.
Lección 2: **Toma nota**	La ciudad. Estudio del español y estrategias de aprendizaje.	Expresar gustos personales y preferencias. Expresar opiniones. Dar y seguir instrucciones. Expresar propósitos y resoluciones.	Verbos *gustar, encantar, dar igual, importar, horrorizar, preferir, odiar, soportar.* Superlativo: *Lo más...* Imperativo afirmativo: *tú, vosotros, usted, ustedes.* Imperativo negativo: *No* + infinitivo. *Ir a* + infinitivo. *Pensar* + infinitivo. *Tener intención de* + infinitivo. Formas irregulares del presente de indicativo.	Discriminación de pronunciaciones.
Lección 3 **Ya te llamaré**	El carácter. Consejos.	Describir características personales. Expresar admiración o rechazo de una cualidad. Valorar con intensidad una cualidad. Dar consejos o sugerencias. Hablar de acontecimientos futuros. Expresar grados de certeza con respecto al futuro.	Verbo *ser* + adjetivo calificativo. Exclamaciones: ¡*Qué* + adjetivo! Superlativo absoluto: *Es muy gracioso/Es graciosísimo.* Imperativo negativo: *No* + presente de subjuntivo. Futuro imperfecto. Oraciones condicionales: *Si* + presente, imperativo. *No sé si/supongo que/creo que/seguramente/seguro que* + futuro imperfecto.	Entonación exclamativa: valorar o rechazar una cualidad. Acentuación.
Lección 4 **Últimas noticias**	Periódicos y noticias. Actividades cotidianas. Programación de televisión. Anuncios publicitarios.	Hablar de acontecimientos futuros. Hablar de una programación. Opinar sobre el futuro. Formular condiciones para acciones futuras.	Referencias temporales con futuro: *mañana, dentro de, la próxima semana, a partir de, hasta, pasado mañana...* Futuro imperfecto. *Creo que/pienso que/me parece que....* Condicionales: *Si* + presente, futuro imperfecto. Uso de los pronombres personales sujeto.	Entonación en frases condicionales.
Lección 5 **De fiesta**	Fiestas privadas y fiestas populares. Planes. Regalos. Ocio y actividades.	Dar la enhorabuena, felicitar. Enumerar y programar series. Hacer sugerencias. Aceptar o rechazar sugerencias. Hacer planes. Programar actividades.	Marcadores temporales: primero, luego, después, etc... *Poder* + infinitivo. *¿Por qué no...? ¿Y si ...?* *Ir a* + infinitivo y futuro imperfecto. Presente de subjuntivo. Algunas formas irregulares. *Cuando* + presente de subjuntivo. *Después de* + infinitivo/sustantivo.	/g/ y /x/ Ortografía.

B A L A N C E 1

UNIDAD 2

Lección 6 **En forma**	Actividades cotidianas. Deportes.	Hablar de la frecuencia con que se realiza una acción. Hablar de actividades habituales. Hablar del tiempo transcurrido a partir del inicio de una actividad. Hablar de la duración de una actividad (contar la cantidad de tiempo). Preguntar por alguien desconocido e identificarlo.	Marcadores de frecuencia: *nunca, de vez en cuando, rara vez, algunas veces,* etc. *Soler* + infinitivo. *Hace* (expresión de tiempo) *que... Desde hace* (expresión de tiempo). *Desde* (fecha). *Llevar* (expresión de tiempo) + gerundio. *Llevar* + gerundio *desde* (fecha). *Estar* + gerundio + *desde/desde hace* (expresión de tiempo). Artículo/demostrativo + frase preposicional/frase de relativo/adjetivo.	/p/ /b/
Lección 7 **¡Lo que me ha pasado!**	Anécdotas y contratiempos. Conversaciones telefónicas. Mensajes y recados.	Contar sucesos del pasado inmediato. Reaccionar al relato de un suceso. Narrar sucesos del pasado. Comenzar un relato, ordenar y añadir información, finalizar un relato. Dejar recados para otra persona. Transmitir información, peticiones y sugerencias.	Pretérito perfecto. Exclamación: *¡Qué* + sustantivo/adjetivo/adverbio! *¡Vaya* + sustantivo! *¡Menudo/a* + sustantivo! Pretérito indefinido. Operadores del relato: *resulta que, luego, además, total que,* etc. *Decir que* (imperativo)+ presente de indicativo, pretérito perfecto, futuro imperfecto. *Decir que* (imperativo) + presente de subjuntivo. *Decir que* (pretérito perfecto) + presente de indicativo, pretérito perfecto, pretérito indefinido, futuro imperfecto.	/l̮/ /y/ /i/ Ortografía.
Lección 8 **Aquellos maravillosos años**	Épocas pasadas: costumbres, historia, modas. Actividades habituales en el pasado. Profesiones y ocupaciones.	Describir características y actividades en el pasado. Hablar de una actividad general, sin precisar la identidad del sujeto. Hablar de actividades habituales en el pasado. Hablar de la continuidad de actividades o características. Hablar de la interrupción o cambio de actividades y características.	Pretérito imperfecto. Marcadores temporales con pretérito imperfecto: *antes, entonces, en aquella época...* *Se* (la gente/todo el mundo/la mayoría) + verbo en tercera persona singular. Pretérito imperfecto de *soler* + infinitivo. *Todavía* + presente de indicativo. *Seguir/Continuar* + gerundio. *Ya no* + presente de indicativo.	Acentuación. Diptongos e hiatos.
Lección 9 **Vidas particulares**	Personajes célebres. Biografías. Los premios Nobel latinoamericanos.	Contar la vida de una persona. Hablar de la interrupción de una actividad. Hablar del inicio de una actividad. Relacionar acontecimientos del pasado: hablar de dos sucesos simultáneos; describir circunstancias o actividades simultáneas; describir las circunstancias en que se produjo un acontecimiento; hablar de un acontecimiento inmediatamente posterior a otro.	*Cuando* + pretérito indefinido. *Dejar de* + infinitivo. *Empezar/Comenzar a* + infinitivo. *Cuando* + pretérito imperfecto. *Mientras* + pretérito imperfecto. Pretérito imperfecto / Pretérito indefinido. *En cuanto* + pretérito indefinido. *Nada más* + infinitivo.	Acentuación.

	TEMAS	OBJETIVOS COMUNICATIVOS	GRAMÁTICA	FONOLOGÍA
Lección 10 **Bolsa de trabajo**	El trabajo. Profesiones. Anuncios de trabajo y entrevistas. Currículum vitae. Cartas.	Presentar una información con valor general, sin precisar el sujeto. Expresar necesidad. Hablar de requisitos mínimos. Informar de actividades en el pasado: consideradas en su transcurso; consideradas en su punto de partida. Hablar de personas y grupos de personas de identidad indeterminada.	Actor indeterminado: *Se* + verbo en tercera persona singular. *Hay que, hace falta, ser necesario, necesitar, tener que, bastar/basta con, ser suficiente/es suficiente con.* *Hace* + cantidad de tiempo. *Desde que* + pretérito indefinido / presente. Cuantificadores e indefinidos.	
		B A L A N C E 2		
UNIDAD 3				
Lección 11 **¡Ojalá!**	El sistema educativo. Cursos y estudios. En la librería.	Hablar de deseos o esperanzas. Hablar de hipótesis o posibilidades. Descartar una hipótesis. Ofrecer una alternativa a una hipótesis. Hablar de la causa. Hablar de la finalidad.	*A ver si* + indicativo. *Ojalá/Que* + subjuntivo. *Querer/Esperar* + infinitivo. *Querer/Esperar que* + presente de subjuntivo. *A lo mejor/Lo mismo/Igual/A ver si* + indicativo. *Posiblemente/Probablemente/Seguramente* + indicativo/presente de subjuntivo. *Puede/Es posible que* + presente de subjuntivo. *Quizá/Tal vez* + presente de subjuntivo/presente de indicativo. *No creo que/Espero que no* + subjuntivo. *A no ser que* + subjuntivo. Preposiciones: *por* y *para*.	Entonación en la expresión de deseos e hipótesis.
Lección 12 **De película**	Espectáculos: cine, teatro, conciertos. Ocio.	Formular invitaciones. Aceptar una invitación. Expresar deseos. Rechazar una invitación. Expresar preferencias. Hacer comparaciones. Valorar con intensidad. Hablar de un lugar. Valorar y describir personas, lugares y cosas.	Condicional. *¿Te/os/le/les apetece* + infinitivo + *que* + presente de subjuntivo? *¿Te/os/le/les apetecería/gustaría/interesaría* + infinitivo? *Preferiría* + infinitivo. Comparativos: superioridad, inferioridad. *Más/menos* + adjetivo/adverbio + *que...* *Más/menos de* + expresión de cantidad. Igualdad: *Tan* + adjetivo/adverbio + *como...* *Igual de* + adjetivo/adverbio + *que...* *Lo mismo que, tanto como.* Superlativo relativo: *El/la/los/las/lo* + (sustantivo) + *más/menos* + adjetivo. *El/la/los/las/lo* + (sustantivo) + *más/menos* + adjetivo + *que* + frase / *de* + sustantivo. *Ser* y *estar*.	/s/ /k/ /θ/ Ortografía.

Lección 13 **¡Me parece fatal!**	En el hotel. Servicios públicos. Paradores Nacionales, albergues, turismo.	Solicitar un servicio. Expresar deseos y peticiones. Expresar opiniones. Pedir permiso. Acceder a un servicio o petición. Conceder permiso.	Condicional. *¿Podría(s)* + infinitivo? *¿(Te/le) molestaría/importaría* + infinitivo? *¿Sería tan amable de* + infinitivo? *Me gustaría* + infinitivo. *Quería/Querría* + sustantivo/infinitivo. *(Me/te...) encanta/hace ilusión/gusta que* + subjuntivo. *(Me/te...) parece* + adjetivo/adverbio + *que* + subjuntivo. *(No) (me/te...) da igual/importa/molesta que* + subjuntivo. *Ser* + adjetivo + *que* + subjuntivo. *¿Podría/puedo* + infinitivo? *¿(Te/os/le/les) importa/molesta que* + subjuntivo? *¿Me permite(s)/deja(s)* + infinitivo + *que* + subjuntivo?	/r/ /r̄/ Ortografía.
Lección 14 **¡No me digas!**	Relaciones personales.	Hablar de acontecimientos pasados y relacionarlos: situación anterior a un momento del pasado. Hablar de las consecuencias de un suceso. Hablar de la causa o circunstancias previas a un suceso. Expresar extrañeza o sorpresa. Expresar satisfacción o alegría. Expresar insatisfacción o contrariedad. Hablar de transmisión de información. Hablar del destinatario de un objeto o acción. Relativizar una opinión.	Pretérito pluscuamperfecto. Contraste: pretérito imperfecto/pretérito indefinido/pretérito pluscuamperfecto. Oraciones consecutivas: *así que, con lo cual, conque, de modo que, por tanto.* Oraciones causales: *como, ya que, puesto que.* *Qué raro que/Me extraña que* + pretérito perfecto de subjuntivo. *Qué bien que/Alegrarse de que* + pretérito perfecto de subjuntivo. *Sentir que/Lamentar que* + pretérito perfecto de subjuntivo. *Por / Para.*	/s/ /k/ /θ/ /ks/ /sθ/ /st/ /sk/ /sp/ /kst/ /ksθ/ /ksk/ Ortografía.
Lección 15 **Grandes problemas, pequeñas decisiones**	El medio ambiente. La ecología.	Hacer definiciones. Informar sobre el contenido o la materia. Describir estados permanentes de objetos, lugares y personas. Describir circunstancias o estados temporales de objetos, lugares y personas. Hablar de hipótesis no realizables en el presente y de sus consecuencias. Expresar objetiva y subjetivamente lo necesario. Hablar de lo innecesario. Hablar de la necesidad de no hacer algo.	Verbo *ser.* Verbo *estar.* Pretérito imperfecto de subjuntivo. Oraciones condicionales hipotéticas: *Si/En caso de que* + pretérito imperfecto de subjuntivo, condicional. *Tener que* (condicional) + infinitivo. *Deber* (condicional) + infinitivo. *No hace falta/No es necesario/No es preciso* + infinitivo. *No hace falta/No es necesario/No es preciso* + *que* + subjuntivo. *No hay que* + infinitivo.	/č/ /t/ /θ/ /k/ /r/ /r̄/ Ortografía.

B A L A N C E 3

LECCIÓN 1

NOS VOLVEMOS A VER

1 Mira este dibujo. Empareja los diálogos con las ilustraciones.

A) —¡Hola! ¿Cómo estás? ¿Qué tal te ha ido?
—¡Hola! Muy bien. ¿Y a ti?

B) —Me lo he pasado fenomenal y he visitado un montón de sitios.
—¡Qué bien! Yo, en cambio, me he pasado todas las vacaciones estudiando.

C) —¿Quién es esa chica? ¿La conoces?
—Es nueva, acaba de llegar. Y aquel chico también es nuevo. Vamos a hablar con ellos.

D) —Mira, te presento a Andrea; es alemana y este año va a estudiar con nosotros. Este es Daniel.
—¡Hola! ¿Qué tal? Te lo vas a pasar bien en esta clase.

E) —¡Hola! Me llamo Gianni. Soy italiano.
—Encantado. Yo me llamo Pierre y soy francés.

2 **a)** Vuelve a leer los diálogos y practícalos con tu compañero.

FÍJATE

Esa chica.	**Ésta** es Andrea.
Aquel chico.	**Aquél** es Daniel.
Estos amigos.	**Éstos** son Gianni y Chantal.

b) En vuestra clase ¿hay algún alumno nuevo? Si no os conocéis todavía, pide a algún compañero que os presente:

—*¿Conoces a aquel chico?*

—*¿Quién es esa chica?*

3 En grupos de cuatro. Elegid una foto cada uno.

a) Durante las vacaciones has conocido a esas personas. Inventa toda la información necesaria sobre ellas relativa a los siguientes aspectos: nombre, parentesco, ocupación, edad, estado civil, lugar de residencia y aficiones.

b) Haz preguntas a tus compañeros sobre las personas de sus fotos.

4 **a)** ¿A qué foto de la actividad anterior corresponde cada frase?

A) Este verano han estado en la playa y se lo han pasado fenomenal.
B) Durante las vacaciones han visitado Grecia y han hecho muchas fotos.
C) En verano ha estado en la montaña y ha practicado su deporte favorito.
D) Este año han estado en el campo y han hecho excursiones en bicicleta.

FÍJATE

Este verano/año/mes En / Durante el verano/las vacaciones	+ *pretérito perfecto*

b) Pregunta a tus compañeros lo que han hecho en vacaciones. Escribe un nombre en cada caso.

¿Quién...	NOMBRE
1 ... ha hecho un viaje al extranjero?	
2 ... se ha ido de vacaciones con su familia?	
3 ... ha pasado las vacaciones con unos amigos?	
4 ... no ha salido de vacaciones?	
5 ... se ha alojado en un hotel?	
6 ... ha leído un libro durante las vacaciones?	
7 ... ha practicado algún deporte?	
8 ... ha visto algún monumento interesante?	
9 ... ha hablado español?	
10 ... ha viajado en avión?	

c) Comenta el cuadro anterior con tu compañero.

d) Ahora pregúntale por sus vacaciones. ¿Ha hecho algo interesante, divertido, peligroso?

—¿Qué tal te lo has pasado? *—¿Dónde has estado?*

Formación del participio pasado: **visitar-visitado, conocer-conocido, salir-salido; ver-visto, escribir-escrito, hacer-hecho, descubrir-descubierto, abrir-abierto, poner-puesto, volver-vuelto, decir-dicho, morir-muerto, romper-roto.** Atención: **leer-leído.**

5 **a)** Lee los nombres de estas ciudades españolas y agrúpalos según el número de sílabas.

- GIJÓN
- ZARAGOZA
- SALAMANCA
- CÁDIZ
- MADRID
- OVIEDO
- BARCELONA
- SANTANDER
- TOLEDO
- BILBAO
- LEÓN
- VALLADOLID

b) Escucha y comprueba.

c) Escucha y repite.

6 **a)** Thorsten, un amigo de Teresa, la está ayudando a ordenar fotos de diferentes viajes. Escucha y completa las fechas y los lugares de cada álbum de fotos.

Julio 1989	....
....	Rodalquilar
Noviembre 1991	....
....	Oviedo

b) En parejas, deletread los nombres y comprobad que los habéis escrito bien.

7 **a)** Escucha la descripción de una ciudad española.

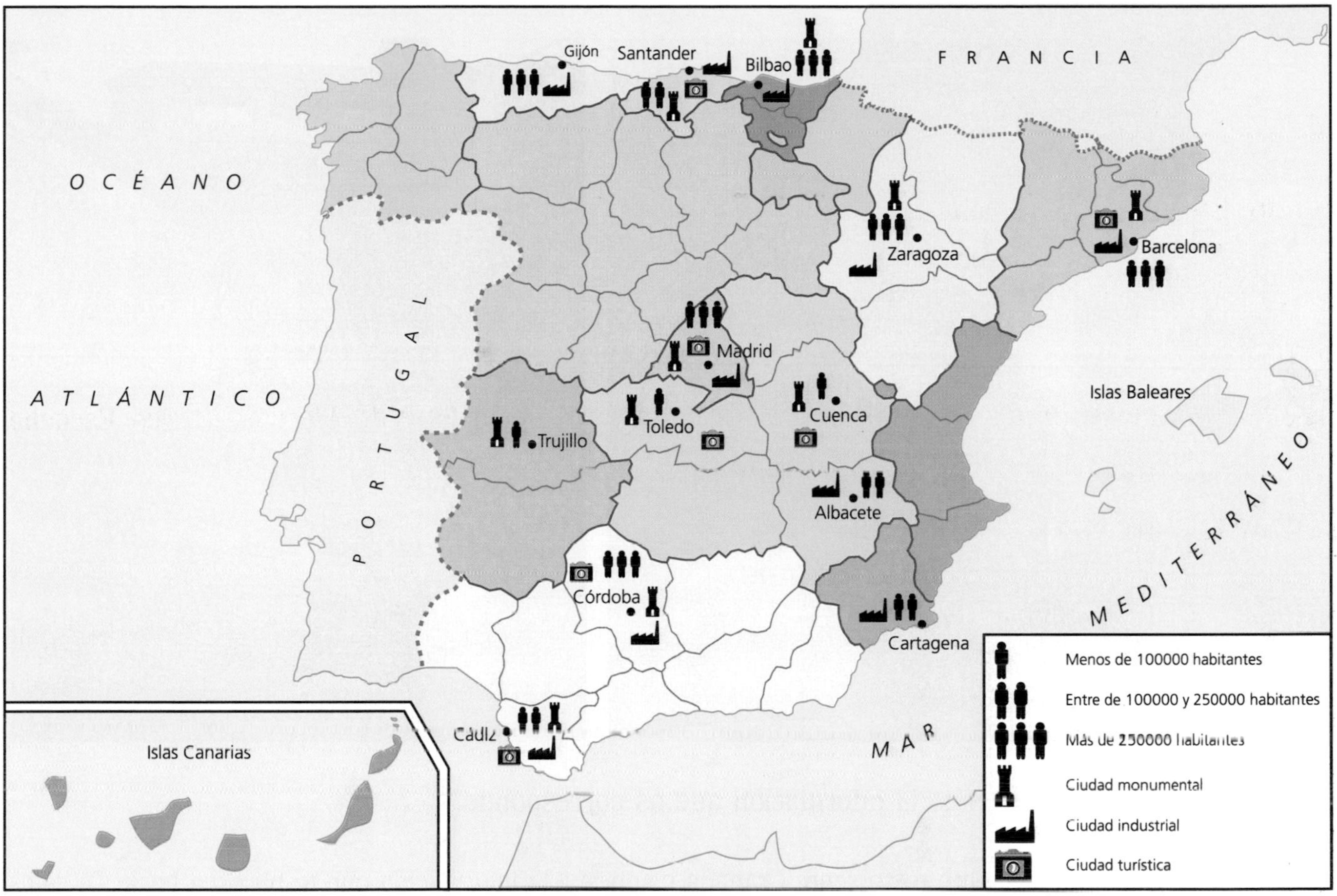

FÍJATE

ESTÁ	ES
en el norte/este/centro	grande/pequeña
al norte [de aquí/de Madrid]	costera/interior
cerca/lejos de...	industrial/turística
al lado de...	moderna/antigua

b) En grupos. Mirad el mapa de España y elegid una ciudad de las que aparecen señaladas. Vuestros compañeros deben descubrir qué ciudad habéis elegido mediante preguntas. Sólo podéis responder SÍ o NO.

—¿Es una ciudad muy grande? —*Sí.*

—¿Está en la costa? —*No.*

8 **a)** Mira estas fotos. ¿Sabes de qué ciudad son? ¿Puedes dar a tus compañeros alguna información sobre ella?

b) En parejas. Mirad sólo la información que os corresponde.

Alumno A. Lee el siguiente texto sobre Granada y subraya la información que te parezca falsa. Tu compañero tiene la información que te falta; pregúntale y corrige el texto.

Granada, ciudad costera y mediterránea, situada en el este de Andalucía y famosa por su pasado árabe, recibe a muchos turistas que vienen a visitar la Sagrada Familia, de Gaudí, monumento conocido internacionalmente. La variedad de su paisaje y de su clima permite la práctica del esquí durante el invierno, a tan sólo 100 km de la capital, y disfrutar del mar en verano, en su bello puerto deportivo.

Alumno B. Lee el siguiente texto sobre Granada y subraya la información que te parezca falsa. Tu compañero tiene la información que te falta; pregúntale y corrige el texto.

Granada, construida al pie de Sierra Nevada y situada en el oeste de Andalucía, famosa por su pasado romano, recibe a muchos turistas que vienen a visitar la Alhambra, monumento conocido internacionalmente. La variedad de su paisaje y su clima permiten, durante todo el año, la práctica del esquí en sus montañas cercanas y disfrutar del mar en los puertos deportivos, que están a unos 60 km de la capital.

c) Ahora leed a la clase vuestro texto y comprobad que todos tenéis la información verdadera.

9 **a)** Lee estas postales de Granada. ¿A quién va dirigida cada una: a su familia, a un amigo, a su novio, a su profesor?

1

Querid... ....

Estoy pasando unos días en Granada, y la ciudad es preciosa. He visitado la Alhambra y todos los monumentos árabes de la ciudad. También he hecho una excursión a Sierra Nevada; el paisaje es fantástico y me he divertido mucho.

Muchos besos y recuerdos a todos.

SOLEDAD

2

Querid... ....

Te escribo desde Granada, donde me lo estoy pasando bomba. Aquí hay una marcha increíble con tanto turista. En el cámping he conocido a unas chicas holandesas súper-simpáticas y he visitado todos los monumentos y todas las discotecas de la ciudad con ellas. Ha sido agotador, pero ha merecido la pena.

¿A que te doy envidia, eh? Recuerdos a los compañeros y... ¡hasta la vuelta!

ANTONIO

3

Querid... ....

Llevo una semana en Granada y me ha dado tiempo a conocer los sitios más bonitos de la ciudad. He estado un día entero en la Alhambra viendo los jardines, visitando las salas... También he ido de tiendas y me he gastado bastante dinero. Te he echado mucho de menos y cuento los días que faltan para verte y contarte todo lo que he hecho por aquí.

Un beso enorme.

BELÉN

4

Querid... ....

Por fin he visitado Granada, y desde luego es una ciudad muy interesante. He pasado un día en la Alhambra viendo de cerca el arte árabe. He estado también en la catedral y en las pequeñas iglesias del Sacromonte. Siguiendo tus consejos, he comprado unos cuantos libros sobre el pasado histórico y artístico de la ciudad y he hecho muchas fotos. Ya te las enseñaré.

Hasta pronto.

PABLO

b) Ahora escribe tú una postal. Cuenta dónde estás, cómo es la ciudad y qué has hecho durante tu visita.

c) Envía tu postal a algún compañero. Hablad en clase: cuenta quién te ha escrito, dónde ha estado, qué ha hecho, etc.

P A R A   T O D O S

1. Escucha estos diálogos y señala a qué dibujos corresponden.

2. Mira los dibujos y fíjate en los gestos de los personajes. ¿Son los mismos en tu país? Si son diferentes, muéstraselos a tus compañeros.

①

②

③

④

⑤

3. Haz otros gestos típicos de tu país a tus compañeros. ¿Saben qué significan? ¿Conocéis otros gestos de otros países?

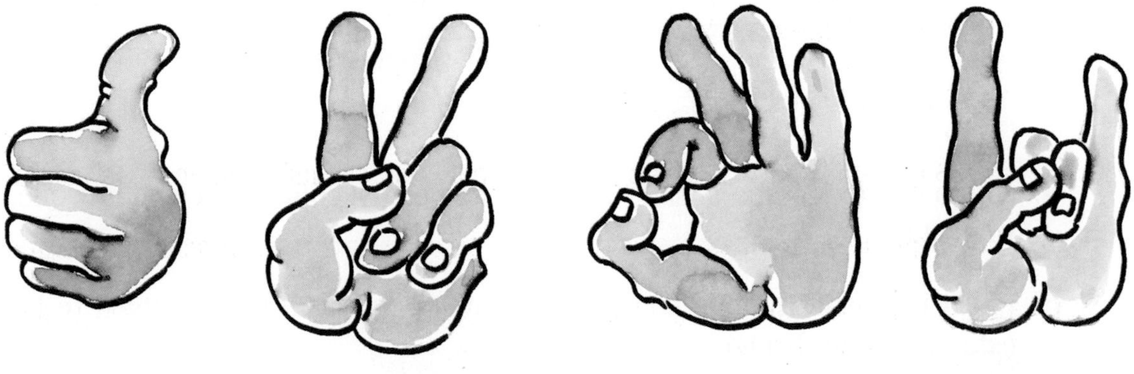

LETRA PEQUEÑA

Nos rozamos, nos aproximamos, nos tocamos mucho más los unos a los otros que casi todos los pueblos que conozco

Rosa Montero

Besos y otras cosas

Es curioso lo mucho que nos besamos en España. Me refiero al beso social en las mejillas, y no a esos otros besos más lentos y sabrosos, también más conflictivos, que pertenecen al reino de lo privado.

Al saludarnos, si es entre mujeres siempre nos besamos, y si es entre hombres y mujeres casi siempre, con la sola excepción de aquellas ocasiones extremadamente formales u oficiales, tratos de negocios, personas muy mayores. Tampoco estos besos suelen ser unos besos auténticos, esto es, un restallar de labios en el moflete, sino que más bien son un leve refrote de carrillos, un soplar de tópicas palabras de saludo sobre las orejas del contrario. Pero, de todas formas, nos rozamos, nos aproximamos, nos tocamos mucho más los unos a los otros que casi todos los pueblos que conozco.

Los españoles siempre hemos sido muy tocones, para bien y para mal. Casi siempre para bien, aunque a veces resultamos demasiado invasores: esas manos que te empujan por la calle, sin siquiera pedir disculpas por el empellón, son muy molestas.

Los franceses también se besan al despedirse o encontrarse, pero me parece que es un gesto que reservan sólo para los más amigos. En cuanto a los anglosajones, los alemanes o los nórdicos, se limitan a darse la mano, y si te abalanzas hacia el cuello de un hombre al saludarle, le dejas estupefacto y apuradísimo.

Pues bien, conociendo que en el mundo casi nadie se besa de este modo amistoso y público que nosotros nos gastamos, ahora que tanto hablamos de la Europa unida y de cómo pueden coexistir culturas diferentes de una manera abierta y enriquecedora, este beso celtíbérico, tan rápidamente adoptado por los visitantes de nuestro país, es un perfecto ejemplo de cómo los pueblos pueden intercambiarse tranquilamente sus distintas miradas sobre el mundo. Además de ser un roce de mofletes, es también un trasvase de costumbres.

El País, 22-11-92
(adaptado)

1. ¿Puedes encontrar seis palabras que se refieren a partes del cuerpo? Tres de ellas tienen el mismo significado. ¿Cuáles son?

2. ¿Cómo se saludan los españoles? ¿En qué ocasiones no se besan?

3. ¿Crees que en España la gente se acerca para saludar más que en otros países?

4. ¿Crees que los diferentes gestos y saludos en cada país reflejan maneras distintas de pensar?

5. Vuelve a leer el último párrafo. ¿Estás a favor o en contra de los besos? ¿Y del intercambio de costumbres?

COMUNICACIÓN

Identificar a personas

Ésta es Andrea.
Aquella chica es Andrea.

Presentar a alguien

Te presento a Andrea.
Ésta es Andrea.

Hablar de lo que se ha hecho recientemente

¿Dónde has estado?
Este verano he estado en París.
¿Con quién has ido?

Describir lugares por sus características y su localización

Es una ciudad monumental.
Está en la Costa del Sol.

GRAMÁTICA

DEMOSTRATIVOS

éste/a	ése/a	aquél/aquélla
éstos/as	ésos/as	aquéllos/as
este/a	ese/a	aquel/aquella
estos/as	esos/as	aquellos/as

Verbo SER: soy, es, son

presentar o ser
te/os/le/les presenta a...

PRETÉRITO PERFECTO

Formación del participio pasado:

-AR	-ado
-ER	-ido
-IR	-ido

INTERROGATIVOS

¿Qué?	¿Cuál?	¿Dónde?
¿Quién?	¿Cuándo?	¿Cuánto?

ser
estar

LECCIÓN 2

TOMA NOTA

1 Empareja las frases con los mensajes. Puedes usar el diccionario. ¿En dónde has visto estos símbolos?

A

B

C

D

E

F

G

H

I

J

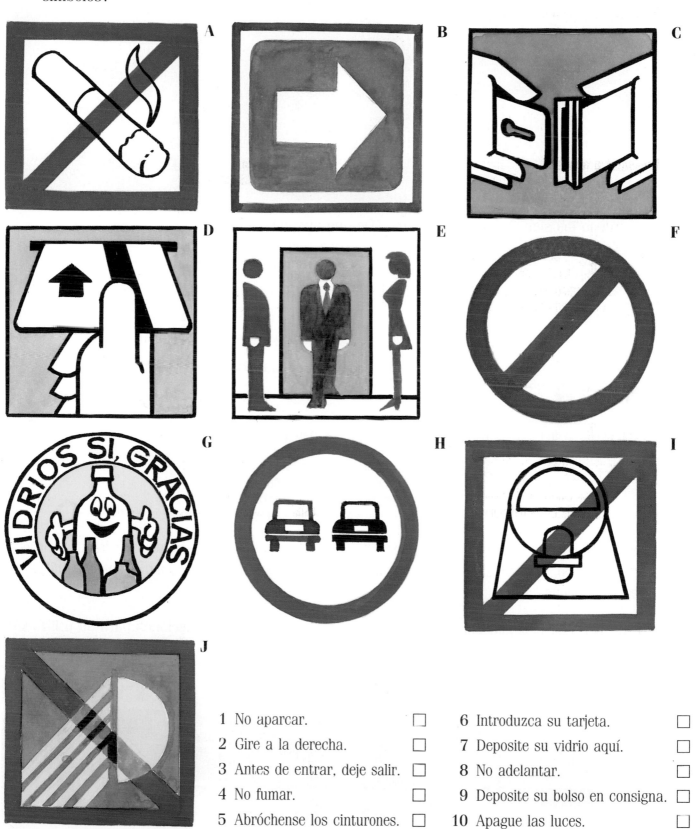

1 No aparcar. ☐
2 Gire a la derecha. ☐
3 Antes de entrar, deje salir. ☐
4 No fumar. ☐
5 Abróchense los cinturones. ☐
6 Introduzca su tarjeta. ☐
7 Deposite su vidrio aquí. ☐
8 No adelantar. ☐
9 Deposite su bolso en consigna. ☐
10 Apague las luces. ☐

2 **a)** Mira estas fotografías. ¿Sabes a qué corresponde cada una?

b) Ordena las siguientes instrucciones. ¿De qué máquina se trata?

- Teclee el importe.
- Retire su tarjeta.
- Seleccione la operación.
- Retire el recibo y el dinero solicitado.
- Introduzca su tarjeta.
- Si la cantidad solicitada es correcta, pulse la tecla «continuar».
- Teclee su número personal.

FÍJATE

IMPERATIVO AFIRMATIVO				IMPERATIVO NEGATIVO
[Usted]	retire meta escriba	[Ustedes]	retiren metan escriban	no retirar no meter no escribir

Salir-salga, poner-ponga, hacer-haga, tener-tenga, venir-venga, decir-diga, introducir-introduzca, ir-vaya, ser-sea, dar-dé, pedir-pida, cerrar-cierre, colgar-cuelgue. Cambio ortográfico: aparcar-aparque, utilizar-utilice, pagar-pague.

d) En parejas. Escoged una de estas máquinas y escribid las instrucciones para su utilización. Decídselas a otra pareja.

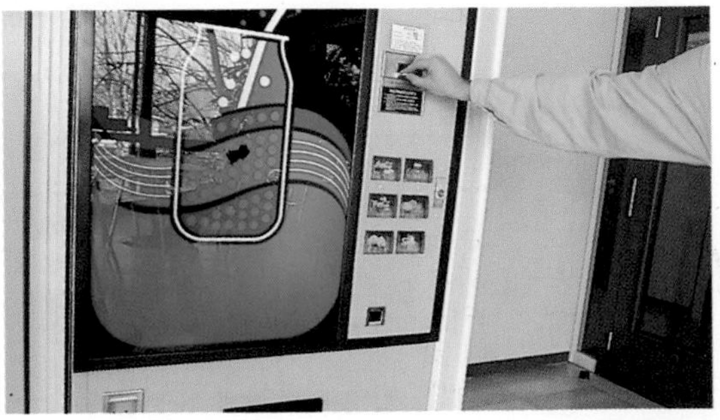

3 **a)** Se han mezclado estas frases. Agrúpalas temáticamente. ¿Para qué sirven estas instrucciones?

A) Intenta leer los periódicos españoles.
B) Descuelgue el teléfono.
C) Espere el tono.
D) Haz los ejercicios.
E) Aprende a utilizar el diccionario.
F) Introduzca el dinero.
G) Marque el número.
H) Habla siempre en español con tus compañeros.
I) Estudia los verbos irregulares.
J) Intenta entender la televisión.

b) ¿Qué diferencia hay entre los dos grupos de instrucciones?

FÍJATE

IMPERATIVO			
[Tú]	retira	mete	escribe
[Usted]	retire	meta	escriba
[Vosotros]	retirad	meted	escribid

c) En estas instrucciones ¿se utiliza TÚ o USTED? ¿Puedes decir por qué?

	TÚ	USTED
Instrucciones de un medicamento.		
Instrucciones de tu libro de español.		
Instrucciones de Telefónica para llamar al extranjero.		
Instrucciones de un amigo para utilizar su ordenador.		

d) En parejas. Propón a tu compañero ideas para aprender español. Utilizad estos verbos.

comprar
leer
cantar
usar
hacer
consultar
escuchar

PARA MÍ, LO MÁS INTERESANTE ES APRENDER VOCABULARIO.
EN MI OPINIÓN, LO MÁS DIFÍCIL ES LA FONÉTICA.

e) Piensa en tu aprendizaje de español y habla con la clase. ¿Qué te parece lo más importante, difícil, aburrido, interesante, divertido...?

Y tú, ¿qué vas a hacer para mejorar tu español?

YO PIENSO LEER EL PERIÓDICO TODOS LOS DÍAS.
YO QUIERO APRENDER CANCIONES ESPAÑOLAS Y CANTAR
TENGO LA INTENCIÓN DE COMPRARME UN BUEN DICCIONARIO
VOY A ESCRIBIR CARTAS EN ESPAÑOL A UN COMPAÑERO.

FÍJATE

Pienso...	+ *infinitivo*
Tengo la intención de...	
Quiero...	
Voy a...	

4 **a)** Anota cinco cosas que piensas hacer este año para mejorar tu español. Aquí tienes algunas ideas.

LEER NOVELAS.
VIAJAR SOLO POR ESPAÑA.
HACER TODOS LOS EJERCICIOS, HASTA LOS ABURRIDOS.
IR MUCHO AL CINE.
VER LOS PROGRAMAS ESPAÑOLES DE LA TELEVISIÓN.
ESCUCHAR LAS NOTICIAS EN LA RADIO.
SUSCRIBIRME A UNA REVISTA ESPAÑOLA.

b) Averigua qué piensa hacer tu compañero. ¿Coincidís en algo?

5 **a)** Escucha lo que dicen estos estudiantes. ¿Pronuncian bien? ¿Quién pronuncia mejor? Anota en tu cuaderno lo que pronuncian mal y díselo al profesor.

1 Hanna 2 Philippe 3 James

b) ¿Puedes adivinar la nacionalidad de estos estudiantes? Compara tu respuesta con la de tu compañero. ¿Estáis de acuerdo? ¿Por qué?

c) Ahora escucha sus opiniones y marca cuáles son sus gustos

	HANNA	PHILIPPE	JAMES
1. Le encanta leer textos en español.			
2. No le importa utilizar el diccionario.			
3. Le gusta escuchar diálogos y hablar.			
4. Le horroriza escribir en español.			
5. Le gusta conocer la cultura del país.			
6. No le gusta nada la gramática.			
7. Le encanta aprender vocabulario.			

FÍJATE

A mí me gusta [mucho]... A mí me encanta...	Yo prefiero...
A mí no me gusta [nada]... A mí me horroriza...	Yo odio... Yo no soporto...
A mí me da igual... A mí no me importa...	

6 Piensa en tu vida diaria. ¿Qué es lo que más te gusta hacer? Habla con tu compañero y comparad vuestros gustos. ¿Coinciden vuestras opiniones? ¿Hay alguien en clase que tiene los mismos gustos que tú?

7 **a)** Mira esta foto. ¿Sabes qué es? ¿Cómo se llama? ¿Dónde se encuentra? ¿Qué podemos hacer allí?

b) Lee estas descripciones. Busca el dibujo correspondiente en la página 27. Dibuja las que faltan.

- Dónde se encuentra.
- Para qué sirve o cómo se utiliza.
- Qué podemos hacer en ese lugar.
- Cómo es.

A) Está en la calle. Sirve para echar las cartas. En España son amarillos.

B) Se encuentra en la calle. Es un sitio muy pequeño, donde sólo cabe una persona. Sirve para llamar por teléfono.

C) Se encuentra en teatros, cines, en el metro, en estaciones... Es un lugar donde puedes comprar billetes o entradas.

D) Está en la calle. Es un sitio muy pequeño, donde sólo cabe una persona. En él puedes comprar cupones, números para jugar a la lotería de la Organización Nacional de Ciegos de España.

E) Se encuentra en todas las ciudades. Sirve para regular el tráfico.

F) Se encuentra en las calles y en los edificios públicos. Sirve para mantener la ciudad limpia.

G) Los hay en algunos puntos de la ciudad. Sirven para depositar el vidrio y son muy ecológicos.

H) Están en todas las ciudades y pueblos. Es un sitio donde puedes comprar sellos, enviar cartas, poner telegramas...

c) En grupos. Pensad en otros dos objetos o lugares que se encuentran en la ciudad. Preparad sus descripciones y leedlas a la clase. ¿De qué objeto o lugar se trata?

Poder-puede, servir-sirve, encontrarse-se encuentra.

PARA TODOS

Cada loco con su tema,
que contra gustos no hay disputas,
artefactos, bestias, hombres y mujeres;
cada uno es como es,
cada quien es cada cual
y baja las escaleras como quiere;
pero, puestos a escoger, soy partidario
de las voces de la calle más que del diccionario,
me privan más los barrios que el centro de la ciudad
y los artesanos más que la factoría,
la razón que la fuerza, el instinto que la urbanidad,
y un sioux más que el séptimo de caballería.
Prefiero los caminos a las fronteras,
y una mariposa al Rockefeller Center,
y al farero de CapdePera
al ex Vigía de Occidente.

Cada loco con su tema, J. M. Serrat

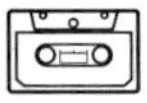

1. Escucha esta canción y lee el texto.

2. ¿Cuáles son las preferencias del autor? Agrúpalas.

3. ¿Qué palabra, en tu opinión, describe mejor al autor de la canción?

inocente | idealista | materialista | comunista

4. El título de la canción es *Cada loco con su tema*. ¿Qué crees que significa? Discútelo en clase.

1

Dejando de lado los motivos, atengámonos a la manera correcta de llorar.

2

Manténgase alejado de ventanas, espejos, cuadros y chimeneas.

3

En una colchoneta, ponte de pie en forma de I. Dobla el cuerpo en forma de una U boca abajo.

4

Almacene agua en recipientes de plástico, y alimentos duraderos.

5

Para llorar, dirija la imaginación hacia usted mismo, y si esto le resulta imposible por haber contraído el hábito de creer en el mundo exterior, piense en un pato cubierto de hormigas o en esos golfos del estrecho de Magallanes *en los que no entra nadie, nunca.*

6

Llegado el llanto, se tapará con decoro el rostro usando ambas manos con la palma hacia dentro. Los niños llorarán con la manga del saco contra la cara, y de preferencia en un rincón del cuarto. Duración media del llanto, tres minutos.

7

Date un impulsito hacia adelante, levanta las piernas y termina de hacer la O entera con el cuerpo. ¡Bravo!

8

Tenga a mano una linterna y un transistor, así como pilas de repuesto para ambos, mantas, y cascos o gorros acolchados, para cubrirse la cabeza.

9

Mete la cabeza entre las piernas y ponte en forma de O más, más.

10

El llanto medio u ordinario consiste en una contracción general del rostro y un sonido espasmódico acompañado de lágrimas y mocos, estos últimos al final, pues el llanto se acaba en el momento en que uno se suena enérgicamente.

11

En caso de peligro, protéjase debajo de una mesa, escritorio, cama o dintel de puertas; cualquier protección es mejor que ninguna.

12

Pon las manos en el suelo en forma de V. Dobla las piernas en forma de Z.

1. Estas instrucciones se han mezclado. Léelas y clasifícalas en tres grupos según el tema.

2. En caso de terremoto, ¿qué necesitas tener en casa? ¿En qué lugar debes ponerte? ¿Qué lugares son peligrosos? ¿Por qué?

3. Vuelve a leer esta instrucción:

Para llorar, piense en un pato cubierto de hormigas.

Ahora completa estas frases:

Para cantar, piense en ...
Para dormir, ...
Para reír, ...

4. Lee las instrucciones para dar la voltereta. ¿Sabes hacerla? Piensa en otro ejercicio físico. Da las instrucciones a tus compañeros.

COMUNICACIÓN

Expresar gustos y preferencias

A mí me gusta mucho leer.
A ti te encanta escribir cartas.
A mí no me gustan nada los dictados.
A mí me da igual hacerlos que no.

Yo prefiero hacer ejercicios.
Pues yo los odio.

Expresar gustos y opiniones

Lo que menos me gusta es la gramática.
Lo más difícil es traducir.

Dar instrucciones

Mete el dinero.
Gire a la derecha.
Escuchad.
Escriban su nombre.
No aparcar.

Expresar propósitos y resoluciones

Voy a comprarme un diccionario.
Pienso leer el periódico todos los días.
Quiero intercambiar clases de conversación.
Tengo intención de escuchar a menudo la radio.

GRAMÁTICA

[A mí/ti...]	me/te...	gusta(n) [mucho]
[A mí/ti...]	me/te...	encanta(n)
[A mí/ti...]	no me/te...	gusta(n) [nada]
[A mí/ti...]	me/te...	horroriza(n)
[A mí/ti...]	me/te...	da(n) igual
[A mí/ti...]	no me/te...	importa(n)

[Yo] prefiero
[Yo] odio/no soporto

SUPERLATIVO

Lo que más/menos me gusta.
Lo más/menos + *adjetivo*

IMPERATIVO

	-AR	-ER	-IR
[Tú]	-a	-e	-e
[Usted]	-e	-a	-a
[Vosotros]	-ad	-ed	-id
[Ustedes]	-en	-an	-an

Segunda persona: tú/vosotros
Tratamiento formal (cortesía, respeto, jerarquía): usted/ustedes

INFINITIVO

Ir a + *infinitivo*
Pensar + *infinitivo*
Querer + *infinitivo*
Tener (la) intención de + *infinitivo*

LECCIÓN 3

YA TE LLAMARÉ

1 ¿Qué hacen las personas del dibujo? ¿Dónde están? ¿Cómo son? Cuéntaselo a tu compañero. Los siguientes adjetivos te pueden ayudar.

simpático	tímido	divertido	paciente	charlatán
abierto	romántico	detallista	gracioso	

2 **a)** Lee la lista A de adjetivos. ¿Sabes cómo se dicen en tu lengua? Emparéjalos con sus adjetivos opuestos de la columna B.

A		B
tímido	•	• antipático
divertido	•	• vago
charlatán	•	• serio
generoso	•	• aburrido
inteligente	•	• impaciente
gracioso	•	• tacaño
simpático	•	• abierto
paciente	•	• callado
trabajador	•	• tonto
idealista	•	• materialista

b) Piensa en algún adjetivo, dilo en voz alta y nombra a un compañero. La persona nombrada deberá decir el contrario.

FÍJATE

SUPERLATIVO ABSOLUTO
Es muy gracioso. = Es graciosísimo. → gracios- + ísimo/a
Es muy divertida. = Es divertidísima.
PERO: Es muy trabajador.

¿Positivo o negativo?

3 **a)** Escucha estas frases y escribe el número de cada una en la columna correspondiente.

Valoración positiva	Valoración negativa
ADMIRACIÓN	RECHAZO

b) Ahora escucha de nuevo y repite.

4 Escucha y reacciona.

5 En parejas. Escoge a uno de estos personajes y haz tu descripción. Tu compañero intentará adivinar quién eres.

—Soy divertido, simpático y valiente; soy pequeño y fuerte.

—*Eres Astérix.*

—Sí.

6 Describe el carácter de algún compañero de clase a los demás. Si no adivinan quién es, dales una pista sobre su aspecto físico.

Es una chica inteligente y trabajadora. Creo que es un poco reservada. (Tiene el pelo rubio.)

Consejos para una cita

7 **a)** Lee estos textos y busca con tu compañero consejos relacionados con la ropa, la conversación y la comida.

A
• Es bueno ser honesta y no ocultar a ninguno de tus tres novios anteriores: te encontrará más interesante.

G
• Cuenta que has estado casado pero no elogies los méritos de tu ex esposa durante toda la cena (ni después).

H
• Ponte guapa, sé divertida, graciosa; en fin, como siempre.

L
• No pronuncies más de dos veces el nombre de tu madre (sobre todo, no digas mamá).

B
• Ponte guapo, sé divertido, gracioso. Haz un esfuerzo.

D
• No te pongas el traje ceñido, "a tu medida", después de los postres parecerás el muñeco de Michelín.

I
• Si le tiras un vaso de vino tinto, échale encima inmediatamente uno de vino blanco. Absorbe, es divertido y deja un recuerdo.

J
• Evitad los platos con ajo, no es el mejor "perfume" para el éxito de una cena.

C
• No pidas caviar para cenar, pone negros los dientes.

M
• No os metáis en grandes discusiones políticas: es una materia peligrosa y, al final, aburrida.

K
• Evita el vaquero ceñido: Pablo no pudo volver a levantarse de su silla, reventó su pantalón al sentarse.

E
• Es peligroso interesarse ciegamente por él. No respondas a mí también cuando te diga que le encanta el fútbol.

F
• No te maquilles como un semáforo.

ELLE, agosto 1992 (adaptado)

b) ¿Qué consejos van dirigidos a la mujer, al hombre, a los dos?

c) Vuelve a leer el texto. Escribe todas las recomendaciones negativas.

No te maquilles	*Maquillarse*

FÍJATE

IMPERATIVO NEGATIVO (se expresa en presente de subjuntivo)			
[Tú]	no ocultes	no respondas	no decidas
[Usted]	no oculte	no responda	no decida
[Vosotros]	no ocultéis	no respondáis	no decidáis
[Ustedes]	no oculten	no respondan	no decidan

d) ¿Se te ocurren otros consejos? Díselos a la clase.

Verbos irregulares: **hacer-no hagas, venir-no vengas, salir-no salgas, ir-no vayas, poner-no pongas, dar-no des, pedir-no pidas, introducir-no introduzcas, dormir-no duermas, colgar-no cuelgues.** Verbos pronominales: **maquillarse-no te maquilles, meterse-no os metáis.** Verbo evitar: **evitar el tabaco=evita fumar=no fumes.**

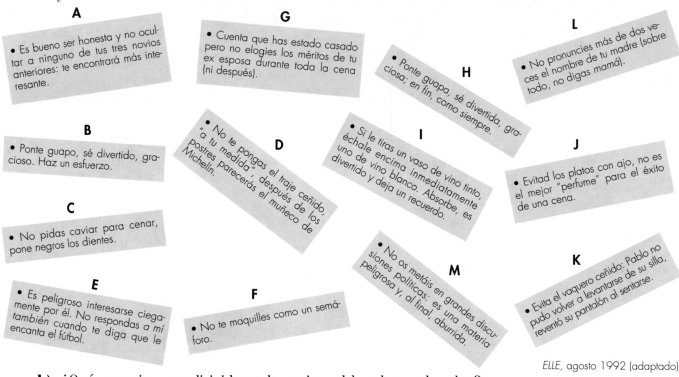

¿Qué hacer si quieres...?

8 **a)** Mira los dibujos y piensa en estos problemas: dormir mal, estar gordo, gastar demasiado, no tener amigos. Empareja las soluciones propuestas con cada uno.

FÍJATE

Si + *presente*, + *imperativo*

Si quieres/quiere perder peso, no comas/coma chocolate.
bebe/beba mucha agua.

b) Completa las siguientes frases.

A) Si quiere dormir bien, ...

B) Si quiere ahorrar, ...

C) Si quiere perder peso, ...

D) Si quiere hacer amigos, ...

c) Ahora habla con tu compañero e intercambiad algunos consejos para conseguir todos estos objetivos:

- Encontrar novio/a.
- Conseguir un trabajo.
- Hablar bien español.
- Poder viajar a las Bahamas.
- Conocer Hispanoamérica.
- Estar en forma.

Ej.: *Si quieres estar en forma, sube las escaleras; no cojas el ascensor.*

¡Qué nervios!

9 **a)** Lee y escucha esta conversación telefónica. ¿Por qué está nerviosa Marta? Pregunta al profesor las palabras que no entiendas.

—¿Sí? ¿Diga?

—*Fernando, soy yo.*

—¡Hombre, Marta! ¿Qué tal?

—*Pues mira, bastante nerviosa; por eso te llamo.*

—Ya veo, ya; pero ¿por qué?

—*Pues... por José.*

—¿José? ¿Quién es ése?

—*El chico del que te hablé, ¿no te acuerdas? Es que me ha invitado mañana a cenar.*

—Bueno, ¿y qué...?

—*Pues que creo que saldrá mal: no sabré qué ponerme, no encontraré temas de conversación, supongo que diré alguna tontería y se aburrirá conmigo...*

—Que no... Seguro que te encontrará guapísima y os lo pasaréis fenomenal.

—*No sé... La verdad es que es un poco tímido y... seguramente estaré tan nerviosa que no podré decirle nada.*

—Verás cómo no. Después del aperitivo, estarás más relajada, la cena será muy agradable y tu amigo se divertirá mucho.

—*¿Tú crees?*

—Mujer, no seas tonta. El caso es romper el hielo, y luego todo irá sobre ruedas.

—*En fin, a lo mejor tienes razón. Gracias, Fernando; eres un amigo.*

—Bueno, Marta, ya me contarás cómo sale todo. Un beso.

—*Sí, sí, ya te llamaré. Adiós, Fernando.*

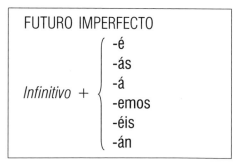

FÍJATE

FUTURO IMPERFECTO

Infinitivo + { -é / -ás / -á / -emos / -éis / -án }

Ya + *futuro imperfecto*

Ya te llamaré.

Verbos irregulares: querer-querré, decir-diré, hacer-haré, haber-habré, saber-sabré, poder-podré, poner-pondré, venir-vendré, tener-tendré, salir-saldré.

b) ¿Cómo va a ser la cita con José? Construye frases emparejando los elementos de las columnas A y B.

A	B
Marta cree que José •	• la cena será muy agradable.
A la hora de vestirse •	• se aburrirá con ella.
Durante la conversación •	• lo pasarán fenomenal.
Fernando cree que •	• no sabrá qué ponerse.
Fernando cree que •	• no sabrá que decir.

c) Vuelve a leer el diálogo, busca expresiones que indiquen seguridad y díselas a tu profesor.

FÍJATE

Seguro que...
Creo que...
Seguramente... } + *futuro imperfecto*
Supongo que...
No sé si...

10 **a)** Escucha estas frases y señala si la opinión es segura o dudosa.

	SEGURO	DUDOSO
A)		
B)		
C)		
D)		
E)		
F)		

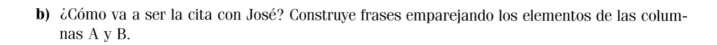

10 **b)** ¿Crees que te pasará alguna de estas cosas? ¿Y a tu compañero? Decidid hasta qué punto estáis seguros y hablad en clase. ¿Coinciden vuestras respuestas?

- Te casarás.
- Trabajarás unos años en el extranjero.
- Te comprarás un coche nuevo.
- Tendrás por lo menos dos hijos.
- Lograrás hablar español con fluidez.
- Seguirás en contacto con tus compañeros de clase.
- Te tocará la lotería.
- Encontrarás un trabajo muy interesante.
- Te harás rico.
- Te aficionarás a algo nuevo.

Sí, creo que sí.
Sí, seguramente.
Supongo que...
No sé si...
Seguramente no.
No, seguro que no.

11 **a)** Escucha el diálogo. ¿Qué medios de transporte se mencionan?

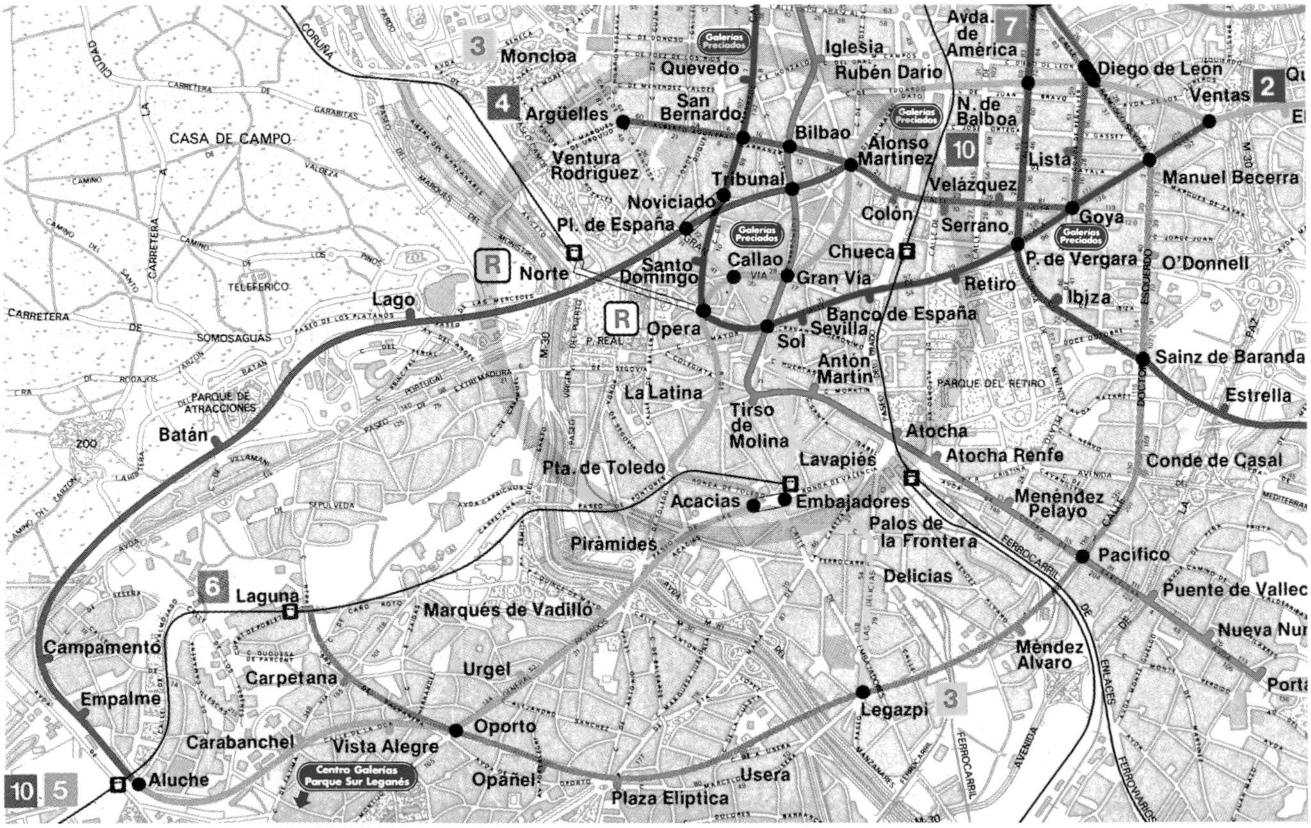

b) Vuelve a escuchar el diálogo y marca las rutas sugeridas en el plano. Compara tu respuesta con la de tu compañero.

c) Vuelve a escuchar y contesta a estas preguntas:

- ¿Qué pregunta el señor Sánchez?
- Si coge la línea 5, ¿hasta dónde tendrá que viajar?
- ¿A qué distancia está el hotel del metro?
- ¿Por dónde pasa la línea 150?

Ir/llegar/venir/andar	DE ... A ... DESDE ... HASTA ...	Pasar/andar/ir/venir Estar	POR ... A ...

12 En parejas. En la Oficina de Información y Turismo.

Alumno A

¡NO MIRES LA TARJETA DE B!

1. *Coloca los siguientes lugares en el plano y responde a las preguntas de tu compañero indicándole cómo llegar al lugar al que quiere ir.*
   Hotel De Sastre — *Museo de Ciencias Naturales*
   Cafetería Anacleto — *Pensión Encarna*

2. *Pregunta a tu compañero cómo puedes llegar a los siguientes sitios:*
   Hotel Miraflores — *La estación de autobuses*
   Mesón del Canario — *Pensión Conchita*

Alumno B

¡NO MIRES LA TARJETA DE A!

1. *Coloca los siguientes lugares en el plano y responde a las preguntas de tu compañero indicándole cómo llegar al lugar al que quiere ir.*
   Hotel Miraflores — *La estación de autobuses*
   Mesón del Canario — *Pensión Conchita*

2. *Pregunta a tu compañero cómo puedes llegar a los siguientes sitios:*
   Hotel De Sastre — *Museo de Ciencias Naturales*
   Cafetería Anacleto — *Pensión Encarna*

Una llamada telefónica

13 **a)** Alicia está hablando por teléfono con una amiga. Señala con una cruz los nombres que menciona.

☐ Ángel	☐ Ángela
☐ Pepe	☐ Pepa
☐ Berta	☐ Alberto

b) ¿Qué características corresponden a cada uno?

CARACTERÍSTICAS	NOMBRE
A) trabajador	
B) pesimista	
C) charlatán	
D) simpático y divertido	
E) interesante	

¿Quién es la cuarta persona? ¿Cómo es?

c) Vuelve a escuchar la conversación. Empareja A con B.

Ejemplo: *Al jefe no le gusta mucho la gente charlatana porque prefiere trabajar sin ruidos.*

A	B
1. Al jefe no le gusta mucho la gente charlatana.	a) Cuenta buenos chistes.
2. Ángel le cae muy bien al jefe.	b) A los dos les gusta leer.
3. Ángel parece una persona muy divertida.	c) Prefiere trabajar sin ruidos.
4. Pepe y Alicia se llevan muy bien.	d) Trabaja mucho.

d) Comprueba tus respuestas con las de tu compañero.

e) Cuenta a la clase cómo son tus amigos.

El psicólogo responde...

15 **a)** Lee este texto.

No olvides que hay mucha gente tímida en el mundo. ¿Te has parado a pensar que quizá esa chica nueva de la oficina tampoco se atreve a hablar contigo porque se siente inferior a ti? ¿O que el vecino nuevo no se atreve a presentarse porque es tímido? Haz una prueba: la próxima vez, preséntate y habla. Seguro que te saldrá bien. Ya verás cómo la segunda vez todo será más fácil.

b) ¿Dónde puedes encontrarlo?

- En un libro de cocina.
- En un anuncio.
- En una agenda.
- En una revista.

c) ¿Qué intención tiene la persona que lo escribe?

- Invitar a alguien.
- Dar un consejo.
- Proponer una cita.

d) ¿A qué problema hace referencia el texto?

e) En parejas. Escribid las respuestas a alguno de los siguientes problemas y leedlas a la clase. Vuestros compañeros deben adivinar de qué problema se trata.

f) Decidid cuáles son los mejores consejos.

«Te escribo porque tengo un problema que no sé solucionar: Soy técnico informático y me gusta mucho mi trabajo. Siempre he tenido buenas relaciones con mis compañeros. Pero últimamente mi jefe piensa que no trabajo y me está haciendo la vida imposible. Me compara continuamente con mis compañeros y...»

«Leo tus consejos en la revista todas las semanas y creo que ayudas a mucha gente. A lo mejor puedes ayudarme a mí también. Tengo 28 años, un buen trabajo y bastantes amigos. Pero nunca estoy contenta porque tengo un problema: estoy muy gorda y no puedo adelgazar. ¡Me gusta tanto comer! Pero luego me siento fatal y pienso que ningún chico se va a acercar a mí...»

«Querida amiga: Me gusta mucho tu sección de la revista y te quiero pedir un consejo. Estoy casada desde hace unos años y las cosas van bien, pero a veces pienso que mi marido no me hace caso. Él es poco romántico; nunca se acuerda de mi cumpleaños ni me regala nada...»

«Ayúdame, por favor. Me encuentro muy solo y no consigo echarme amigos; es muy difícil conocer a gente nueva. Todos mis amigos tienen novia y yo no; me da miedo acercarme a las chicas...»

P A R A   T O D O S

1. Mira este cuadro. ¿Sabes qué es?

TAROT

LEONOR ALAZRAKI

	1	2	3	4	5	6	7	8	9
Trabajo	MB	B	B	B	R	R	E	MB	B
Salud	B	B	MB	B	R	R	B	MB	MB
Amor	B	MB	R	B	B	R	B	B	B
Azar	R	B	M	MB	R	R	B	B	R
Familia	MB	E	R	MB	B	R	MB	MB	B
Amistad	MB	E	B	MB	R	B	MB	B	MB
Viajes	B	B	R	B	R	MB	MB	B	B
Dinero	B	R	R	B	B	B	R	B	B
Sorpresas	F	F	D	F	D	D	F	F	F
Nº suerte	15	45	80	10	33	25	99	12	6
Días fav.	11	12	10	9	12	13	9	9	12
Días desfav.	13	7	7	11	13	10	11	13	13
Arc. tarot	Sota copas	Seis espadas	As oros	Cab. oros	Cuatro oros	Rey copas	Sota copas	Diez bastos	copas

B = bien, D = desfavorable, E = excelente, F = favorable, M = mal, MB = muy bien, MF = muy favorable, R = regular

2. ¿Cuál es tu número? Sigue las instrucciones:

Suma los números de tu fecha de nacimiento y redúcelos a un solo número. Por ejemplo, 6 de octubre de 1956: 6 + 10 + 1 + 9 + 5 + 6 = 37; 3 + 7 = 10; 1 + 0 = 1. El 1 es tu número. Cuenta a tu compañero cómo será tu futuro. ¿Sabe cuál es tu número?

1. Dos de oros. Las sorpresas les alentarán en su actividad laboral, y el entorno se mostrará más cordial y afectuoso. Será un buen momento para concluir los trámites y gestiones pendientes e iniciar otros nuevos sin desanimarse ante los inconvenientes que puedan surgir.

2. Sota de copas. Lucirán tiernos y cariñosos con su gente. Esta actitud les permitirá recibir otras compensaciones que no esperan. Los días se deslizarán con mayor tranquilidad que los anteriores y se prestan para escribir, pintar o realizar sus aficiones preferidas.

3. Rey de bastos. Tendrán que utilizar todas sus energías, porque vivirán sucesos imprevisibles en los que deberán mostrarse fuertes, seguros y con confianza en sí mismos para que los hechos no los quiebren. Tampoco habrá motivos de sustos si encaran los obstáculos con coraje y decisión.

4. Caballero de oros. Volverán a su mente algunos fantasmas del pasado que daban por olvidados o superados. Pero no deberá sorprenderles si esta vez no se presentan como lastimosos o acongojados. Al contrario, les resultarán satisfactorios, inesperados y asombrosos.

5. Caballero de espadas. Una inquietante y abrumadora actividad les hará creer que no podrán llevar a cabo tantas cosas a la vez, pero las cumplirán si se organizan, calman sus nervios y atienden sus asuntos con la debida prioridad. Notarán cómo pueden con todo, y aún más de lo que imaginan.

6. Siete de bastos. Comprobarán que hay momentos de risas y otros de lamentos. En esta época se mezclan estas dos opciones, y tan pronto se verán contentos como desanimados. Les convendrá mantener una línea equilibrada, discreta y serena, sin dejarse influir demasiado por los hechos.

7. Sota de oros. Una serie de imprevistos les hará perder por momentos el rumbo de sus acciones. Les interesará conservar el buen humor, intentar, en estas agitadas horas, concretar sus sueños y acercarse a aquellas personas que les ayuden a ordenar sus reflexiones.

8. Ocho de oros. Sus asuntos comienzan a mejorar, y hasta podrán perfeccionarlos si aprovechan estos días para ocuparse de las cuestiones que hasta ahora no se habían atrevido o que no habían podido continuar. Es la hora de llevar a buen fin todo lo que tienen atrasado.

9. Diez de copas. Se verán radiantes y con deseos de hacer planes de viajes. La familia configurará una razón importante en su vida, y entenderán que la semana también se presta para disfrutar de los placeres. Los días marcarán un movimiento inusitado que les favorecerá.

3. Lee lo que te predice tu carta del tarot. ¿Tendrás una buena semana?

4. ¿Conoces el horóscopo chino?

EL RATON

Del 5 feb. 1924 al 25 ene. 1925
Del 24 ene. 1936 al 11 feb. 1937
Del 10 feb. 1948 al 29 ene. 1949
Del 28 ene. 1960 al 15 feb. 1961
Del 14 feb. 1972 al 3 feb. 1973

Tanto sus socios o compañeros como sus jefes buscarán su aprobación ante un delicado tema en el que ellos no quieren complicarse. Sus relaciones de pareja atraviesan un momento inmejorable. Económicamente puede producirse un desajuste por culpa de una deuda que tenía que pagar y que había olvidado.

EL BUFALO

Del 25 ene. 1925 al 13 feb. 1926
Del 11 feb 1937 al 31 ene. 1938
Del 29 ene. 1949 al 17 feb. 1950
Del 15 feb. 1961 al 5 feb. 1962
Del 4 feb. 1973 al 23 ene. 1974

Alguien intentará ponerle la zancadilla en su lugar de trabajo. Al final hasta le habrá venido bien que se produzca tal situación. Así sabrá con quién puede contar y con quién no. Su pareja le acusará de desperdiciar el tiempo lastimosamente. Recapacite porque tal vez tenga razón.

EL TIGRE

Del 13 feb. 1926 al 2 feb 1927
Del 31 ene. 1938 al 19 feb. 1939
Del 17 feb. 1950 al 6 feb. 1951
Del 5 feb. 1962 al 25 ene. 1963
Del 24 ene. 1974 al 11 feb. 1975

Es el momento de hablar sinceramente con su pareja y decir bien a las claras qué es lo que no le gusta. No se preocupe por la posible discusión porque la pareja resultará favorecida. En el trabajo todo sucederá muy lentamente y eso le aburrirá.

EL GATO

Del 2 feb. 1927 al 23 ene. 1928
Del 19 feb. 1939 al 8 feb. 1940
Del 6 feb. 1951 al 27 ene. 1952
Del 25 ene. 1963 al 13 feb. 1964
Del 12 feb. 1975 al 31 ene. 1976

Alguien con poder pedirá informes suyos. Podría tratarse de una empresa de la competencia que está interesada por lo que usted hace. No de la espalda a los problemas sentimentales. Ahora son todavía pequeños y pueden resolverse, simplemente, hablando. Después puede ser tarde.

EL DRAGON

Del 23 ene. 1928 al 10 feb. 1929
Del 8 feb. 1940 al 27 ene. 1941
Del 27 ene. 1952 al 14 feb. 1953
Del 13 feb. 1964 al 2 feb. 1965
Del 1 feb. 1976 al 18 feb. 1977

Tenga mucho cuidado con lo que consume, sobre todo a la hora de cenar. Preferirá la libertad que da la soledad antes que sentirse acompañado por alguien, pero atado. Hay personas que están esperando a que sea usted quien dé el primer paso. No juegue con su economía.

LA SERPIENTE

Del 11 feb. 1929 al 30 ene. 1930
Del 27 ene. 1941 al 15 feb. 1942
Del 14 feb. 1953 al 3 feb. 1954
Del 2 feb. 1965 al 21 ene. 1966
Del 18 feb. 1977 al 6 feb. 1978

El dinero parecerá llegar a sus manos de una manera que a los demás les parecerá casi mágica. Lo que no saben es que usted lleva mucho tiempo preparándose para triunfar y lo que le ha costado llegar. Tenga un poco más de paciencia con sus seres queridos, sobre todo si están en la adolescencia.

EL CABALLO

Del 15 feb. 1942 al 5 feb. 1943
Del 3 feb. 1954 al 24 ene. 1955
Del 21 ene. 1966 al 9 feb. 1967
Del 8 feb. 1978 al 28 ene. 1979

Se notará fuerte como un toro y con ganas de comerse el mundo. Aunque está comportándose de una manera positiva, es conveniente que no intente abarcar tanto en tan poco espacio de tiempo. Dosifique sus esfuerzos y no intente ponerse a punto en un solo día porque terminará con unas enormes agujetas. Un compañero le pedirá ayuda profesional.

LA CABRA

Del 1 feb. 1919 al 20 feb. 1920
Del 17 feb. 1931 al 6 feb. 1932
Del 5 feb. 1943 al 25 ene. 1944
Del 24 ene. 1955 al 12 feb. 1956
Del 9 feb. 1967 al 29 ene. 1968
Del 28 ene. 1979 al 15 feb. 1980

Todas las tareas cotidianas se le harán muy sencillas durante esta semana y podrá dedicar parte de su tiempo a organizar un proyecto por el cual quiere convertirse en propietario de una pequeña empresa. Animo, sólo es necesario que tenga un poco más de confianza en su propia valía. Tendencia a jugársela, en el amor, a un sola carta.

EL MONO

Del 20 feb. 1920 al 8 feb. 1921
Del 6 feb. 1932 al 26 ene. 1933
Del 25 ene. 1944 al 13 feb. 1945
Del 12 feb. 1956 al 31 ene. 1957
Del 29 ene. 1968 al 17 feb. 1969
Del 16 feb. 1980 al 5 feb. 1981

Un familiar cercano o un ser querido le acusará de no tomarse las cosas del corazón con seriedad. Usted sabe que no es cierto pero recapacite y verá cómo lo que sí hay es un poco de egoísmo. Notará cierta desgana a la hora de tomar algún alimento.

EL GALLO

Del 8 feb. 1921 al 28 ene. 1922
Del 26 ene. 1933 al 14 feb. 1934
Del 13 feb. 1945 al 2 feb. 1946
Del 31 ene. 1957 al 16 feb. 1958
Del 15 feb. 1969 al 6 feb. 1970

Le propondrán pasar a formar parte de una empresa de reciente creación. Lea muy bien la letra pequeña y deje las cosas muy claras para que después no haya problemas ni equívocos. Alguien mayor que usted está muy interesado en lo que está haciendo.

HOROSCOPO CHINO

LIN YINGZ

EL PERRO

Del 28 ene. 1922 al 16 feb. 1923
Del 14 feb. 1934 al 4 feb. 1935
Del 2 feb. 1946 al 2 ene. 1947
Del 10 feb. 1958 al 8 feb. 1959
Del 7 feb. 1970 al 26 ene. 1971
Del 26 ene. 1982 al 12 feb. 1983

Todo lo que diga o haga en su lugar de trabajo será muy tenido en cuenta por sus jefes. Sin embargo, no será del agrado de algún compañero que intentará indisponerle con el resto. No se preocupe porque nadie tomará en serio lo que diga de usted.

EL CERDO

Del 16 feb. 1923 al 5 feb. 1924
Del 4 feb. 1935 al 24 ene. 1936
Del 22 ene. 1947 al 10 feb. 1948
Del 8 feb. 1959 al 28 ene. 1960
Del 27 ene. 1971 al 15 feb. 1972
Del 14 feb. 1983 al 2 feb. 1984

Tendrá que echar mano de todas sus dotes de diplomático, que no son pocas, para no tirar por la borda lo que sentimentalmente le ha costado tanto esfuerzo. Confíese a alguien de su confianza, entre dos los problemas se ven más objetivamente y con menos angustia.

EL MUNDO, MAGAZINE

a) Busca el animal que te corresponde y descríbeselo a tu compañero. ¿Sabe de qué signo eres?

b) Lee las previsiones del horóscopo para el signo de tu compañero y prepara el cuadro de su futuro (como en 1). Después responde a sus preguntas.

—¿Qué tal me irá en el trabajo?

—El trabajo te irá bien, será una semana favorable.

COMUNICACIÓN

Describir características

José es tímido y reservado.

Admirar o rechazar una cualidad.

¡Qué simpático es Juan!
¡Qué tacaño es!

Valorar una cualidad

Es muy gracioso.
Es graciosísimo.

Dar consejos o sugerencias

Si quieres perder peso, no comas chocolate y bebe mucha agua.

Hablar de acontecimientos futuros

Pronto terminarán tus problemas.

Expresar diferentes grados de certeza con respecto al futuro

No sé si estará en casa.
Creo que te llamará.

GRAMÁTICA

Verbo SER + *adjetivo calificativo*

EXCLAMACIÓN
¡Qué + *adjetivo calificativo*!

SUPERLATIVO
muy + *adjetivo*
adjetivo + -ísimo/a/os/as

Algunos adjetivos no admiten la formación del superlatio en -ísimo; por ejemplo:
trabajador → muy trabajador

Algunas formas irregulares:
jovencísimo, amabilísimo, fortísimo

Si + *presente de indicativo* → *imperativo*

El imperativo negativo se expresa en presente de subjuntivo:

		-AR	-ER	-IR
[Tú]	no	-es	-as	-as
[Vosotros]	no	-éis	-áis	-áis
[Usted]	no	-e	-a	-a
[Ustedes]	no	-en	-an	-an

FUTURO IMPERFECTO

Infinitivo + { -AR/-ER/-IR: -é, -as, -á, -emos, -eis, -án }

No sé si...
Supongo que...
Seguramente...
Seguro que...
} + *futuro imperfecto*

LECCIÓN 4

ÚLTIMAS NOTICIAS

1 **a)** Lee estas noticias del periódico y empareja los textos con los titulares.

b) ¿A qué sección del periódico corresponde cada noticia?

c) ¿Cuándo ocurrirán estos sucesos?

Ningún canal por satélite podrá repetir las programaciones terrestres

Objetivo: Kaspárov

El Mundial de ajedrez entre computadoras desafía a la inteligencia humana

LEONTXO GARCÍA, **Madrid**

Nubosidad abundante

INTERNACIONAL
ESPAÑA
SOCIEDAD
ECONOMÍA
LA CULTURA
DEPORTES
TELEVISIÓN/RADIO
EL TIEMPO

Tenemos una masa fría sobre Cataluña, Levante y Baleares, con lo cual mañana la atmósfera estará muy inestable en esa zona.

AFP, **París**
La VII Conferencia Internacional sobre el Sida en África se celebrará en Yaundé (Camerún) del 8 al 11 de diciembre, con intervención de especialistas, entre los que destaca el equipo de científicos franceses que identificó el virus.

El delegado del Gobierno anunció que presentará una denuncia penal contra los sindicatos organizadores por considerar que la acción violenta estaba preparada de antemano.

Dulce María de Loynaz viajará a España a recoger el Premio Cervantes

El Nápoles recurrirá ante los tribunales ordinarios de justicia de Italia

La FIFA deja que Maradona siga en el Sevilla

SANTIAGO ROLDÁN, **Sevilla**
Diego Armando Maradona podrá seguir jugando con el Sevilla.

Citroën invertirá en Vigo 30.000 millones para fabricar un nuevo vehículo

Violenta protesta en defensa de la naranja

MAURICIO VICENT, **La Habana**
La poetisa cubana Dulce María de Loynaz, ganadora del Premio Cervantes 1992, expresó su deseo de viajar a España en abril para recibir el galardón de manos del Rey.

EL PAÍS, **Barcelona**
La empresa automovilística Citroën ha decidido fabricar en España, en su factoría de Vigo, un nuevo vehículo que supondrá unas inversiones de 30.000 millones de pesetas durante los próximos cuatro años.

Camerún albergará la conferencia del sida en África

J. S., **Madrid**
Todas las televisiones españolas que emitan vía satélite a través del *Hispasat* deberán ofrecer contenidos diferentes a los que se ofrecen actualmente por vía terrestre.

Los programadores de ocho países reunidos esta semana en la Escuela de Informática de la Universidad Politécnica, en Madrid, tienen ambiciones distintas a las de un jugador. "Si una máquina puede vencer al campeón del mundo, también podrá diseñar un plan para resolver los problemas ecológicos de la Tierra", dicen.

CHESTER COLLEGE LIBRARY

2 **a)** Lee estos titulares. ¿A qué miembro de la familia le pueden parecer buenas o malas noticias? ¿Por qué?

Pasado mañana se inagurará en el Palacio Real la exposición «Reyes y Artistas».

Los impuestos subirán a partir de septiembre

Las clases en la enseñanza primaria comenzarán el próximo lunes.

Durante el próximo año la ciudad tendrá cinco nuevos polideportivos.

Esta noche la primera cadena retansmitirá en directo el concierto de rock de «Pelospunta».

FÍJATE

La/el	lunes semana mes otoño año	que viene
La/el [próximo/a]	lunes semana mes otoño año	[próximo/a]

Dentro de	un rato/unos minutos unos días una/s semana/s un/os mes/es un/os año/s
Mañana Pasado mañana A partir del lunes/de mayo/de 1998 Hasta el lunes/mayo/1998	

2 **b)** ¿Qué piensa cada uno al oír las noticias?

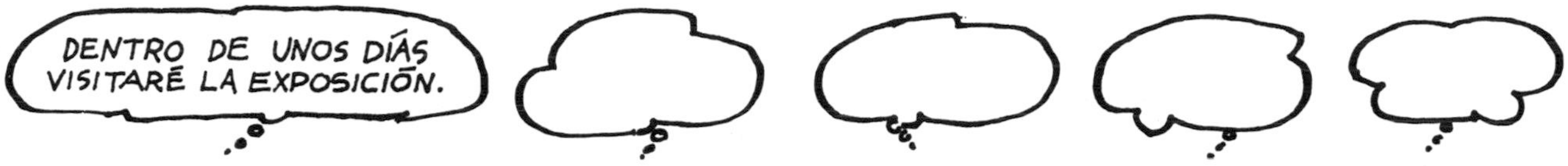

DENTRO DE UNOS DÍAS VISITARÉ LA EXPOSICIÓN.

MARÍA LUISA　　MIGUEL　　ALBERTO　　INÉS　　GONZALO

3 Piensa en tus compañeros y prepara algunas noticias sobre ellos. Cuéntalas. ¿Están de acuerdo contigo?

El año que viene, Hans hablará español perfectamente.

Dentro de ocho años, Françoise tendrá ocho hijos.

4 **a)** Relaciona estas palabras con las fotografías.

dinosaurio	tasa de natalidad	armas nucleares
droga	extraterrestre	selva amazónica

4 **b)** ¿Cuándo sucederá? Lee y decide cuándo serán posibles estas noticias.

- Descubrimiento de una vacuna contra el sida.
- Aterrizaje de extraterrestres en nuestro planeta.
- Desaparición de la selva amazónica.
- Cambios del clima en la Tierra.
- Aparición de dinosaurios en el polo.
- Bajada de la tasa de natalidad.
- Disminución del tráfico de drogas.
- Destrucción de las armas nucleares.

FÍJATE

A mí me parece que...
Yo creo que...
Yo pienso que...

USO DEL PRONOMBRE SUJETO (énfasis en la opinión personal):
—¿Tú crees que será posible?
—*Yo creo que sí.*
—*Yo creo que dentro de tres años habrá una vacuna contra el sida.*
—*Pues a mí me parece que hasta el año 2000 no descubrirán la vacuna.*

Descubrir-descubrimiento, aterrizar-aterrizaje, desparecer-desaparición, cambiar-cambio, aparecer-aparición, solucionar-solución, construir-construcción, destruir-destrucción, disminuir-disminución, crecer-crecimiento, subir-subida, bajar-bajada.

c) En parejas. Habla con tu compañero sobre las siguientes cuestiones:

- Disminución de la población mundial.
- Aparición de una nueva enfermedad.
- Desaparición del hambre en la Tierra.
- Crecimiento de la economía japonesa.
- Primer viaje del hombre a Marte.
- Subida del precio de la gasolina.

—*¿Crees que dentro de ... desaparecerá el hambre en la Tierra?*
—*¿Piensas que antes del año ... desaparecerá el hambre en la Tierra?*

d) ¿Quién de los dos es más optimista?

5 En grupos. Pensad en varias noticias que os gustaría leer en primera página y preparad la portada de vuestro periódico. Leedlas a la clase y pedid opinión a vuestros compañeros.

6 **a)** Carmen y Juan tienen muchas cosas que hacer, aunque normalmente Juan dispone de más tiempo libre. Lee y escucha el diálogo. ¿Quién lo hará?

- Comprar la comida.
- Recoger a los niños.
- Hacer la cena.
- Ir al banco.
- Lavar la ropa.
- Ir a Correos.
- Limpiar el cuarto de baño.

JUAN: Bueno, entonces, ¿te da tiempo a hacer la compra o no?

CARMEN: *¡Puff!... Me parece que no voy a poder; voy a estar liadísima, Juan. El jefe no está y...*

JUAN: No, si no pasa nada... Si no puedes, la haré yo al salir del trabajo; pero entonces tendrás que ir tú a buscar a los niños.

CARMEN: *Sí, sí, ¿y si no me da tiempo?...*

JUAN: Si no, los recogeré yo; pero esta noche...

CARMEN: *No te preocupes. Yo prepararé la cena si no llego muy tarde.*

JUAN: Bueno, vale, pues me voy a la oficina. Hasta la noche.

CARMEN: *Te llamo luego... ¡Oye! Si te da tiempo, ¿podrás pasar por el banco y pagar la luz, y recoger la ropa del tinte, y echar estas cartas, y...?*

FÍJATE

Si + *presente*, → *futuro*
Si no puedes, lo haré yo.

Uso de los pronombres sujeto (oposición)
Si **tú** no puedes, lo haré **yo**.

b) Practica el diálogo anterior con tu compañero.

6 c) En parejas.

Alumno A

Anota en la agenda cinco cosas que tendrás que hacer mañana entre las nueve de la mañana y las diez de la noche.

Alumno B

Anota en la agenda cinco cosas que tendrás que hacer mañana entre las nueve de la mañana y las diez de la noche.

Puedes utilizar estas ideas:

- Pagar el teléfono.
- Hacer la compra.
- Preparar la cena.
- A las dos, ir a buscar a Juan a la estación.
- Pasar por la agencia de viajes.
- Llevar a los niños a clase de inglés a las seis.
- Mandar unas flores a mamá.
- Terminar el trabajo.

Ten en cuenta los horarios públicos:

Oficinas y bancos: de 8.30 a 14.00

Comercios: de 10.00 a 14.00 y de 16.30 a 20.00

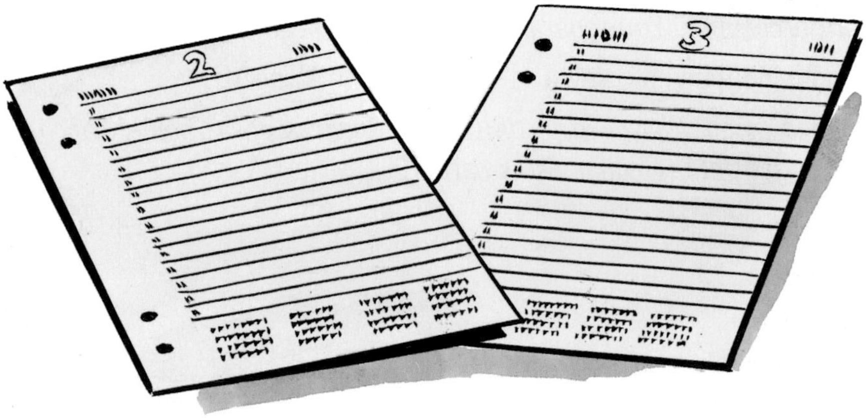

d) Intentar quedar según el horario de cada uno:

—¿Podemos tomar café a las cuatro?

—*Lo siento, a las cuatro tengo dentista.*

7 **a)** Lee la programación de TVE-1 y contesta a estas preguntas.

- ¿Qué películas podremos ver por la tarde?
- ¿Cómo se llama el documental sobre la naturaleza?
- ¿A qué hora son las noticias?
- ¿Hay algún programa de dibujos animados?

TVE-1

15.00 Telediario 1.

15.30 El Príncipe Valiente. *El alba de las tinieblas.*

16.00 Sesión de tarde. *Herbie, torero (Herbie goes bananas).* Estados Unidos, 1980 (89 minutos). Director: Vicent McEveety.

17.45 La hora Warner. Incluye un episodio de *Los problemas crecen* y dibujos animados.

18.40 La vida a prueba. *Creciendo.* Guión: David Attenborough. Una vez en el mundo, los seres vivos tienen un período de adaptación más o menos largo. Mientras que las aves tardan más tiempo en alcanzar la madurez y han de ser alimentadas y cuidadas por sus padres hasta que puedan valerse por sí mismas, otros animales como el ñú comienzan a andar apenas recién nacidos.

19.10 Tarde de humor. *Nido vacío.* 'La elección de Harry'.

20.00 Carol y compañía. *Mis queridos profesores.*

20.25 Menos lobos. *Mi prima.*

21.00 Telediario 2.

21.30 La película de la semana. *El secreto de mi éxito.* Estados Unidos, 1987 (106 minutos). Director. Herbert Ross.

23.35 Al filo de lo imposible. *Las raíces del cielo.*

24.00 Noticias.

La 2

15.00 Fútbol. ______

16.30 ______ Ciclo T. Power-G. Tierney. *El telón de acero.* Estados Unidos, 1948 (87 minutos). Director: William A. Wellman. Intérpretes: Dana Andrews, Gene Tierney, Berry Kroeger, Edna Best.

18.20 Sala 2. ______ Canadá, 1981 (90 minutos). Director: George Kaczender. Guión: Noel Hynd. Fotografía: Miklos Lente. Música: Lewis Furey. La agencia de propaganda de un político ambicioso y sin escrúpulos, descubre que su poder puede llegar a no tener límites utilizando el medio televisivo para la transmisión de mensajes subliminales.

______ **El informe del día.**

20.15 Línea 900. Dirección: ______ *Al margen de la letra.*

20.45 ______ Director: César Abeytua.

21.30 ______

______ **Estudio estadio.**

24.00 ______ *Luces y sombras.* Director: Larry Shaw. Intérpretes: Michael Woods, Josh Brolin, Bill Sadle, Lisa Jane Persky, Cleavant Derricks.

b) Escucha el avance de la programación de la 2 para esta tarde-noche y completa la información del periódico. Comprueba tus respuestas con las de tu compañero.

c) En parejas. Habéis decidido pasar la tarde en casa viendo la televisión. Leed cada uno vuestras preferencias. Consultad de nuevo la programación del periódico y decidid qué programas veréis esta tarde-noche.

—A las tres podemos ver las noticias en la 1.

—*Pues... Es que... si vemos las noticias, me perderé el partido de fútbol.*

Alumno A

Te gustan mucho:
- los dibujos animados
- las noticias de TVE-1
- los concursos
- los documentales sobre la naturaleza

Alumno B

Te gustan mucho:
- el deporte, sobre todo el fútbol
- los clásicos del cine
- las películas de intriga
- los debates políticos

d) ¿Habéis llegado a un acuerdo? ¿Qué vais a ver?

e) En grupos. Preparad vuestra programación de televisión ideal para mañana por la tarde y presentadla a la clase.

Buenas tardes, señoras y señores. En la programación de esta tarde, podrán ver ustedes...

8 **a)** Lee este anuncio y decide si la siguiente información es verdadera o falsa.

ESPAÑA DIRECTO
Con el servicio España Directo, España siempre responde. Con este servicio, usted podrá comunicarse con España sin problemas de idiomas ni de dinero. Desde cualquier teléfono público o privado. Su llamada será atendida directamente en castellano y se abonará a cobro revertido.
Esta tarjeta contiene los códigos del servicio España Directo que deben marcarse desde los distintos países. Solicítela en las Oficinas Comerciales de Telefónica o pida información al 900 105 105 (Centro de Atención para Comunicaciones Internacionales). Y lleve siempre a España en el bolsillo.
ESPAÑA DIRECTO
ESPAÑA RESPONDE
Telefónica
ESPAÑA RESPONDE
CODIGOS ESPAÑA DIRECTO DESDE:
ALEMANIA 0130 80 0034
BELGICA 11 0034
DINAMARCA 800 1 0034
FINLANDIA 9800 1 0340
FRANCIA 19* 0034
HOLANDA 060 22 0034
HUNGRIA 00* 8000 3411
IRLANDA 1800 55 0034
ITALIA 172 0034
NORUEGA 05 01 9934
PORTUGAL 05 05 0034
REINO UNIDO 0800 89 0034
SUECIA 020 79 9034
TURQUIA 99 800 34 1177
ARGENTINA 0034 800 44 4111
CANADA 1800 463 8255
CHILE 00* 0334
COLOMBIA 980 34 0057
EE.UU. (ATT) 1800 24SPAIN
EE.UU. (MCI) 1800 9ESPAÑA
EE.UU. (SPRINT) 1800 676 4003
GUATEMALA 191
MEXICO *234
RP. DOMINICANA 1800 333 0234
URUGUAY 000 434
AUSTRALIA 001 488 1340
FILIPINAS** 1 0534
HONG KONG 80 000 34
INDONESIA 008 0134
JAPON 003 9341

	V	F
España Directo es un servicio postal.		
Con E.D. podrá comunicarse sin problemas de idiomas.		
Sólo podrá llamar desde teléfonos públicos.		
E.D. existe en todos los países.		
Usted pagará su llamada.		
E.D. siempre le responderá en castellano.		

b) **Vuelve a leer el anuncio y completa esta información.**

- Ventajas ofrecidas por España Directo.
- Forma de utilización de este servicio.
- Precio de las llamadas.
- A quién va dirigido España Directo.

8 **c)** En grupos de cuatro. Mirad este anuncio y decidid:

- ¿Qué tipo de información ofrece la revista?
- ¿Dónde se puede comprar?
- ¿Cuánto puede costar?
- ¿A quién le puede interesar?

d) Con vuestras respuestas, redactad un texto para la publicidad de la revista. Luego, leed el anuncio a la clase y decidid cuál os gusta más de todos.

PARA TODOS

1. Lee los textos sobre la provincia de Toledo y busca esta información:

a) ¿Por qué es famosa La Mancha?

b) En el texto se menciona a un escritor, a un pintor y a dos personajes literarios. ¿Quiénes son?

c) ¿Por qué es famoso el castillo de Maqueda?

d) ¿Qué tienen en común Talavera y Puente del Arzobispo?

Ruta de La Mancha toledana

Desde la zona manchega hasta el límite con Extremadura, desde el norte hasta el sur, son numerosos los pueblos toledanos que ofrecen especial interés. Son pueblos cargados de resonancias literarias e históricas, por los que anduvo Cervantes y cabalgó Don Quijote. Partiendo de Toledo en dirección a Madrid, a sólo 33 km, se encuentra Illescas, donde se conservan cinco magistrales cuadros de El Greco. Muy próximo a Illescas se levanta Esquivias, en donde vivió y contrajo matrimonio Cervantes.

Ocaña cuenta con una armoniosa plaza Mayor del siglo XVIII. Un pueblo de auténtico sabor manchego es Tembleque, con su típica plaza Mayor. La cervantina villa de El Toboso posee un especial significado literario, ya que fue elegida por el autor del *Quijote* como patria de Dulcinea. Consuegra, con su viejo castillo y sus blancos molinos, es una villa de antiquísima historia. Y finalmente Orgaz, a 33 km de Toledo, brinda la ocasión de contemplar la poderosa estampa de su castillo, el tipismo de su gran plaza Mayor, la iglesia parroquial, el puente romano y varias e ilustres casonas.

(texto adaptado)

Ruta de los castillos y la cerámica

Toledo es tierra de castillos y fortalezas, que recortan sus siluetas sobre el limpio azul del cielo. Muy próximo a la ciudad se alza el castillo de Guadamur, uno de los más bellos de España, y en dirección a Extremadura, en el pueblo de Barcience, su altísimo castillo gótico del siglo XV.

El castillo de Maqueda, del siglo XV, edificado sobre otro de origen árabe, ha sido, por su estratégica situación, escenario de importantes hechos de armas. A pocos kilómetros de Maqueda, en la carretera a Valladolid, se halla Escalona, que muestra las ruinas del soberbio Alcázar, del siglo XV.

Talavera de la Reina es la ciudad de mayor tradición alfarera de la provincia; su cerámica, de gran calidad y alto valor artístico, es famosa en toda España. En el museo Ruiz de Luna pueden admirarse objetos producidos entre los siglos XV y XIX.

Oropesa, Puente del Arzobispo —ambos de fuerte sabor medieval— y Lagartera, en el límite de la provincia, próximos a Extremadura, son tres pueblos de gran interés. En el primero se levanta el parador de turismo sobre el castillo-palacio de los Condes de Oropesa; el segundo es muy celebrado por su cerámica, y, finalmente, Lagartera es famoso por sus bordados y encajes.

2. Mira las rutas en el mapa y localiza los lugares mencionados en la página anterior.

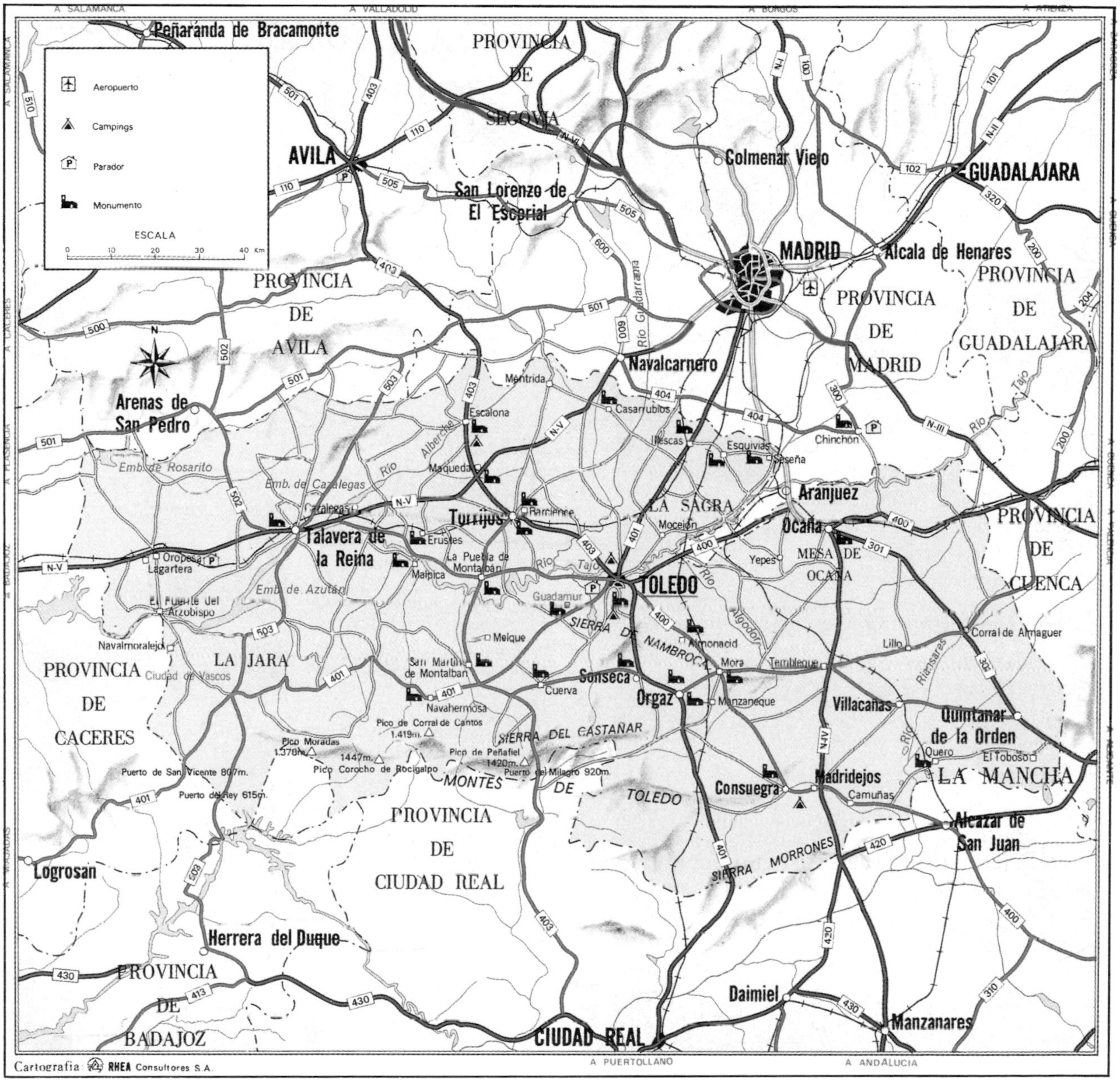

HOTELES

Dosbarrios: Un hotel de dos estrellas, con 40 plazas. **Madridejos:** Un hotel de dos estrellas, con 75 plazas. **Maqueda:** Un hostal de dos estrellas, con 18 plazas. **Oropesa:** Un hotel de cuatro estrellas (Parador de Turismo), con 86 plazas. **Quintanar de la Orden:** Un hotel de dos estrellas, con 59 plazas; un hotel de una estrella, con 23 plazas. **Santa Olalla:** Un hotel de dos estrellas, con 77 plazas. **Talavera de la Reina:** Dos hoteles de tres estrellas, con 347 plazas; dos hoteles de dos estrellas, con 214 plazas; un hotel de una estrella, con 71 plazas. **Torrijos:** Dos hoteles de dos estrellas, con 126 plazas. **Villacañas:** Un hotel de una estrella, con 41 plazas. **Yebenes:** Un hotel de tres estrellas, con 51 plazas.

3. El próximo fin de semana vas a visitar la provincia de Toledo. Elige el itinerario que quieres recorrer. ¿Qué podrás ver? ¿Dónde dormirás? ¿Qué compras podrás hacer? ¿Te dará tiempo a visitarlo todo?

4. ¿Conoces alguna región de España? Cuenta a tus compañeros lo que verán si la visitan.

COMUNICACIÓN

Hablar de acontecimientos futuros

Los impuestos subirán a partir de septiembre.

Hacer una programación

A las 20.00 veremos las noticias.

Opinar sobre el futuro

A mí me parece que hasta el año 2000
no descubrirán esa vacuna.

Formular condiciones para acciones futuras

Si tú no puedes, lo haré yo.
¿Tú crees que será posible?
Yo creo que sí.

GRAMÁTICA

FUTURO IMPERFECTO

Referencias temporales con futuro:
el [año, mes...] que viene
el próximo [año, lunes...]
dentro de unos [días, meses...]
a partir de [septiembre...]
hasta [mayo, 1998...]

FUTURO IMPERFECTO

Creo que...
Pienso que...
Me parece que...

Si + *presente de indicativo*, → *futuro imperfecto*

LECCIÓN 5

DE FIESTA

1 Lee estas palabras y expresiones. Mira los dibujos y señala a cuál de ellos corresponde cada una.

tarta
regalo
boda
¡Feliz Navidad!
brindar
invitado
luna de miel
dar la enhorabuena
soplar las velas
felicitar
Navidad
¡Feliz cumpleaños!
canciones
baile
cena
banquete

2 **a)** Escucha la conversación entre estos amigos y completa:

Qué van a organizar	
Qué van a celebrar	
Cuándo	
A qué hora	
Dónde	

b) Marta ha organizado una fiesta sorpresa para Eduardo. Escucha el diálogo y programa cómo van a realizarla.

- Fernando va a sacar una botella de champán.
- Teresa le va a dar un plato de aceitunas.
- Marta le va a vendar los ojos.
- Todos van a brindar.
- Todos van a cantar *Cumpleaños feliz*.
- José le va a poner *Stand by me*.

FÍJATE

en primer lugar/primero
luego/después/a continuación
al final/para terminar

Ir a + *infinitivo* = valor de futuro

3 En parejas. Vais a hacer una fiesta y tenéis que hacer la lista de los preparativos. Tú has pensado algunas cosas y tu compañero otras. Decidid la lista definitiva.

¿Qué tenemos que hacer primero?

Podemos hacer una tarta. No, primero...

Alumno A

- Hacer la lista de invitados.
- Avisar a los vecinos.
- Grabar música para bailar.
- Comprar bebidas.
- Hacer una tarta.

Alumno B

- Adornar el salón.
- Encargar unos canapés.
- Llamar a los invitados.
- Comprar flores.
- Pedir discos a los amigos.

Un regalo para Eduardo

4 Marta ha pensado en un regalo para Eduardo, pero no todos sus amigos están de acuerdo. Escucha y señala los regalos en que han pensado.

una corbata	unas gafas	una agenda
un despertador	una cartera	un póster
una pluma	unas zapatillas	un disco

FÍJATE

> Podemos regalarle ...
> ¿Por qué no le regalamos ...?
> ¿Y si le regalamos ...?

5 a) Escucha y clasifica las reacciones. Compara con tu compañero.

ACUERDO	NO ACUERDO

b) Escucha y clasifica según el sonido.

/g/	/x/
	jamón

6 a) Observa a estas personas y fíjate en sus profesiones.

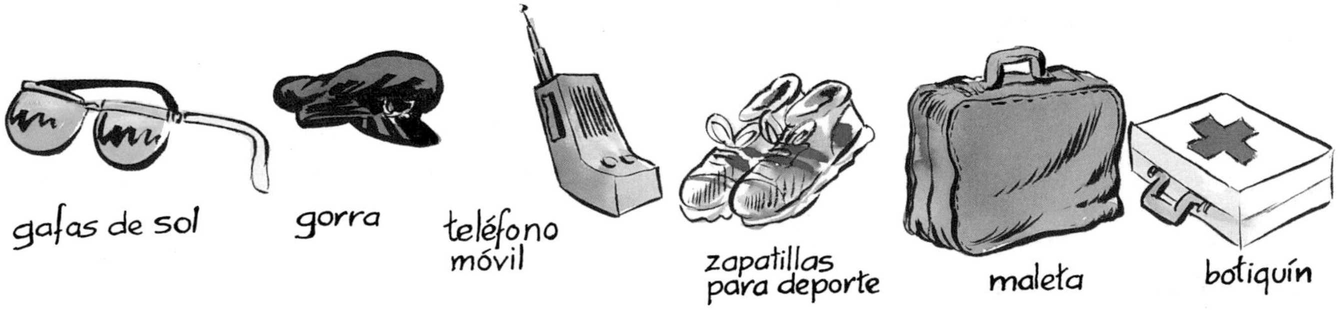

b) En parejas. Elegid el regalo más apropiado para cada una de ellas. Después, contad a la clase el regalo que habéis decidido y por qué.

7 a) Lee y escucha la conversación telefónica.

—¡Hola! Consuelo, soy Inés. Te llamo porque he recibido el plano para ir a tu casa y no lo entiendo bien.

—*¿Que no lo entiendes? pero si está muy claro. Cuando salgas de la estación, sigue recto.*

—Espera que lo voy a apuntar, estación... recto.

—*Entonces llegarás a un cruce, ahí tuerces a la derecha.*

—Cuando llegue al cruce, a la derecha.

—*Eso. Luego sigues recto; cuando llegues a una plaza, tuerces a la izquierda.*

—A ver, a ver, a la derecha, recto, plaza, torcer a la izquierda...

—*Y ya está, mi casa está en la acera de la derecha, al final de la calle.*

—Bueno, pues cuando llegue, si llego, nos tomaremos unos vinos para celebrarlo...

b) ¿Puedes dibujar el plano para llegar a casa de Consuelo? ¿Coincide con el de tu compañero?

FÍJATE

PRESENTE DE SUBJUNTIVO		
LLEG-AR	LE-ER	RECIB-IR
llegue	lea	reciba
llegues	leas	recibas
llegue	lea	reciba
lleguemos	leamos	recibamos
lleguéis	leáis	recibáis
lleguen	lean	reciban

Cuando + *presente de subjuntivo* + *imperativo*
Cuando + *presente de subjuntivo* + *futuro imperfecto*

Cuando salgas de la estación, sigue todo recto.
Cuando llegue, nos tomaremos unos vinos.

Formas irregulares: salga, diga, siga, haga, pida, venga, sepa, quiera, pueda, vaya, dé, sea, tuerza.

7 **c)** En parejas. Mira este plano e imagina dónde podría estar tu casa. Explica a tu compañero cómo se puede llegar desde la estación. Cuando adivine donde está tu casa, cambiad el turno.

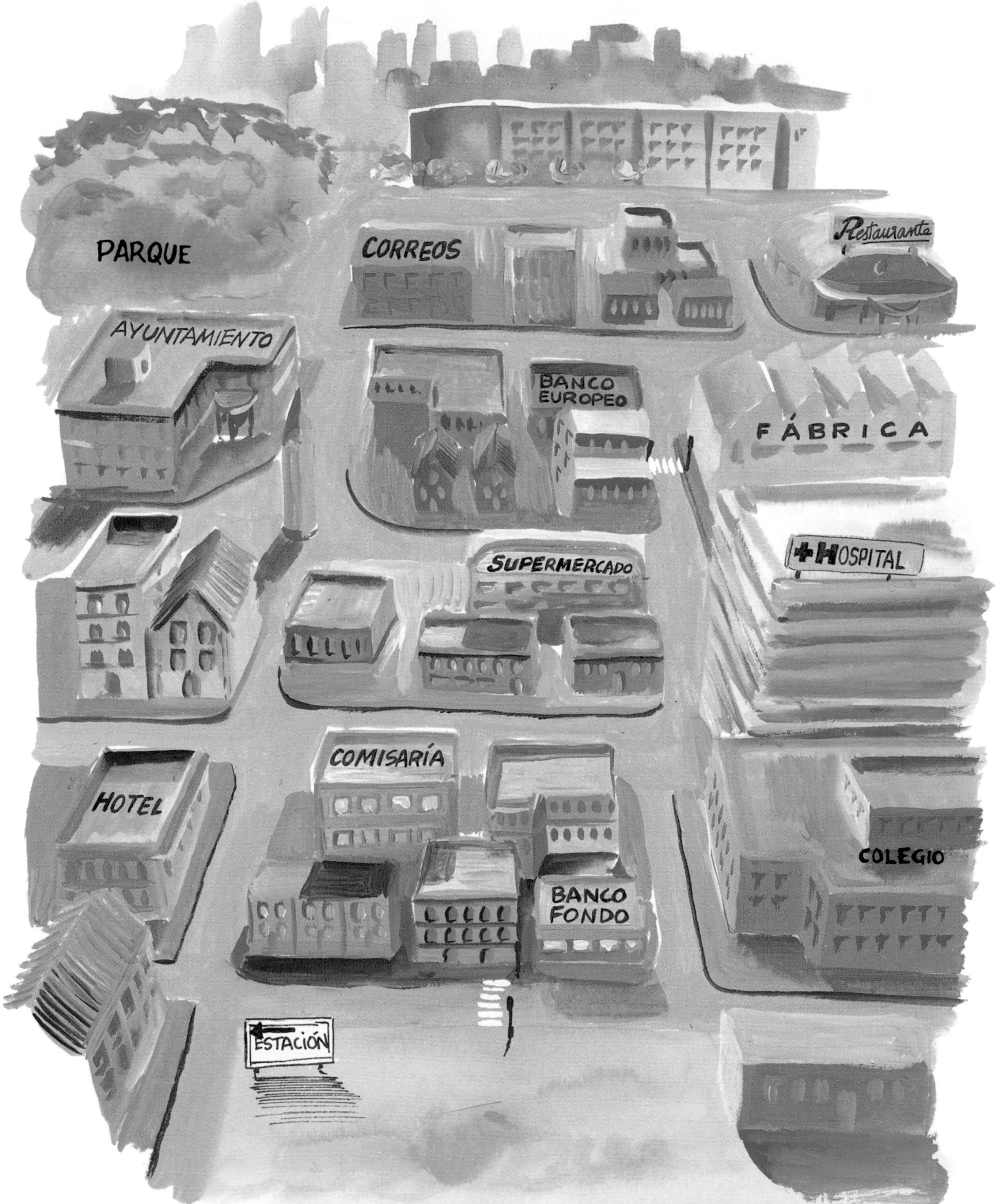

8 **a)** Escucha lo que piensan hacer estos amigos durante el día de fiesta. Mira los carteles. ¿A qué espectáculos van a ir?

FÍJATE

Después de + *infinitivo* + *futuro imperfecto* Después de + *sustantivo* + *futuro imperfecto*
Después de comer, iremos al circo. Después de la exposición, iremos al teatro.

b) Vuelve a escuchar la grabación y empareja las frases.

Cuando terminen de comer •	• irán al baile.
Después de la exposición •	• pensarán a dónde van a ir.
Después de las marionetas •	• irán a la exposición.
Después de cenar •	• irán a las marionetas.

En grupos de cuatro, formados por dos parejas, A y B.

Pareja A

9 **a)** Leed el texto que os corresponde y buscad esta información:

	REGALO	DESCRIPCIÓN
el hijo pequeño		
la hija mayor y el hermano mediano		
en este caso, ¿quién lo compra?		
el padre		

¡NO MIRÉIS EL TEXTO DE LA PAREJA B!

Se trata del Día de la Madre. La costumbre es hacerle un regalo. Los miembros de la familia se reparten los obsequios que le van a comprar de la siguiente manera:

- *El hijo pequeño se ha pasado dos meses haciendo una tarjeta de felicitación en el colegio. Representa unos peces de colores sobre fondo azul marino. Estéticamente es horrible, pero a la madre le gusta mucho el regalito de su pequeño.*
- *La hija mayor y el hijo mediano han decidido compartir el gasto del regalo. Como lo compra el hijo, éste no se complica demasiado y adquiere un frasco de colonia y unas sales de baño todo envuelto en papel de celofán, que queda genial.*
- *El padre, más discreto, en vez de sorprender a su mujer con un regalo original, lo que hace es preguntarle lo que quiere. La madre responde que no necesita nada, aunque está deseando que su marido le compre algo, a ser posible caro. El día señalado, su marido aparece con una sortija de oro...*

Familia, no hay más que una, Gomaespuma,
Ed. Papagayo (texto adaptado)

b) Contad a la pareja B lo que habéis leído:

- De qué día se trata.
- Qué regalos le hacen los hijos.
- Qué necesita la madre.
- Qué le regala el padre.

c) Preguntad a vuestros compañeros:

- Otra forma de decir «compartir el gasto».
- Otra manera de decir «genial».

d) ¿Qué diferencias hay entre vuestro texto y el texto de la pareja B?

Pareja B

9 **a)** Leed el texto que os corresponde y buscad esta información:

	REGALO	DESCRIPCIÓN
el hijo pequeño		
la hija mayor y el hermano mediano		
en este caso, ¿quién lo compra?		
la madre		

¡NO MIRÉIS EL TEXTO DE LA PAREJA A!

Es el Día del Padre. La familia se reparte los regalos que le van a hacer de la siguiente manera.

- *El hijo pequeño se ha pasado dos semanas haciendo una tarjeta de felicitación en la clase de plástica. El padre está encantado porque el pequeño la ha hecho con mucha ilusión.*
- *La hermana mayor y el hermano mediano pagan el regalo entre los dos. Le han comprado una colonia y una loción para después del afeitado, que envuelto en papel celofán queda fenomenal.*
- *La madre, lejos de sorprender a su marido con un regalo original, le pregunta dos días antes lo que quiere. El padre le dice que nada, aunque en el fondo está deseando que su mujer tenga un detalle con él. El día señalado, su mujer aparece con las manos vacías....*

Familia, no hay más que una, Gomaespuma,
Ed. Papagayo (texto adaptado)

b) Contad a la pareja A lo que habéis leído:

- De qué día se trata.
- Qué regalos le hacen los hijos.
- Qué necesita el padre.
- Qué le regala la madre.

c) Preguntad a vuestros compañeros:

- Otra forma de decir «regalo».
- Otra manera de decir «fenomenal»

d) ¿Qué diferencias hay entre vuestro texto y el texto de la pareja A?

PARA TODOS

Las fiestas de San Fermín

Todos los años, entre el 6 y el 14 de julio, Pamplona se convierte en una ciudad de fiesta. Los *Sanfermines* han extendido su fama por todo el mundo. Cualquier foráneo se siente como en su casa. El *encierro* es un espectáculo único: los participantes —mozos y arriesgados turistas— corren cada mañana delante de los toros por las estrechas calles del casco antiguo.

Desde primeras horas de la mañana, la gente respira la emoción de la fiesta del nuevo día y la resaca del día anterior...

La Feria de Abril

Poco después de la Semana Santa llega la Feria de Abril sevillana, famosa en todo el mundo y que, sin calendario fijo, se celebra durante seis días.

Esta fiesta surgió en el siglo XIX en un intento de conservar las tradiciones populares andaluzas.

Durante la fiesta, se construye una ciudad de lona con centenares de casetas adornadas con flores y luces de colores.

Los sevillanos, luciendo sus trajes tradicionales, pasean a caballo por el recinto, van por la tarde a los toros a la plaza de La Maestranza y, por la noche, se reúnen en las casetas hasta altas horas de la madrugada, para cantar, beber y bailar.

1. Lee los textos. ¿En qué época del año se celebran estas fiestas? ¿En qué ciudades españolas?

2. ¿Cuáles son famosas en todo el mundo?

Las Fallas de Valencia

Todos los años, las Fallas y la primavera parecen llegar juntas a Valencia. Las Fallas provienen de una costumbre establecida por los carpinteros en el siglo XIII. Necesitaban quemar los materiales inservibles acumulados en el taller durante el invierno.

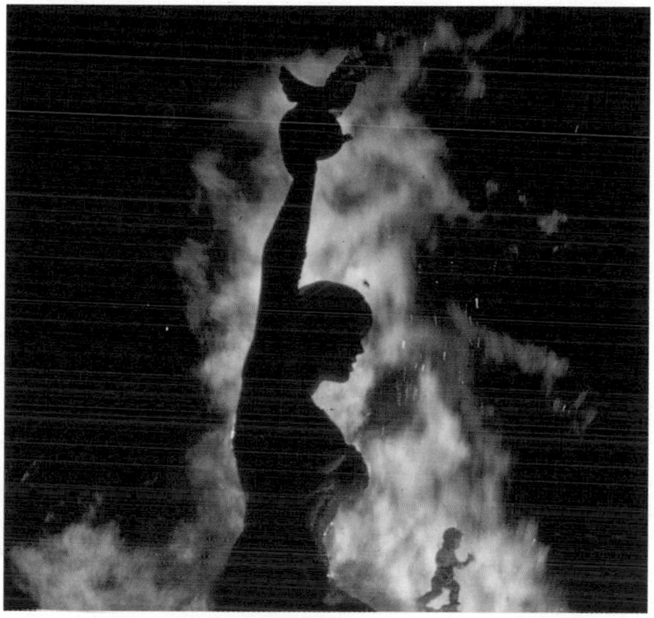

Los fuegos artificiales y las hogueras son los elementos fundamentales de esta fiesta. Todo culmina con la *cremá*, la quema de inmensas figuras que representan a la sociedad del momento. Estas figuras, llamadas *ninots*, son el resultado de todo un año de trabajo y se colocan en las plazas más típicas de la ciudad.

Declarada de Interés Turístico Internacional, la semana fallera, del 12 al 19 de marzo, hace de Valencia una ciudad peatonal, porque la fiesta hay que vivirla en la calle.

La Fiesta del Pilar

La gran celebración en Zaragoza es la Fiesta del Pilar, que, alrededor del 12 de octubre, día de la Hispanidad, convierte la ciudad en una manifestación de alegría y sorpresas. Las fiestas ofrecen interesantes excursiones por el Ebro, visitas a exposiciones sorprendentes y divertidas capeas en la plaza de toros.

Durante nueve días, Zaragoza rinde culto a su patrona con estas intensas fiestas que incluyen competiciones deportivas y actuaciones en el marco del Festival Internacional de Teatro, Música y Danza. El momento más emocionante de la fiesta es la ofrenda de flores a la Virgen, seguida de las famosas jotas bailadas ante la basílica del Pilar.

3. ¿A cuál de estas fiestas te gustaría ir? ¿Por qué?

4. ¿Cómo son las fiestas en tu país? ¿Qué es lo que más te gusta de ellas?

COMUNICACIÓN

Enumerar y programar series

en primer lugar/primero
luego/después/a continuación
al final/para terminar

Hacer sugerencias

Podemos comprarle unas gafas.
¿Por qué no le compramos unas gafas?
¿Y si le compramos unas gafas?

Hacer planes

Vamos a ir a bailar.
Por la noche iremos al cine.

Programar actividades

Cuando llegues al cruce, sigue todo recto.
Cuando vengas, iremos a las fiestas.
Después de comer, iremos a la exposición.
Después de la exposición, iremos al teatro.

GRAMÁTICA

Poder + *infinitivo*
¿Por qué no ...?
¿Y si ...?

Ir a + *infinitivo*
FUTURO IMPERFECTO

Cuando + *presente de subjuntivo* → *imperativo*
Cuando + *presente de subjuntivo* → *futuro imperfecto*
Después de + *infinitivo* → *futuro imperfecto*
Después de + *sustantivo* → *futuro imperfecto*

PRESENTE DE SUBJUNTIVO (verbos regulares)

-AR	-ER	-IR
-e	-a	-a
-es	-as	-as
-e	-a	-a
-emos	-amos	-amos
-éis	-áis	-áis
-en	-an	-an

FORMAS IRREGULARES

Presente de indicativo	*Presente de subjuntivo*
ha**g**o	ha**g**a
si**g**o	si**g**a
cono**zc**o	cono**zc**a
p**ie**nso	p**ie**nse
enc**ue**ntro	enc**ue**ntre
tr**aig**o	tr**aig**a
sé	**sep**a
d**oy**	**dé**

1 **a)** Lee los consejos que el Ministerio del Interior ha dado a los ciudadanos. ¿Cuál de las siguientes frases resume mejor el texto?

Si sigue estos consejos mientras usted está de vacaciones:

a) La casa no se quedará fría.

b) Sus vecinos no hablarán de usted.

c) No le robarán.

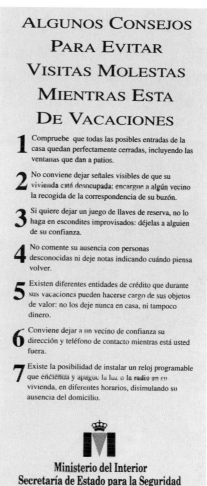

Algunos consejos para evitar visitas molestas mientras esta de vacaciones

1 Compruebe que todas las posibles entradas de la casa quedan perfectamente cerradas, incluyendo las ventanas que dan a patios.

2 No conviene dejar señales visibles de que su vivienda está desocupada; encargue a algún vecino la recogida de la correspondencia de su buzón.

3 Si quiere dejar un juego de llaves de reserva, no lo haga en escondites improvisados: déjelas a alguien de su confianza.

4 No comente su ausencia con personas desconocidas ni deje notas indicando cuándo piensa volver.

5 Existen diferentes entidades de crédito que durante sus vacaciones pueden hacerse cargo de sus objetos de valor: no los deje nunca en casa, ni tampoco dinero.

6 Conviene dejar a un vecino de confianza su dirección y teléfono de contacto mientras está usted fuera.

7 Existe la posibilidad de instalar un reloj programable que encienda y apague la luz o la radio en su vivienda, en diferentes horarios, disimulando su ausencia del domicilio.

Ministerio del Interior
Secretaría de Estado para la Seguridad

b) Escucha ahora los consejos que da la radio y relaciónalos con los del anuncio.

ANUNCIO	RADIO
1	
2	
3	
4	
5	
6	
7	

c) En parejas. Pensad ahora en estas situaciones y dad algunos consejos para cada una de ellas a la clase.

- Antes de salir de vacaciones.
- Antes de ir a clase de español.
- Antes de comprar un coche.
- Antes de hacer una fiesta de cumpleaños.

Juego

2 En grupos de cuatro. Juega con un dado y una ficha de color diferente a la de tus compañeros.

a) Por turnos. Tira el dado y avanza el número de casillas que indique.

b) Responde a la pregunta de la casilla en la que caigas.

c) Si no puedes contestar, retrocede a la casilla donde estabas antes de tirar.

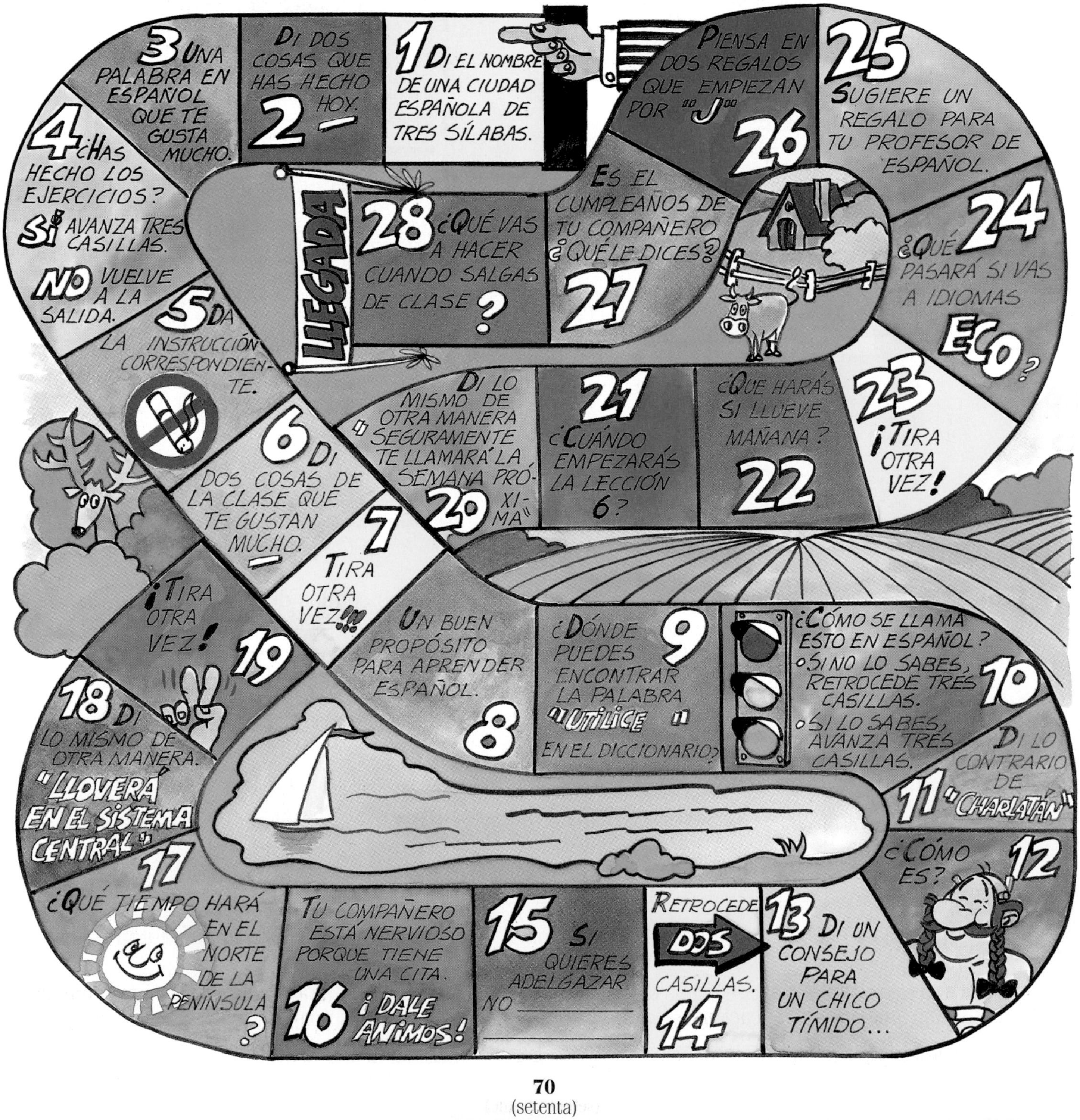

LECCIÓN 6

EN FORMA

1 ¿Con qué frecuencia haces estas cosas? Cuéntalo a la clase.

Nunca, a menudo, frecuentemente, siempre, casi nunca, algunas veces, rara vez, jamás, casi siempre, en ocasiones, de vez en cuando, todos/as los/las [meses, semanas, días...], una vez/dos veces... [al mes, a la semana...], cada [día, semana, mes...].

FÍJATE

> Soler + *infinitivo* = «normalmente»
>
> Suele levantarse prontísimo.
>
> Normalmente me levanto prontísimo.

En parejas

2 Los vecinos de Luis saben mucho de su vida. Con tu compañero, intenta descubrir qué hace Luis durante la semana. Utiliza los datos de tu tarjeta.

—¿Qué suele hacer Luis los lunes por la mañana?

—*Suele ir a clase de conducir.*

—*Y también hace yoga.*

Alumno A

NO MIRES LA INFORMACIÓN DE B

	MAÑANA
LUNES	Ir a clase de conducir.
MARTES	Visitar a sus padres.
MIÉRCOLES	Ir a clase a la Facultad.
JUEVES	Quedarse en casa estudiando.
VIERNES	Ir a la Facultad.
SÁBADO	Limpiar la casa.
DOMINGO	Ir de excursión al campo.

Alumno B

NO MIRES LA INFORMACIÓN DE A

	TARDE
LUNES	Hacer yoga.
MARTES	Salir con su novia.
MIÉRCOLES	Ir a clase a la Facultad.
JUEVES	Hacer la compra.
VIERNES	Salir de copas con los amigos.
SÁBADO	Ir al fútbol con su padre.
DOMINGO	Jugar una partida de ajedrez.

3 **a)** Y ahora, ¿qué sabes de tus compañeros de clase? Pregunta a distintos compañeros con qué frecuencia suelen realizar estas actividades.

¿Con qué frecuencia sales en bici?
¿Sueles salir en bici?
¿Sales a menudo en bici?

- Salir en bici
- Escuchar música clásica
- Escribir a los amigos
- Ir a bailar a una discoteca
- Comprarse ropa
- Limpiarse los zapatos
- Cocinar
- Lavarse el pelo
- Comer pescado
- Comprar el periódico
- Escuchar la radio
- Lavarse los dientes

b) Cuenta a tus compañeros lo que has descubierto.

4 **a)** Lee estos nombres de deportes y emparéjalos con las fotos.

1	esquí	3	tenis	5	vela
2	baloncesto	4	ciclismo	6	natación

A

B

C

D

E

F
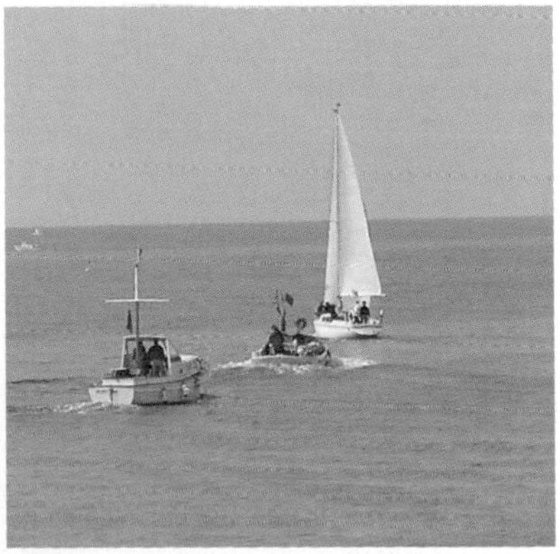

b) ¿Conoces nombres de otros deportes en español? Díselos a la clase.

4 **c)** Escucha los siguientes nombres de deportes y clasifícalos según el sonido que oigas.

/p/	/b/

FÍJATE

Practicar deporte, [el] esquí, [el] judo...
Hacer deporte, esquí, judo, vela...
Jugar al fútbol, al tenis, al baloncesto...
Montar en bici, a caballo...

d) Relaciona los deportes de la **4 c** con estos dibujos y di al profesor el nombre de cada uno.

HACER/PRACTICAR PARAPENTE

5 Piensa en un deportista famoso. Tu compañero te hará preguntas para adivinar quién es. Sólo puedes contestar SÍ o NO.

—¿Es hombre?
—*Sí.*
—¿Es español?
—*No.*
—¿Juega al fútbol?
—*No.*
—¿Juega al tenis?
—*Sí.*
—¿Es alemán?
—*Sí.*
—¿Es Boris Becker?
—*Sí.*

6 Y tú, ¿practicas algún deporte? ¿Cuándo? Díselo a la clase.

7 **a)** Ahora escucha lo que cuentan estas personas. ¿Qué deporte practica cada uno?

b) Vuelve a escuchar y completa el cuadro.

	PEPE	CONCHA	JUANA	JAVIER
Deporte				
En qué año empezó				
Con qué frecuencia lo practica				
Con quién				

FÍJATE

Llevo un año **practicando** el esquí.
Hace un año **que practico** el esquí.
Estoy practicando el esquí **desde hace** un año/**desde** el año pasado.
Practico el esquí **desde hace** un año.
Llevo desde el año pasado **practicando** el esquí.

7 c) Vuelve a escuchar la grabación y une las siguientes frases:

• Pepe lleva	• desde 1990	• haciendo submarinismo.
• Concha lleva	• un año	• jugando al tenis.
• Juana lleva	• dos años	• haciendo ciclismo.
• Javi lleva	• algunos años	• haciendo natación.

8 Construye algunas frases con tu información personal sobre estas actividades (puedes añadir otras) y léelas luego a la clase.

- Estudiar español.
- Aprender música, lenguas...
- Hacer esquí, judo...
- Vivir en tu casa actual.
- Trabajar.
- Viajar con amigos.
- Jugar al fútbol, baloncesto...
- Utilizar un ordenador.

FÍJATE

Aquel chico que lleva gafas.
El de las botas rojas.
El moreno.

9 **a)** Lee este diálogo. ¿Qué personajes del dibujo de la página 76 están hablando? ¿Por qué?

ANA: ¿Quién es aquel chico de las gafas?
CARMEN: *¿Quién?*
ANA: El moreno, el que lleva botas rojas.
CARMEN: *¡Ah! Es Germán Pastor, nuestro monitor.*
ANA: ¿Nuestro monitor? ¿Y desde cuándo es profesor de esquí?
CARMEN: *Lleva tres años o así dando clase. También juega al tenis.*
ANA: ¡Ah! Por eso me suena su cara. Lo conozco del club.

FÍJATE

¿Desde cuándo da clases de esquí?
¿Cuánto tiempo hace que da clases de esquí?
¿Cuánto tiempo lleva dando clases de esquí?
¿Desde hace cuánto tiempo da clases de esquí?

b) Vuelve a mirar el dibujo. ¿Quién es quién? Practica el diálogo anterior con tu compañero.

- Nieves Mateos, profesora de ballet.
- Rafael Alcázar, profesor de vela.
- Miguel Sánchez, profesor de judo.
- Marisa Benito, profesora de tenis.

Famosos

10 **a)** Mira las fotos y escucha la grabación. ¿De qué personaje hablan?

b) En grupos. Elegid un personaje famoso y preparad la descripción de sus actividades. Leédselas a los otros grupos. ¿Saben de qué personaje se trata?

Deportistas...

11 **a)** ¿Qué tienen estas personas en común?

b) ¿Verdadero o falso? Una de las siguientes frases es falsa. ¿Cuál? Lee rápidamente el texto y comprueba tu respuesta.

- Miguel Induráin es español.
- Practica el ciclismo todos los días.
- Cuando está en carrera, no suele desayunar.
- Si gana la carrera, le dan flores, una camiseta especial y un beso.

Miguel Induráin

Miguel Induráin Larraya nació un 16 de julio en Villava, un pueblo cercano a Pamplona. Veintiocho años después forma parte de la historia del ciclismo español. Sus victorias en el Tour de Francia y en el Giro de Italia le han colocado en la primera línea del mundo de la bicicleta.

Cuando no está participando en una carrera, vive en casa de sus padres. Sale por la mañana temprano, generalmente acompañado por su hermano, y recorre entre 70 y 100 kilómetros por las carreteras de su región. Cuando vuelve a casa, come y descansa en una larga siesta. Algunas tardes coge el coche y se acerca con su novia a Pamplona. «Vamos al cine o a comprar algo. Después, cuando estoy en carrera, no tengo tiempo para nada».

Cuando empieza la competición, el mundo cambia. Miguel suele levantarse tres horas antes del comienzo de cada carrera. Desayuna junto con sus compañeros: un café con leche, cereales y un par de bollos. Luego pedalea, junto con sus compañeros de equipo, unas seis horas diarias. Cuando llegan a la meta, los jefes del equipo los están esperando. Todos, menos Miguel, salen hacia el siguiente hotel. Él «suele» quedarse a recibir un ramo de flores, la camiseta de líder de color exclusivo (el maillot rosa o amarillo) y un beso...

Suplemento de *El País*, 5 de julio de 1992 (adaptado)

11 **c)** ¿Cómo cambia la vida de Induráin cuando compite con su equipo en una carrera? Completa el siguiente cuadro y señala las diferentes actividades.

	NORMALMENTE	EN CARRERA
Vive en casa.		
Vive en un hotel.		
Duerme la siesta.		
Sale con su novia.		
Sale en bici con su hermano.		
Sale en bici con el equipo.		
Lleva un maillot rosa o amarillo.		

d) Vuelve a leer el texto y empareja la siguiente información con la expresión temporal correspondiente.

Vive en casa de sus padres •	• después del desayuno.
Duerme la siesta •	• algunas veces.
Va a Pamplona con su novia •	• cuando termina la carrera.
Empieza la carrera •	• después de comer.
Todos, excepto Miguel, van al hotel •	• cuando no está participando en una carrera.

e) En tu opinión, ¿cuáles son las ventajas y desventajas de la vida de Miguel Induráin? Discutidlo en clase.

12 **a)** ¿Estáis en forma? En grupos, haced una encuesta en la clase (cuántos alumnos hacéis deporte, cuáles, con qué frecuencia, etc.).

b) Haced un recuento y comparad vuestros resultados con los otros grupos.

1. Lee la entrevista con Blanca Fernández Ochoa. ¿Por qué es famosa?

El esquí no es ya un deporte elitista. Y, afortunadamente, España cuenta con buenas pistas, repartidas por toda su geografía. GENTE CE ha conversado con Blanca Fernández Ochoa, la mejor esquiadora española de todos los tiempos, sobre el rey de los deportes de invierno.

GENTE CE *¿Cómo es el entrenamiento de un esquiador?*

–El esquí es un deporte muy completo que requiere fuerza, potencia, equilibrio, reflejos, habilidad, rapidez... Por eso el entrenamiento es muy variado. Antes de la temporada practicamos un montón de deportes que nos ayuden a mejorar alguna de esas cualidades. Corremos, hacemos bici de montaña y de carretera, tenis, squash, voleibol... Luego, cuando se acercan las competiciones, empezamos los entrenamientos en pista y no los dejamos en toda la temporada. Todos los días, haya o no competición, saltamos un poco, hacemos abdominales, ejercicios de flexibilidad...

GENTE CE *¿Cómo es el ambiente en las competiciones de esquí?*

–Bastante tenso. Sobre todo en la Copa del Mundo. En la Copa de Europa es más distendido, la gente se conoce más, salen a tomar algo juntos... Pero en la Copa del Mundo ya te empiezas a jugar medallas, prestigio y dinero, así que el ambiente cambia. Además, en este deporte tienes que darlo todo en unos pocos segundos y eso requiere mucha concentración. En la salida, la gente está muy nerviosa. Aunque eso no quita para que luego seamos muy amigos.

GENTE CE *¿Por qué, si en España hay muchos esquiadores aficionados y muy buenas pistas, hay tan pocos españoles en las grandes pruebas?*

–Supongo que habrá varias causas: que los padres no ven bien que sus hijos se dediquen a esto, que a la hora de la verdad mucha gente se echa atrás... Pero creo que lo principal es la mentalidad. Un deportista de élite tiene que cuidarse mucho, ser muy estricto, respetar unas reglas de comidas, descanso, entrenamiento. Si, de entrada, el tipo de vida que se hace en tu país no es ni parecido a eso, te cuesta mucho seguirlo. A mí, por ejemplo, me resulta más fácil cuidarme cuando estoy fuera. En España siempre me descuido un poquito más.

GENTE CE *De las estaciones españolas, ¿cuál es tu favorita?*

–En general, las estaciones españolas son buenas. Me gustan especialmente las del Pirineo. Todas las que están cerca de Jaca: Astún, Formigal, Candanchú... Pero también Sierra Nevada y las del Pirineo catalán, como Baqueira.

GENTE CE *¿Hay una edad para empezar a esquiar?*

–Para practicarlo como afición, cualquier edad es buena. Mi madre aprendió a los 30, lo dejó un montón de años y tuvo que volver casi a empezar a los 60. Además, esquiando siempre te lo pasas bien. Yo creo que esto hay que empezarlo por diversión, sin presionar al niño o a la niña. Tiene que ser como un juego. Luego, cuando se van desarrollando tus músculos y tu coordinación, ya puedes ir metiéndote en competiciones. Pero no creo que sea bueno coger a chicos muy pequeños y machacarlos hasta que sean grandes esquiadores. Tienen que serlo por elección propia.

Gente CE Nº9, Diciembre 1990 (adaptado)

a) ¿Cómo se llama el lugar donde se practica el esquí?

b) ¿Qué hay que hacer para ser un deportista de élite?

c) Blanca se refiere dos veces a España. ¿Qué dice?

d) Para ti, el deporte ¿es como un juego? ¿Y para un deportista profesional?

2. Lee estas definiciones. ¿A qué deporte se refiere cada una?

«Éste es un deporte de mucha paciencia, que se puede hacer todo el año. Necesitas caña, anzuelos, lombrices, moscas, gusanos..., y es aconsejable llevar ropa oscura y botas. Se puede practicar en el mar y en el río. Yo lo prefiero en el mar. Cuando se hace mejor es por la mañana o al atardecer.»

(Daniel González, 11 años, Madrid)

«Las chicas suelen practicarlo porque les gusta o para adelgazar. Normalmente escuchan música mientras hacen los ejercicios en la colchoneta. A mi madre le gusta mucho verlo en la tele por lo de la música, las cintas de colores, los aros y las pelotas. A mí no me gusta nada. Las mejores son las rusas.»

(Carlos Costa, 12 años, Segovia)

«Para practicar este deporte necesitas una pelota pequeña y un palo de madera. Tú tiras la pelota y otro jugador tiene un guante de cuero para recogerla. Pero si el jugador que está delante le da a la pelota con el palo, echan a correr. Hay que correr mucho e intentar pasar las cuatro bases. Todos los jugadores llevan casco y rodilleras.»

(Inés Candeira, 11 años, Vigo)

«Yo suelo jugar en verano con mi hermano, aunque a veces jugamos también con amigos. Se puede jugar en una pista de tierra o de hierba, y hay una red en el medio. He pedido una raqueta nueva para mi cumpleaños.»

(Guillermo Crespo, 10 años, Vitoria)

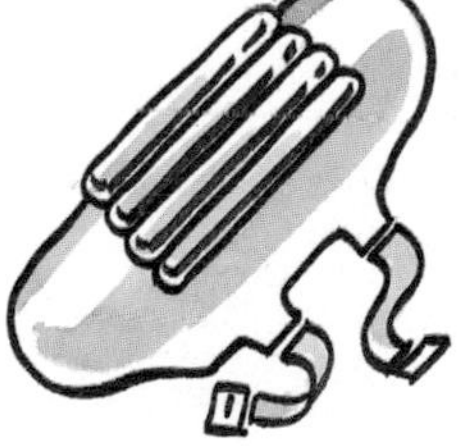

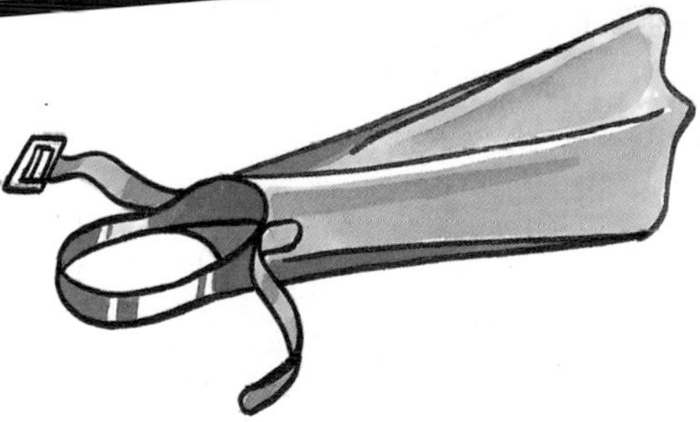

«Para jugar, necesitas un balón como un melón. Sólo juegan los chicos. Normalmente hay 15 jugadores en cada equipo. La portería tiene forma de hache. El nombre de este deporte es el de una ciudad de Inglaterra. Los jugadores pueden dar una patada al balón o llevarlo en las manos.»

(Carolina Mateos, 13 años, Valladolid)

«Suelo practicarlo los miércoles y viernes. Se juega con una pelota y se mete en la cesta, y eso se llama canasta; y el que más puntos tenga es el que gana. Hay un árbitro que tiene un pito, y pita diciendo que es falta y también pita personales. Los jugadores de cada equipo visten de un color y el árbitro va de negro, y la pelota tiene rayas. Si es un tiro normal vale dos puntos, y si es triple vale tres. Si es personal vale un punto.»

(Pablo Ramírez, 10 años, Madrid)

RECUERDA

COMUNICACIÓN

Hablar de la frecuencia con que se realiza una acción

Juego al tenis dos veces por semana.
No salgo nunca.
Nunca salgo por la noche.

Hablar de actividades habituales

Juego al tenis y hago ciclismo.
Solemos jugar los fines de semana.

Hablar del tiempo transcurrido a partir del inicio de una actividad

Hace un año que lo practico.
Lo practico desde hace un año.
Juego al tenis desde 1985.

Hablar de la duración de una actividad (contar la cantidad de tiempo)

Llevo un año practicando el esquí.
LLevo practicando el esquí un año.
Llevo esquiando desde 1990.
Estoy haciendo deporte desde el año pasado.
Estoy practicando judo desde hace un año.

Preguntar por alguien desconocido e identificarlo

¿Quién es el de las gafas?
¿Quién es el que tiene barba?
¿Quién es el moreno?

Aquél, que lleva gafas, es el de geografía.

GRAMÁTICA

Cuando los marcadores de frecuencia **nunca/casi nunca/ jamás** van detrás del verbo, éste aparece en forma negativa.

PRESENTE DE INDICATIVO
Soler + *infinitivo*

Irregularidad de **soler**:
suelo-solemos

Hace (expresión de tiempo) **que...**
Desde hace (expresión de tiempo).
Desde (fecha).

Llevar (expresión de tiempo) + *gerundio*
Llevar + *gerundio* (expresión de tiempo)
Llevar + *gerundio* **desde** (fecha).
Estar + *gerundio* **desde/desde hace** (expresión de tiempo)

Artículo/demostrativo + frase preposicional
+ frase de relativo
+ adjetivo

El sustantivo no aparece explícito.
El pronombre demostrativo señala además la situación de la persona a la que nos referimos.

LECCIÓN 7

¡LO QUE ME HA PASADO!

1 ¿Qué les ha ocurrido?

2 a) Escucha y relaciona lo que oyes con las seis situaciones correspondientes.

- El jefe le ha echado la bronca.
- Se ha dejado las llaves dentro de casa.
- Le han robado la cartera.
- Ha perdido el bolso.
- Le han pegado.
- Se ha perdido la película.
- Se ha quedado dormido.
- Ha tenido un accidente.

FÍJATE

PRETÉRITO PERFECTO
¿Qué (te) **ha pasado?** He perdido la cartera. Me han robado el bolso.

EXCLAMACIÓN
¡Vaya + *sustantivo*! **¡Menudo/a** + *sustantivo*! **¡Qué** + *sustantivo/adjetivo/adverbio*! ¡Vaya niños! ¡Qué niños! ¡Menuda faena! ¡Qué mal! ¡Qué aburrido!

¡No sé dónde tengo la cabeza! Hoy me he levantado con el pie izquierdo. Hoy tengo la negra. Me ha echado la bronca. Me he puesto muy nerviosa.

b) Lee este diálogo y escucha la grabación.

—¡Ayyy! ¡Lo que me ha pasado!

—*¿Qué?*

—Que me he dejado las llaves dentro de casa al salir esta mañana.

—*¡Menuda faena! ¿Y qué vas a hacer?*

—Pues no sé... Tendré que llamar a mi hermano, que tiene una copia. ¡Desde luego, no sé dónde tengo la cabeza!

c) ¿Qué les ha ocurrido? Escucha los diálogos y díselo a tu profesor.

FÍJATE

Perder el autobús, las llaves, la cartera... **Perderse** en una ciudad, en una estación... **Perderse** una fiesta, un espectáculo, una película... **Dejar/poner** una cosa en un lugar. **Dejarse/olvidar** una cosa en un lugar.

2 **d)** Escucha y señala las reacciones.

	¡Qué día!	¡No me digas!	¡Vaya faena!	¡Qué rabia!
NÚMERO				

e) En parejas. Escoged alguna de estas situaciones y practicad el diálogo de la actividad **2-b**.

PERDER LAS LLAVES.
QUEDARSE DORMIDO.
TENER UN ACCIDENTE.
DEJARSE LOS PAPELES EN CASA.
PONER UNA MULTA.
ROBAR LA CARTERA.
ENFADARSE CON EL JEFE, UN AMIGO, EL NOVIO, LA NOVIA...
PERDERSE EN EL AEROPUERTO.
PERDER EL AVIÓN.
PERDERSE LAS NOTICIAS DE LAS 15.00

3 En parejas. En este dibujo, ocho personas [se] han perdido/dejado... Buscadlas.

¡Vaya día!

FÍJATE

PRETÉRITO INDEFINIDO	
AYER	**perdí** el autobús.
	llegué tarde al trabajo.
	el jefe **se enfadó** conmigo.

a) Lee la carta de César a un amigo suyo.

Querido Pepe:

¿Qué tal estás? Hace mucho tiempo que no sé nada de ti. Yo estoy bastante contento. Ayer fue un gran día; bueno, no tanto en realidad. Por fin quedé con Pili para cenar. Como era su santo, le compré un detallito, pero me lo dejé en casa...

Desde luego, ayer se me torció todo. Primero me levanté tarde; luego, claro, perdí el autobús y llegué tardísimo a la oficina. Encima me dejé una carpeta de mi jefe en casa. Y eso no es todo: se me estropeó el ordenador. ¡Qué faena! ¡El jefe me echó la bronca!

Menos mal que por la noche, cenando con Pili... Aunque..., bueno..., perdí la cartera y tuvo que pagar ella la cuenta. Para terminar el día, me había dejado las llaves en casa. Total, que tuve que volver pronto para no despertar a mis padres y..., bueno, ¡un desastre!

Pero a pesar de todo estoy contento, porque creo que Pili me quiere. En fin, la próxima vez espero poder darte mejores noticias.

Un abrazo muy fuerte.

CÉSAR

b) ¿Qué le pasó a César? Numera los diferentes sucesos por orden cronológico. Hay uno que no aparece en la carta.

- Llegó tarde a la oficina.
- Pili pagó la cuenta del restaurante.
- Olvidó la carpeta del jefe.
- Llegó tarde a la cita con Pili.
- Perdió el autobús para la oficina.
- Volvió a casa pronto.
- El jefe se enfadó con él.
- Se estropeó el ordenador.

Verbos irregulares: **ser/ir-fui, tener-tuve, estar-estuve, poder-pude, poner-puse, saber-supe, andar-anduve, hacer-hice (hizo), querer-quise, venir-vine, dar-di.**

4 **c)** Vuelve a leer las frases de **b** añadiendo algunas de las siguientes expresiones. Léeselas a tu compañero.

FÍJATE

Resulta que...
Primero/de entrada/para empezar...
Luego/después...
Encima/además...
Total que...

5 Mira el cuadro. ¿Te sucedió a ti algo parecido? Habla con tu compañero. ¿Os pasaron las mismas cosas?

VERBOS	
Perder	
Estropearse	
Echar la bronca	
Robar	

6 **a)** Escucha estas conversaciones telefónicas y señala quién quiere dejar un mensaje.

NOMBRE	SÍ	NO
1		
2		
3		
4		

b) Escucha de nuevo los nombres de las personas que han llamado y clasifícalos en estas tres columnas.

/l̬/	/y/	/i/
		Yllera

c) Lee los nombres en voz alta.

d) Vuelve a escuchar y anota los mensajes que dejan las personas que han llamado.

	MENSAJE
1. ¿Puedes darle un recado?	
2. ¿Puede decirle por favor...?	
3. ¿Quieres que le deje una nota?	
4. ¿Quiere dejarle algún mensaje?	

FÍJATE

INFORMACIÓN	
Dile/dígale **¿Puede/s decirle**	que le **ha llamado** Yolanda. que la **llamaré** más tarde?
PETICIÓN/SUGERENCIA	
Dile/dígale **¿Puede/s decirle**	que me **llame** luego. que **pase** a buscarme?

e) Practica con tu compañero. Llámale por teléfono y déjale recados/mensajes para otros compañeros de la clase. Él deberá transmitírselos.

7 **a)** ¿Qué está haciendo la secretaria? ¿Qué pregunta el jefe? Lee el diálogo.

—Buenos días, Irene. ¿Me ha llamado alguien?

—Buenos días, señor Llorente. Pues sí, le ha llamado el señor Yeves. Ha dicho que no ha localizado al abogado, pero ha hablado con su secretario.

—Bien, bien, pues ahora le llamo...

—Y ha llamado su mujer. Ha dicho que ha llevado el coche al taller y que le llamará luego.

—Estupendo. ¿Alguien más?

—Sí, el director de Burgos... Que está en Madrid y que habló ayer con el constructor del proyecto Buenavista... y que...

—¡Ah, sí! Le voy a llamar.

FÍJATE

Ha dicho que **está** con el abogado.
Ha dicho que **ha llevado** el coche al taller.
Ha dicho que **habló** ayer con él.
Ha dicho que le **llamará** luego.

b) El señor Llorente ha recibido más llamadas. En parejas. Leed las notas de Irene y cread un diálogo.

13.10	El señor Martínez ha dicho que le espera a las cinco de la tarde.
13.45	Juan Castellano sacará las entradas para el teatro.
14.00	Han arreglado el coche en el taller.
14.05	Su esposa se ha ido de compras.
14.30	El señor González llegó a Madrid ayer.
14.45	Pedro Campos le mandó el paquete el martes pasado.
15.00	Su hijo ha ganado la competición de judo.

8 **a)** Mira este aparato. ¿Cómo se llama?
¿Para qué sirve?

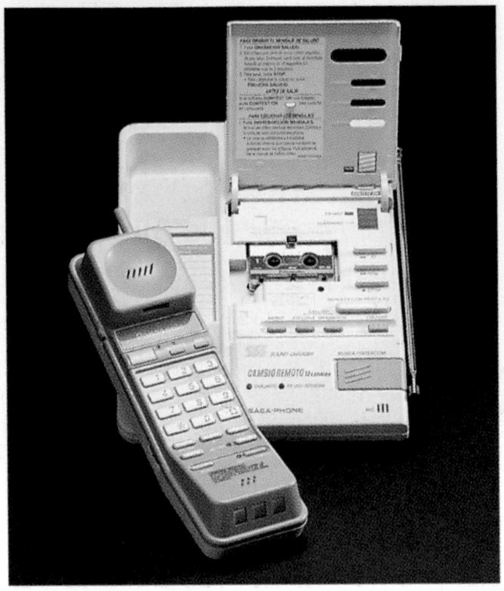

b) Escucha estos mensajes y decide si son contestadores públicos o particulares.

PÚBLICO	PARTICULAR	NOMBRE
1		
2		
3		
4		
5		

c) Vuelve a escuchar y escribe el nombre de la empresa o particular a quien pertenece cada contestador.

d) En uno de los contestadores no es posible dejar mensajes. ¿En cuál?

e) ¿Qué dicen los contestadores? Con tu compañero, decide qué mensaje corresponde a cada uno.

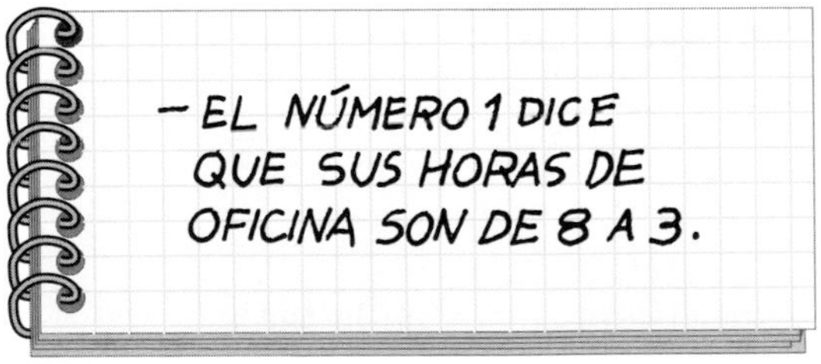
—EL NÚMERO 1 DICE
QUE SUS HORAS DE
OFICINA SON DE 8 A 3.

- Sus horas de oficina son de 8 a 3.
- Puede volver a llamar o dejar un mensaje.
- Teo Llanos y Alicia Yagüe no están en casa.
- No puede hablar en estos momentos.
- No es el teléfono de Mari Carmen, que trabaja en Telefónica.

¿De parte de quién?

9 **a)** Escucha estos mensajes dejados en distintos contestadores. ¿Quién llama? Señala los nombres de las personas que hacen la llamada.

- Mónica
- Julia
- Marina Silva
- Elena Benito
- Soledad
- Claudia
- Sr. Llanos
- Sr. Yagüe

9 **b)** ¿En qué mensaje(s) hay una invitación para hacer algo? ¿Alguien pide ayuda? ¿Quieren hacer una consulta? ¿Quieren concertar una entrevista?

c) ¿Te parecen útiles los contestadores? ¿Tienes uno? Inventa el mensaje que vas a dejar en tu contestador (puede ser formal o informal). Léeselo a la clase.

10 En parejas. Los señores de González van a dar una cena especial en su casa la semana que viene. La señora de González os ha dado algunas ideas sobre cómo organizar la cena y distribuir a los invitados en la mesa. Decidid dónde se va a sentar cada invitado.

Os ha llamado la Sra. González; ha dicho que os ocupéis de la distribución de los invitados y que tengáis en cuenta que:

- El señor González y ella deben sentarse en los extremos de la mesa.
- El orden debe ser hombre-mujer-hombre-mujer.
- Los familiares no deben sentarse juntos.
- El señor González no se lleva bien con el alcalde ni con su hija.
- Al cura le gusta escuchar las opiniones de los demás.
- A María Betanzos le cae muy bien José Luis Salazar.
- Ella discutió con el padre Lucas la semana pasada.
- La señora Martín habla mucho y está un poco sorda.
- Javier Pérez discutió con el señor González la semana pasada, pero a ella le parece simpático.
- A José Luis Salazar le gusta Conchi Acevedo.

Ha dicho que el señor González no se lleva bien con el alcalde.
Entonces, el señor Betanzos puede sentarse a la izquierda de la señora de González.

LISTA DE INVITADOS

- Sr. González (anfitrión)
- Sra. de González (anfitriona)
- Sr. Betanzos (el alcalde)
- Sra. de Betanzos (esposa del alcalde)
- María Betanzos (la hija soltera)
- Padre Lucas (el cura)
- José Luis Salazar (soltero)
- Sra. Martín (viuda)
- Javier Pérez (soltero)
- Conchi Acevedo (soltera)

CARTAS AL DIRECTOR

Los textos destinados a esta sección no deben exceder de 30 líneas mecanografiadas. Es imprescindible que estén firmados, y que en ellos quede constancia del domicilio, teléfono y número de DNI o pasaporte de sus autores.
EL PAÍS se reserva el derecho de publicar tales colaboraciones, así como de resumirlas o extractarlas cuando lo considere oportuno.
No se devolverán los originales no solicitados ni se facilitará información postal o telefónica sobre ellos.

Turismo de primera

Este año, al igual que en años anteriores, he salido de vacaciones con la familia, con ilusión y también con la preocupación de pensar en los contratiempos que siempre surgen en los viajes.

Mirando las ofertas de la agencia de viajes, me decidí por Las Palmas de Gran Canaria.

Aunque tuvimos que esperar un poco por el retraso del vuelo, llegamos a la isla con bastante puntualidad, y en el avión, las azafatas fueron muy atentas y amables, especialmente con mis hijos.

Al llegar al aeropuerto de Las Palmas, nos esperaba un autobús de la agencia que nos trasladó al hotel, donde nos ofrecieron un bufé frío y bebidas, pues era muy tarde para el servicio de comedor. Era un hotel de tres estrellas, en la playa, y nos gustó muchísimo por su comodidad y limpieza. Nos correspondieron dos habitaciones con terraza y vistas al mar, y pudimos, además, disfrutar de la piscina del hotel, de los espectáculos organizados por la noche en la discoteca y de todos los servicios. Por otro lado, mis hijos se encontraron con la grata sorpresa de tener instalaciones deportivas y salones de juego pensados para ellos.

Hemos vuelto tan contentos de las vacaciones que me dirijo a sus páginas para contar nuestra experiencia y expresar mi satisfacción por la oferta turística de nuestro país, que se ha distinguido siempre por ser hospitalario y acogedor. Creo que también hay que escribir a los periódicos para felicitarse por las cosas buenas y no sólo para denunciar los malos servicios.

Nosotros ya empezamos a pensar en las vacaciones del año que viene y a lo mejor volvemos a Las Palmas.

Alfonso Sanz, Madrid

Precios de escándalo

Tengo que viajar con alguna frecuencia y cada vez estoy comprobando con mayor nitidez que España se está convirtiendo en el país más caro del mundo, lo cual, supongo, no nos favorece nada ni a título individual ni colectivo, habida cuenta nuestra estructura económica.

Un ejemplo muy simple y significativo: el domingo 6 de septiembre, un recorrido en taxi, a las 16.30, entre la estación de Atocha y el aeropuerto de Barajas –realizado en poco más de 15 minutos, porque el tráfico a esa hora era bajísimo–, me costó 1.900 pesetas (más de 20 dólares). El taxi, un viejo y destartalado R-11, sucio y, por supuesto, sin aire acondicionado. En Madrid hacía a esa hora una temperatura de casi 37 grados a la sombra.

En Barajas, adonde llegué sediento por el calor que pasé en el taxi, por una lata de refresco que en los hipermercados cobran –yo las he comprado– 35 pesetas, una máquina automática me cobró 195 pesetas. ¿Se puede uno extrañar que pase lo que está pasando con el turismo y con la inflación en nuestro país? Cobrando lo que cobran los taxis madrileños, ¿no se puede obligar a que estén al menos en condiciones adecuadas a sus tarifas?

José Javier Testaut. Pamplona.

1. Si quieres escribir una carta al periódico, ¿qué datos personales debes dar?
2. ¿Qué le ocurrió al señor Testaut? ¿Por qué se queja? ¿Te parece caro el precio del taxi? ¿Y el de la lata de refresco?
3. En la carta del señor Sanz, busca las palabras y expresiones positivas. ¿Por qué ha vuelto tan contento de sus vacaciones?
4. Piensa en las cartas dirigidas al periódico que puedes leer en tu país. ¿De qué suele quejarse la gente?
5. ¿Puedes contar algo divertido, interesante, agradable, horrible, escandaloso... que te haya ocurrido en un taxi? ¿Y en vacaciones?

LOS GUSTOS

Mensajes

Éste es un tablón de anuncios para los estudiantes. Se pueden enviar mensajes, opiniones, vender y comprar. Se tendrá en cuenta el interés y la brevedad del mensaje. Los anuncios deberán ir firmados (nombre, apellidos, dirección y teléfono).

1 **VENDO COLECCIÓN** suelta de CINCUENTA LPs y VEINTE videocasetes (sistema VHS) de música Funky, Soul, Fusión, en perfecto estado de conservación y a muy buen precio. Si estás interesado: Alberto. Tfno. (91) 442 91 35. Llamar de 21 a 23:30 horas.

2 ***Poeta.*** *Profundo conocimiento de los clásicos españoles. Se necesita para componer anuncios comerciales. Radio Quisqueya.*

3 *Alquilo novelas todos autores. Gaste menos y lea mucho. Artículo 123, número 37, D.*

4 **A CARLOS**: Resulta sorprendente tanto optimismo. Dime, ¿cómo lo consigues? ¿Cómo es posible que la vida no te haya enseñado que ser tan optimista sólo sirve para hacerte más daño cuando caes? Te admiro..., pero ten cuidado. *Christelle.*

5 **TENGO DESTROZADO** el corazón por tan inmensa soledad. Busco chica sincera, honesta y jovial para cartearme. Si eres de Madrid, mucho mejor. Tengo 26 años, soy sensible y cariñoso y del signo Libra. Ayúdame. Cecilio Redondo Encinas. Apartado 27.007. 28044 Madrid.

6 ¿Piernas delgadas o defectuosas? No sufra complejos, amiga nuestra. Le garantizamos que en 30 días lucirá preciosas piernas. Tel. 541 24 36.

7 Rafael, deseo verte. ¿Cuándo? Flora.

8 **AYER ME** prometiste un helado y me recitas poesías y me cantas tus canciones. En papel sólo se puede decir que sigas así. El tiempo cambia, pero tú y yo no; siempre seremos niños con canas. *Boom.*

9 *Cojo del pie derecho desea asociarse con cojo del pie izquierdo para comprar zapatos del número siete.*

10 *Mensaje a Capricorni: Comparto mucho tus gustos y deseos. Nos veremos a partir salida anuncio, lunes, miércoles, 6.30 tarde, en escalinata Biblioteca Nacional. BRS. Y Yo.*

11 Se solicita hombre sabio. Trabajo sencillo, sólo por las mañanas.

12 *Profesor titulado enseña a tocar el piano, desde una pieza popular hasta un concierto, al poner las manos al teclado. Sistema único. Teléfono 540 05 66.*

13 **BUSCAD A** Rosi. Cumplió 24 años el 10 de agosto, es delgadita y está haciendo la tesina en la Facultad de Biológicas de la Complutense. Decidle que la quiero. *Sombra.*

14 Aprenda inglés mientras duerme. Tel. 564 57 31.

15 *Atractiva mujer, 42 años, tierna, perceptiva y luchadora, busca la compañía de un hombre. Objeto: buena conversación, relación honesta, matrimonio, si ello es correcto y adecuado. Apartado 6366.*

16 Tú 31: Muchas felicidades y millones de besos. Yo 37.

1. Si quieres dejar un mensaje en el tablón de anuncios, ¿qué datos personales debes dar?
2. ¿Qué mensajes están relacionados con los siguientes temas?
   - trabajo
   - amor
   - enseñanza
   - ventas e intercambios
   - otros
3. ¿Qué mensaje te gusta más? ¿Por qué?
4. Responde a alguno de los mensajes y envíaselo a un compañero. ¿Sabe de qué mensaje se trata?

COMUNICACIÓN

Contar sucesos del pasado inmediato

He perdido las llaves.

Reaccionar al relato de un suceso
(contratiempo)

¡Qué mal!
¡Vaya faena!
¡Menuda faena!

Narrar sucesos del pasado

Ayer me dejé las llaves en casa.

Comenzar un relato

Resulta que...

Ordenar y añadir información

Primero, de entrada, luego, después...

Añadir información negativa

Además, encima...

Finalizar un relato

Total que...

Dejar recados para otra persona

a) Solicitar la transmisión de una información:
Dile que estoy en Madrid.
Dígale que le ha llamado el señor Llanos.
Dile que le llamaré esta noche.

b) Solicitar la transmisión de una petición o sugerencia:
Dile que me pase a buscar a las once.
Dígale que me llame esta noche.

Transmitir información y mensajes a otra persona

a) Referidos al presente:
Ha dicho que ya tiene las entradas.

b) Referidos al pasado:
Ha dicho que ha hablado con él.
Ha dicho que mandó el paquete.

c) Referidos al futuro:
Ha dicho que te llamará esta noche.

GRAMÁTICA

PRETÉRITO PERFECTO

Exclamación:
¡Qué + *sustantivo/adjetivo/advervio*!
¡Vaya + *sustantivo*!
¡Menudo/a + *sustantivo*!

PRETÉRITO INDEFINIDO

Imperativo de decir + que + *presente de indicativo/pretérito perfecto/futuro imperfecto*

Imperativo de decir + que + *presente de subjuntivo*

Pretérito perfecto de decir + que + *presente/pretérito perfecto/pretérito indefinido/futuro imperfecto*

LECCIÓN 8

AQUELLOS MARAVILLOSOS AÑOS

1 Mira estas fotografías. ¿Corresponden todas a imágenes actuales? Di una fecha aproximada para cada una. ¿Coinciden con las de tu compañero?

FÍJATE

PRETÉRITO IMPERFECTO			ser
estaba	tenía	vivía	era
estabas	tenías	vivías	eras
estaba	tenía	vivía	era
estábamos	teníamos	vivíamos	éramos
estabais	teníais	vivíais	erais
estaban	tenían	vivían	eran

2 **a)** Lee estas frases. No toda la información es cierta. Comprueba con tus compañeros.

A) En 1950, Franco era el jefe del Estado español.
B) La minifalda estaba de moda en los años cincuenta.
C) Los americanos bailaban *rap* en los años cuarenta.
D) En los años sesenta, Ronald Reagan era presidente de EEUU.
E) Franco era jefe del Estado español en los años sesenta.
F) Muchos hippies vivían en San Francisco en los años cincuenta.
G) Mucha gente tenía televisión a principios de los años cincuenta.
H) En los años cuarenta había muchos turistas en España.
I) En 1950, Marilyn Monroe era una actriz muy famosa.
J) En la década de los sesenta, todo el mundo escuchaba a Prince.

b) Escucha la grabación y comprueba tus respuestas.

3 Con tu compañero. Mirad de nuevo las fotos de la página anterior y haced preguntas a vuestros compañeros.

¿QUÉ BAILABAN EN LOS AÑOS 50?
¿QUIÉN ERA EL PRESIDENTE DE LA U.R.S.S. EN 1990?
¿CÓMO SE VESTÍAN LOS JÓVENES?
¿QUÉ HACÍA LA GENTE PARA DIVERTIRSE?
¿QUÉ MÚSICA ESCUCHABAN?

Sílabas y acentos

4 **a)** Escucha estas formas verbales y clasifícalas.

TÚ	VOSOTROS

b) Vuelve a escuchar y repite.

c) Escucha y clasifica las palabras según el número de sílabas que oigas. Después pronúncialas en voz alta.

ía	íai	ai
salía	*comíais*	*buscabais*

d) Vuelve a escuchar y subraya la sílaba más fuerte de cada palabra. Compara tus respuestas con las de tu compañero. ¿En qué sílabas fuertes aparece la tilde? ¿Por qué?

FÍJATE

De pequeño/de joven...	Cuando era pequeño/joven...
A los 5 años/25 años...	En ... (fecha)...
Entonces...	En aquella época/en aquellos años...
Hace ... años...	Antes...

5 En parejas. Habla con tu compañero y pregúntale cómo era su vida hace unos años. Luego pregunta a los demás.

—*¿Dónde vivías de pequeño?*

—*¿Qué hacías en verano cuando eras pequeño?*

—*¿Cuántos erais de familia?*

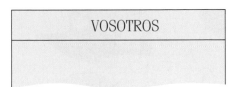

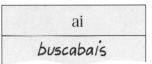

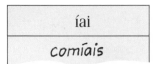

En aquella época...

6 **a)** Empareja estas frases con los dibujos.

A) Entonces se viajaba menos.
B) En aquella época se vivía mejor.
C) En los cincuenta se bailaba rock.
D) Hace años se llevaba la minifalda.
E) Mucha gente fumaba marihuana.
F) En aquellos años se hablaba mucho de política.
G) Entonces la gente usaba máquinas de escribir.
H) No se cocinaba tan rápido.

FÍJATE

SUJETO DE IDENTIDAD INDETERMINADA
Se + *verbo en tercera persona del singular* Todo el mundo / La mayoría / La gente + *verbo en tercera persona del singular*
Entonces se bailaba rock. Entonces la gente bailaba rock. Entonces todo el mundo bailaba rock.

6 **b)** Piensa en lo que hacía la gente durante tu infancia y completa esta información.

Cuando yo era pequeño...

- viajar se viajaba muy poco.
- bailar
- escuchar
- hablar de ...
- llevar
- soñar con ...
- comer
- jugar a ...

c) En grupos de cuatro. Pensad en un siglo o una época de la historia y preparad una serie de preguntas sobre la vida de entonces para hacérselas a vuestros compañeros. ¿Saben responder a todas?

¿QUÉ SE BAILABA EN EL SIGLO XVIII?
¿QUÉ SE LLEVABA A PRINCIPIOS DEL SIGLO XX?
¿CÓMO SE VIAJABA EN LA EDAD MEDIA?
¿DE QUÉ SE HABLABA EN 1945?

7 **a)** Escucha y lee este diálogo.

D.ª ROSA: *Pasad, pasad. A ver, ¿qué tengo que hacer?*

DANI: Sólo contestar a unas preguntas. Queremos saber qué hacía la gente antes de tener televisión.

LUIS: Sí. Por ejemplo, después de cenar, por la noche, ¿qué hacía usted? ¿No se aburría?

D.ª ROSA: *¿Aburrirme? ¡Qué va! Mi marido y yo charlábamos mucho. Luego, él leía el periódico y, mientras tanto, yo cosía la ropa de los niños.*

DANI: ¿Y el fin de semana?

D.ª ROSA: *Bueno, como mi marido solía trabajar los sábados, yo llevaba a los niños a casa de los abuelos.*

LUIS: Pues eso es todo...

D.ª ROSA: *Ahora, el domingo era otra cosa. Por la mañana solíamos dar un paseo todos juntos antes de comer y tomábamos el aperitivo con unos amigos. Nos gustaba mucho hablar y...*

DANI: Bueno, pues muchas gracias...

D.ª ROSA: *Luego, después de comer, cuando los chicos se iban a jugar con sus primos, solíamos jugar a las cartas. Y muchas veces, por la tarde, mi marido y yo nos íbamos al cine...*

LUIS: Muy bien; muchas gracias, señora...

D.ª ROSA: *Y solíamos ir también a...*

FÍJATE

Imperfecto de **soler** + *infinitivo*

Solíamos dar un paseo antes de comer.
Normalmente dábamos un paseo antes de comer.

b) ¿Qué otras cosas solían hacer doña Rosa y su familia los fines de semana?

- Jugar al parchís.
- Escuchar la radio.
- Preparar una tarta.
- Ver vídeos.
- Jugar al Trivial.
- Hacer punto.
- Bailar.
- Lavar el coche.
- Ir a la discoteca.
- Jugar con el ordenador.
- Hacer los deberes.
- Hacer crucigramas.
- Hacer bricolaje.
- Invitar a cenar a unos amigos.

a) Busca entre tus compañeros QUIÉN, de pequeño/de joven...

- Solía ir a la playa en vacaciones.
- No vivía en la ciudad.
- Solía jugar a las cartas con sus padres.
- Jugaba al fútbol.
- Iba a clases de música.
- Bailaba *rock and roll.*
- Solía llevar minifalda.
- Ayudaba a su madre.
- Solía obedecer a sus padres.

b) Comenta con la clase lo que has descubierto sobre tus compañeros.

a) Antes solíais hacer estas cosas. ¿Y ahora? Lee lo que dicen estas personas.

FÍJATE

Seguir/continuar + *gerundio* Todavía + *presente* Sigue jugando al fútbol. Todavía juega al fútbol.
Ya no + *presente* Ya no lleva minifalda.

9 b) Según lo que has descubierto sobre tus compañeros en el ejercicio anterior, averigua qué actividades continúan haciendo.

—Heinrich, ¿sigues jugando al fútbol?

—*No, ya no juego.*

—*Sí, todos los sábados.*

Todos hemos cambiado

10 a) Mira las fotos de estos famosos. ¿Han cambiado? Anota lo que hacían antes y lo que hacen ahora.

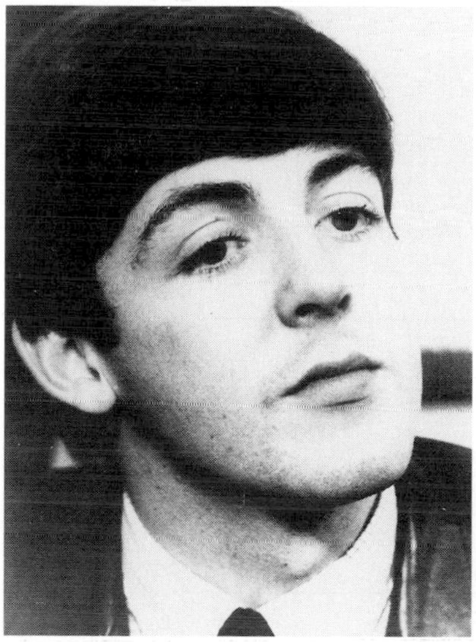

Antes era actriz y hacía películas.

Ahora ya no hace cine. Se dedica a proteger a los animales.

b) ¿Se te ocurren más nombres de personajes famosos que han cambiado de actividad? Con tu compañero, haced una lista y leedla a la clase. Vuestros compañeros deberán deciros lo que hacían antes esas personas y lo que hacen ahora.

¿Te acuerdas de ella?

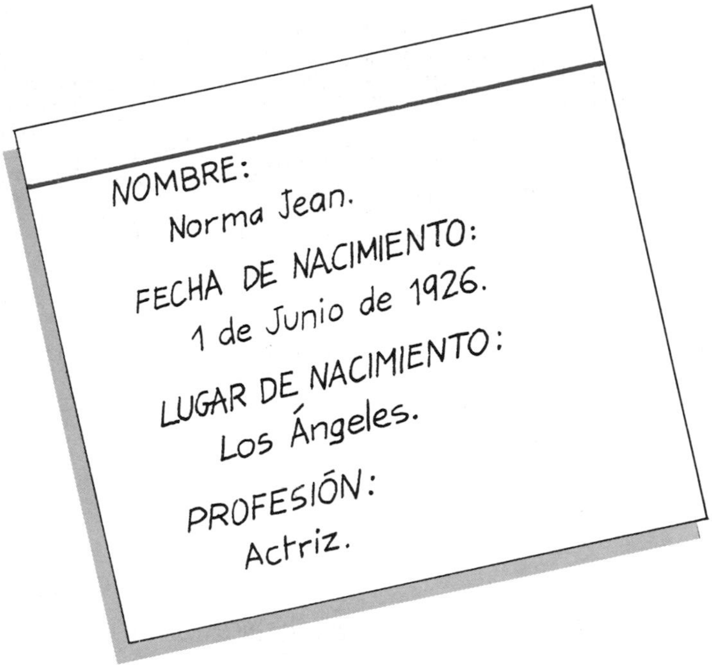

11 **a)** ¿Cómo se llamaba? ¿De dónde era? ¿Qué hacía? ¿Puedes describirla físicamente? Díselo a la clase.

b) Lee esta información y señala si es verdadera o falsa.

	V	F
Interpretaba muy bien el papel de rubia tonta.		
No era feliz.		
No gustaba a los hombres.		
Sabía mentir.		
Era muy mala actriz.		
Cantaba muy bien.		
Tenía muchos amigos.		
Nunca se sentía sola.		

11 **c)** Lee ahora las opiniones sobre ella de algunas personas que la conocieron. Consulta en el diccionario las palabras que no entiendas.

ERA LA ACTRIZ MÁS SEDUCTORA Y LA QUE MEJOR INTERPRETABA EL PAPEL DE RUBIA TONTA.
LO MÁS SORPRENDENTE DE NORMA ERA SU ABSOLUTA, IRREMEDIABLE Y A VECES INTOLERABLE INCAPACIDAD DE MENTIR.
SIEMPRE HACÍA PAPELES DE MUJER ATRACTIVA E INDEFENSA DEBIDO A SU FÍSICO. CONSEGUÍA SIEMPRE LO QUE EL DIRECTOR LE PEDÍA.
ELLA SE DESCRIBÍA A SÍ MISMA COMO "LA CHICA FELIZ DESEADA POR TODOS LOS HOMBRES", PERO NO ERA FELIZ, TODO LO CONTRARIO.
VIVÍA MUY DEPRISA, SE ENAMORABA SIEMPRE DE HOMBRES IMPOSIBLES QUE SE APROVECHABAN DE ELLA.
HACÍA FELICES A TODOS SUS AMIGOS, PERO ELLA SE SENTÍA SOLA. TENÍA UN CARÁCTER FRÁGIL. SU GENEROSIDAD Y SINCERIDAD LA HACÍAN MUY VULNERABLE.
ERA UNA ACTRIZ GENIAL Y GENEROSA, TRABAJABA CON GRAN TESÓN. SE ENTREGABA.

d) Vuelve a leer los textos anteriores. Selecciona la información. Prepara una descripción de la vida de Marilyn y luego léela a la clase.

SU CARÁCTER	SU TRABAJO

12 **a)** ¿Qué sabes sobre los años sesenta en España? Lee la siguiente información y señala si es verdadera o falsa.

	V	F
El turismo empezaba a ser importante en España.		
En el mercado había productos de todos los países.		
Había muchas manifestaciones de estudiantes.		
La censura prohibía libros y películas.		
Franco ya no gobernaba en España.		
Los estudiantes se interesaban por la política.		

b) Ahora escucha lo que cuenta un estudiante de la época y comprueba tus respuestas.

c) Vuelve a escuchar la grabación y toma notas. Escribe algunas frases sobre la sociedad española en los años sesenta. Léelas a la clase.

d) Y en aquellos años, ¿cómo vivían los jóvenes en tu país? Díselo a tus compañeros.

Las 10 películas

1950 *Un americano en París* de Vincente Minnelli
1951 *Un tranvía llamado deseo* de Elia Kazan
1952 *La reina de África* de John Huston
1952 *El hombre tranquilo* de John Ford
1953 *Arroz amargo* de Giuseppe de Santis
1954 *Los siete samuráis* de Akira Kurosawa
1955 *Muerte de un ciclista* de Juan Antonio Bardem
1956 *El séptimo sello* de Ingmar Bergman
1957 *El último cuplé* de Juan de Orduña
1958 *Vértigo*, Alfred Hitchcock

El Biscuter fue el primer automóvil utilitario. Los grandes coches norteamericanos eran inasequibles y el pequeño Biscuter, a pesar de sus limitaciones técnicas, hizo posible a los españoles el sueño del coche propio. Fue destronado después por el *seiscientos*.

La perrita *Laika* fue el primer ser vivo que se lanz al espacio. El *Sputnik II* la llevó en 1957 a la estra tosfera, en el primer gran paso de la carrera espa cial. Volvió con vida y, tras la hazaña, dio su nom bre a la mayoría de los perros de la época.

Sombrero y guantes eran imprescindibles para la mujer de los cincuenta. Tener que dar la mano a un hombre podía haber sido interpretado como una incitación sexual.

LA VIDA EN ROSA, TURQUESA Y AMARILLO

Estamos en los noventa, pero los cincuenta vuelven a estar de moda. En todos los terrenos se copia el estilo de aquella época no tan lejana, aquellos maravillosos años que marcaron el verdadero comienzo del siglo XX.

Fueron los años de recuperación de olvido, el principio de un cambi radical en la sociedad. El mundo oc cidental dejó atrás los años de guerr para entrar en una nueva era: la d los bloques y la guerra fría. Sin em bargo, los hombres y mujeres de lo

Elvis Presley centró la atención de la década. Sus movimientos al bailar indignaron a los mayores y encantaron a los jóvenes. Sus películas y discos generaron un culto a su persona. El *rock and roll* lo hizo su ídolo y su rey. Su imagen sigue seduciendo a las adolescentes de todas las épocas. El furor del rock no ha decaído desde entonces.

Los 10 discos

1950 *La vie en rose*, Edith Piaf
1952 *Angelitos negros*, Antonio Machí
1953 *Mess around*, Ray Charles
1954 *Rock around the clock*, Bill Haley
1955 *Only you*, The Platters
1956 *Heartbreak Hotel*, Elvis Presley
1956 *Mambo número 8*, Pérez Prado
1957 *Ojos verdes*, Conchita Piquer
1958 *Volare*, Domenico Modugno
1959 *Ne me quitte pas*, Jacques Brel

1. ¿Por qué sugiere el texto que el siglo XX comenzó en los cincuenta?
2. Busca en el texto todas las novedades e inventos que cambiaron la vida en los años cincuenta.
3. ¿Con qué otro nombre se menciona a España en el texto?

El Cadillac Eldorado, de 1959, inspiraba sus formas en la estética aerodinámica. Los estudios de propulsión de los peces y delfines hallaron lejano eco en los grandes coches norteamericanos. Eran amplios, cómodos, veloces, lujosos, caros y de costoso mantenimiento.

:incuenta no querían saber demasia-lo de la política; querían, ante todo, ılvidar y vivir. En España, muchos e marcharon a Francia o a las Amé-icas en busca de una vida mejor. ‿os que se quedaron trabajaron duro ɔara sentar las bases de lo que ya se ·eía venir desde EEUU: la era del :onsumidor feliz.

Útiles y menos útiles, los tocadiscos, .spiradores, televisores y abrelatas ·léctricos llegaron desde el otro lado lel Atlántico para despertar los de-eos europeos. Nos conquistaron con hicle, vaqueros y aparatos eléctri-os, inventados para facilitar la vida otidiana y darle un empujón a la conomía.

‿a joven República Federal de Ale-nania vivió su *wirtschaftswunder* milagro económico) y mandó a España a sus nuevos ricos para pasar las vacaciones entre naranjos, burros y palmeras. Ésa era la imagen que tenían de Iberia en un mundo que ya estaba haciendo las maletas para viajar a Marte y Venus.

Parecía que la tecnología iba a resolverlo todo. Era tan grande la euforia por los nuevos juguetes, que nadie pensó en las posibles consecuencias de la contaminación y otros peligros. El mundo recibió la energía nuclear con los brazos abiertos.

No faltaron tampoco los anuncios de coches, cámaras fotográficas y aviones. Eso sí, todo en colores turquesa, rosa y amarillo, los declarados favoritos de la época. La vida era un sueño multicolor.

El País Semanal, 3-11-91 (texto adaptado)

La mujer española en los cincuenta, como manifestó a la revista *Life* en español María Ángeles Hortelano, ansiaba ser actriz. Como muchas jóvenes, ponía los ojos en Hollywood como meta de sus sueños cinematográficos.

Nuevos inventos todos los días. Estas refinadas gafas para ver cine en tres dimensiones pasaron rápidamente al olvido. Aunque periódicamente las tratan de resucitar para la pequeña pantalla.

Los 10 libros LOS 50

1950 ***El camino*, Miguel Delibes**
1952 ***Al este del edén*, John Steinbeck**
1952 ***El viejo y el mar*, Ernest Hemingway**
1953 ***Réquiem por un campesino español*, Ramón J. Sender**
1954 ***Bonjour tristesse*, Françoise Sagan (19 años)**
1955 ***Los mandarines*, Simone de Beauvoir (Premio Goncourt)**
1955 ***Pedro Páramo*, Juan Rulfo**
1955 ***Lolita*, Vladimir Nabokov**
1957 ***En el camino*, Jack Kerouac**
1957 ***El Jarama*, Rafael Sánchez Ferlosio**
1958 ***El gatopardo*, Giuseppe Tomasso de Lampedusa**
1959 ***El tambor de hojalata*, Günther Grass**

La búsqueda del confort se convierte en regla, y las industrias crean cada día modelos de electrodomésticos, como el ventilador portátil.

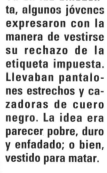

Ya en los cincuenta, algunos jóvenes expresaron con la manera de vestirse su rechazo de la etiqueta impuesta. Llevaban pantalones estrechos y cazadoras de cuero negro. La idea era parecer pobre, duro y enfadado; o bien, vestido para matar.

4. ¿Cómo veían los extranjeros la España de los cincuenta?

5. Fíjate en las fotografías. ¿Cómo eran la música, la moda y los coches en los años cincuenta?

6. En tu opinión, ¿qué era lo mejor de los años cincuenta? ¿Y qué era lo peor? ¿Por qué?

COMUNICACIÓN

Describir características y actividades en el pasado

De pequeña, vivía en Madrid.
En los años sesenta, la minifalda estaba de moda.

Hablar de una actividad general sin precisar la identidad del sujeto

Entonces se viajaba menos.
En los cincuenta se bailaba rock.

Hablar de actividades habituales en el pasado

Solíamos dar un paseo los domingos.
¿Qué hacían normalmente los fines de semana?

Hablar de la continuidad de actividades o características

Todavía hace películas.
Sigue haciendo películas.

Hablar de la interrupción o cambio de actividades y características

Heinrich ya no juega al fútbol.

GRAMÁTICA

PRETÉRITO IMPERFECTO

-AR	-ER	-IR
-aba	-ía	-ía
-abas	-ías	-ías
-aba	-ía	-ía
-ábamos	-íamos	-íamos
-abais	-íais	-íais
-aban	-ían	-ían

Marcadores temporales: antes, entonces, hace ... años, en aquella época, en aquellos años, en ... (fecha), de pequeño, de joven...

Se (la gente, todo el mundo, la mayoría) + *verbo en tercera persona del singular*

Pretérito imperfecto de soler + *infinitivo*
Normalmente / Por lo general + *pretérito imperfecto*

Todavía + *presente de indicativo*
Seguir / Continuar + *gerundio*

s**i**go	contin**ú**o
sigues	continúas
sigue	continúa
s**e**guimos	contin**u**amos
seguís	continuáis
s**i**guen	contin**ú**an

Ya no + *presente de indicativo*

LECCIÓN 9 VIDAS PARTICULARES

1 **a)** Lee los textos y empaéjalos con las fotografías.

Nació en Buenos Aires en 1919 y murió en 1952. Fue una actriz famosa entre 1935 y 1945, año en que dejó de hacer teatro para casarse con Juan Domingo Perón. Cuando su marido accedió a la presidencia del país, ella empezó a trabajar en la política como directora de la Secretaría de Trabajo y de la Fundación de Ayuda Social. Era de tendencia radical y fue candidata a la vicepresidencia del Gobierno. Cuando murió, el régimen peronista entró en crisis y fue derrocado por un golpe militar en 1955.

Nació en Aracataca, Colombia, el 6 de marzo de 1928. Aunque comenzó a estudiar Derecho, dejó pronto la carrera y se hizo periodista. Acusado de colaborar con la guerrilla del M-19, vivió exiliado en México desde marzo de 1981 hasta fechas recientes. En 1947, mientras estudiaba Derecho en la Universidad Nacional de Bogotá, escribió su primer cuento, *La tercera resignación*. Cuando publicó *Cien años de soledad*, en 1967, consiguió su consagración como novelista. La Academia Sueca le concedió en 1982 el Premio Nobel de Literatura.

Nació en La Habana en 1930. Cuando todavía era una niña, empezó a cantar en la radio y se hizo famosa actuando en el cabaré *Tropicana*. Es considerada la reina afrocubana de la salsa. En 1950 empezó a actuar con la mejor orquesta de baile cubana, La Sonora Matancera. En 1959 se exilió en México, y desde 1961 ha vivido en Nueva York.

Nació en Rivas, en 1929. Política nicaragüense, formó parte de la Primera Junta de Reconstrucción Nacional cuando el Frente Sandinista derrocó a Anastasio Somoza en 1979, pero al año siguiente se pasó a la oposición. En febrero de 1990, al frente de la coalición Unión Nacional Opositora (UNO), arrebató a Daniel Ortega la presidencia de su país en las primeras elecciones democráticas celebradas bajo el régimen sandinista.

b) ¿Sabes quiénes son? ¿Cuáles eran/son sus profesiones? ¿Y su nacionalidad?

c) ¿Qué personajes realizaron actividades diferentes?

d) ¿Por qué fueron y son famosos?

1 **e)** Señala en el cuadro a qué personaje corresponde la información.

	NOMBRE
Dejó el Frente Sandinista en 1980.	
Cuando se casó, dejó de trabajar como actriz.	
Comenzó a escribir novelas cuando dejó de estudiar Derecho.	
Trabajó con su marido cuando accedió a la presidencia del Gobierno.	
Empezó a cantar cuando era pequeña.	

FÍJATE

Cuando + *pretérito indefinido* + *pretérito indefinido*

Cuando se casó, dejó de trabajar como actriz.

Empezar a / Comenzar a + *infinitivo*

Empezó a cantar cuando era pequeña.

Dejar de + *infinitivo*

Cuando se casó, dejó de trabajar como actriz.

Verbos **empezar/comenzar**. Cambio ortográfico: **empecé-empezaste**.

2 Graciela Puleo nació en 1950. Inventa cuándo y en qué orden realizó las siguientes actividades. Comprueba con tu compañero.

- matricularse en Filosofía
- empezar a estudiar música

- jugar al tenis
- licenciarse

- empezar a hacer teatro
- conocer a Diego

- empezar a salir con Diego
- tener un accidente de coche
- dejar de jugar al tenis

- casarse con Diego
- empezar a dar clase en un Instituto
- dejar de hacer teatro

- quedarse embarazada
- volver a hacer teatro

En 1970 se matriculó en Filosofía. Cuando estudiaba en la Universidad empezó a estudiar música. En ... se licenció y...

3 **a)** Mira el cuadro y señala las actividades que has hecho alguna vez en tu vida.

	ANTES	AHORA
Hacer *footing*.	Sí	No
Jugar al tenis.		
Fumar.		
Ir a discotecas.		
Estudiar inglés o francés.		
Conducir.		
Salir con chicos/as.		
Tocar un instrumento.		
Viajar en autoestop.		

b) Intercambia tu cuadro con tu compañero. Después responde a sus preguntas.

—¿Cuándo empezaste a hacer footing*?*

—En 1989, cuando me matriculé en la Universidad.

4 **a)** Mira el mapa y empareja los países con los nombres de sus habitantes. Comprueba tus respuestas con las de tu compañero.

argentino	mexicano
boliviano	nicaragüense
brasileño	panameño
chileno	paraguayo
colombiano	peruano
costarricense	salvadoreño
dominicano	uruguayo
ecuatoriano	venezolano
guatemalteco	cubano
hondureño	

b) Escucha y repite.

c) Con tu compañero. Escribe los nombres de los países latinoamericanos. Escucha la grabación y comprueba tus respuestas.

d) Vuelve a escuchar y señala la sílaba fuerte.

- México
- Argentina
- Perú

Premios Nobel

a) ¿Qué sabes de los premios Nobel? ¿Qué tipos de actividades se premian? Escucha la información de la radio sobre estos premios Nobel y completa el cuadro.

FECHA	NOMBRE	NACIONALIDAD	PREMIO
1992	Rigoberta Menchú	guatemalteca	Paz
	Bernardo Houssay	argentino	
	Luis F. Leloir		
	Gabriela Mistral		
	Miguel Ángel Asturias		
	Pablo Neruda		
	Gabriel García Márquez		
	Octavio Paz		
	Carlos Saavedra Lamas	argentino	
	Adolfo Pérez Esquivel	argentino	
	Alfonso García Robles		
	Óscar Arias Sánchez		

b) Comprueba tus respuestas con tu compañero.

c) En parejas. Mirad el mapa de la página anterior. ¿Qué país recibió el premio en más ocasiones? ¿Qué países no han tenido nunca un premio Nobel? ¿Cuántas mujeres lo recibieron?

6 **a)** Lee y escucha este diálogo. ¿Por qué se fue de Lima? ¿Cuándo se fue? ¿Por qué no volvió a Perú?

—Oye, y cuando vivías en Lima, ¿qué hacías durante la semana?

—*Pues depende. Cuando era estudiante, vivía con mis padres, bastante lejos de la Universidad, y tenía que coger el autobús para ir a clase.*

—¿Ibas todos los días a la Universidad?

—*Sí. Cuando no había clase, iba a estudiar a la biblioteca; además, allí veía a mis amigos y, cuando preparábamos los exámenes, siempre salíamos un rato a tomar un café; cuando teníamos plata, ¡claro!*

—¿Y los fines de semana?

—*Cuando mis padres iban al campo, a veces los acompañaba; pero otras veces, mientras estaban fuera, aprovechaba para invitar a los amigos y hacer alguna fiesta. ¡Cómo nos la pasábamos!*

—¿Y por qué te fuiste de Lima?

—*Cuando estaba en el último curso de Medicina, me dieron una beca en un hospital de París para especializarme y me marché de Perú. Luego empecé a trabajar y...*

—Y mientras estudiabas en París, ¿no pensaste en volver a tu casa?

—*Sí, el último año. Pero cuando iba a volver, me contrataron en el hospital y ya me quedé en París; hasta que me vine a España.*

b) ¿Qué hacía durante la época en que era estudiante? ¿Por qué cambió su forma de vida?

FÍJATE

Cuando + *pretérito imperfecto* + *pretérito imperfecto* Mientras + *pretérito imperfecto* + *pretérito imperfecto* Cuando era estudiante, vivía con mis padres. Mientras mis padres estaban fuera, invitaba a mis amigos.

Cuando + *pretérito imperfecto* + *pretérito indefinido* Mientras + *pretérito imperfecto* + *pretérito indefinido* Cuando estaba en el último curso, me dieron una beca. Mientras vivía en París, no pensé en volver a Perú.

7 **a)** Lee la información sobre Nina. Mira la ficha de su biografía y completa el texto. Cuéntaselo a la clase.

1972	Nacimiento
1977-1990	Colegio en Berlín
1979-1984	Clases de música
1982-1987	Vacaciones en Mallorca con su familia (veranos)
1987	Primer novio en Mallorca
1982-1990	Equipo de baloncesto
1990-1993	Universidad
1992	Boda
1993	Primer trabajo

Nina nació en 1972.
Empezó a ir al colegio en 1977, en Berlín.
Cuando estaba en el colegio, también estudiaba música.
Dejó de estudiar música cuando...

b) Ahora escribe una ficha con tus fechas importantes y con datos sobre tus actividades. No escribas tu nombre. Dásela a tu profesor. Luego, cuenta a la clase cómo era la vida de la persona de la ficha que te haya correspondido. ¿Sabes quién es? ¿Y tus compañeros?

8 **a)** Lee esta noticia. En parejas. Mirad el dibujo de la página 113 y buscad las nueve pruebas que faltan. Según vuestra opinión, nada más entrar en la casa, ¿qué es lo primero que vio el detective?

30/
SOCIEDAD

Misterio en Medina

Ya se ha aclarado la muerte, la pasada Nochevieja, de don Pablo Pelas, empresario, viudo de sesenta años y padre de una hija. Lo que parecía ser un suicidio ha resultado ser un asesinato. Nuestro detective Manolo Aminomengañas resolvió el crimen nada más entrar en la casa de nuestro vecino don Pablo. Afirma, *en cuanto llegué a la casa, descubrí diez indicios de que no se trataba de un suicidio. Don Pablo no tenía intención de suicidarse. Por ejemplo, nada más entrar en la casa, vi la televisión encendida. Lo siento, pero no puedo revelar más datos. Lo único que les puedo decir es que este hombre no tenía ganas de morir.*

FÍJATE

En cuanto + *pretérito indefinido*, → *pretérito indefinido* En cuanto llegué, vi diez indicios.
Nada más + *infinitivo*, → *pretérito indefinido* Nada más llegar, resolvió el crimen.

8 b) Habla con tus compañeros. ¿Qué muestran sobre don Pablo?

Don Pablo fumaba.

Le gustaba cocinar.

9 Cuenta a la clase lo que hiciste ayer nada más levantarte; adónde fuiste en cuanto saliste de clase; lo primero que hiciste cuando llegaste a casa.

10 Escucha el fragmento de esta canción y lee el texto.

Pedro Navaja

Por la esquina del viejo barrio lo vi pasar
con el *tumbao* que llevan los guapos al caminar,
las manos siempre en los bolsillos de su gabán
pa que no sepan en cuál de ellas lleva el puñal.
Usa un sombrero de ala ancha de medio *lao*
y zapatillas, por si hay problemas salir *volao*;
gafas oscuras *pa* que no sepan que está mirando
y un diente de oro que cuando ríe se ve brillando.
A tres manzanas de aquella esquina, una mujer
va recorriendo la acera entera por quinta vez,
y en un portal entra y se da un trago para olvidar
que el día está flojo y no hay clientes *pa* trabajar...
y Pedro Navaja aprieta un puño dentro del gabán.
Mira *pa* un lado, mira *pa* otro y no ve a nadie,
y a la carrera, pero sin prisas, cruza la calle;
y mientras tanto, en la otra acera va esa mujer
refunfuñando pues no hizo plata con que comer.
Mientras camina, del viejo abrigo saca un revólver esa mujer;
iba a guardarlo en su cartera *pa* que no estorbe:
un 38 Smith and Wesson del especial,
que carga encima *pa* que la libre de todo mal.
Y Pedro Navaja, puñal en mano, le fue *pa* encima;
el diente de oro iba alumbrando *toa* la avenida
y, mientras reía, el puñal le hundía sin compasión,
cuando de pronto sonó un disparo como un cañón
y Pedro Navaja cayó en la acera mientras veía a esa mujer
que, revólver en mano y de muerte herida, a él le decía:
«Yo que pensaba hoy no es mi día, estoy *salá*,
pero Pedro Navaja, tú estás peor, tú estás en *na*»...

11 Vuelve a leer las primeras ocho líneas del texto y decide quién es Pedro Navaja.

12 Vuelve a escuchar la canción. Mira las imágenes y ordénalas según el relato del crimen. Una de ellas te revelará el final.

13 **a)** Vuelve a leer la letra de la canción y busca las palabras referidas a: ropa, armas, partes de la ciudad, dinero.

b) Habla con tus compañeros o busca en el diccionario. ¿Qué significa la palabra «manzana»? ¿Y «plata»?

c) Si «salá» se escribe correctamente «salada», ¿cómo se escriben «pa», «na», «toa», «tumbao», «lao», «volao»?

14 ¿Quién encontró los cuerpos? ¿Cuál crees que fue el móvil del crimen?

15 Con tu compañero. Vosotros estabais en la esquina y fuisteis testigos del crimen. ¿Qué podéis contarle a la policía? Escribid y firmad vuestra declaración.

LA POBLACIÓN HISPANA

Emigrante:
persona que se va de su patria, temporal o definitivamente.

Inmigrante:
persona que se establece en un país distinto del suyo.

En Estados Unidos, a mediados del siglo XIX, existía una población blanca, de origen europeo; una población negra, de origen africano; y un número reducido de americanos nativos, los pieles rojas.

Durante el siglo XX se ha ido desarrollando un tercer grupo étnico, la población hispana, con tres áreas de predominio: California y el Suroeste, Nueva York y Florida. En Nueva York, el núcleo orginario fue el de los puertorriqueños, a los que se añadieron cubanos y suramericanos. Florida tiene predominio cubano. California y los estados del Sur –Arizona, Nuevo México y Texas–, territorios que en parte fueron mexicanos hasta la guerra de México en 1848, son el hogar de los **chicanos**, o mexicanos inmigrados.

Muchos de ellos trabajaban en los viñedos californianos, estaban explotados laboralmente y desconocían sus derechos. César Chávez, líder del sindicato Trabajadores Campesinos Unidos de América, consiguió iniciar en 1965 una huelga contra los patronos que, después de cinco años, consiguió la firma de convenios colectivos de trabajo. La toma de conciencia de la personalidad chicana y de sus posibilidades políticas tuvo lugar en California en la década de los ochenta.

Las cifras de población indican un crecimiento considerable: de 1980 a 1988, la población hispana aumentó un 34%, situándose en 19.4 millones. El crecimiento ha ido unido a una promoción social, cultural y política en la prensa y en las emisoras de televisión en castellano. Pero la población hispana, en su conjunto, tiene un nivel educativo y socioeconómico inferior a la media norteamericana.

El rasgo común de todos los hispanos es el idioma, el castellano, que se ha convertido en la segunda lengua de Estados Unidos. De ahí el interés de los angloparlantes por aprender el castellano, idioma que será el segundo más hablado del mundo en el año 2000, después del chino. Se ha calculado que el 70% de la población de Florida habla castellano, y el 20% en el conjunto de Estados Unidos. En el estado de California parece ser que en el año 2000 más de la mitad de la población de edad escolar será hispanoparlante.

Los pueblos de América,
Gonzalo Zaragoza, Ediciones SM

1. Lee el texto y señala en este mapa de EEUU las principales zonas de población hispana. ¿De qué países hispanoamericanos provienen?

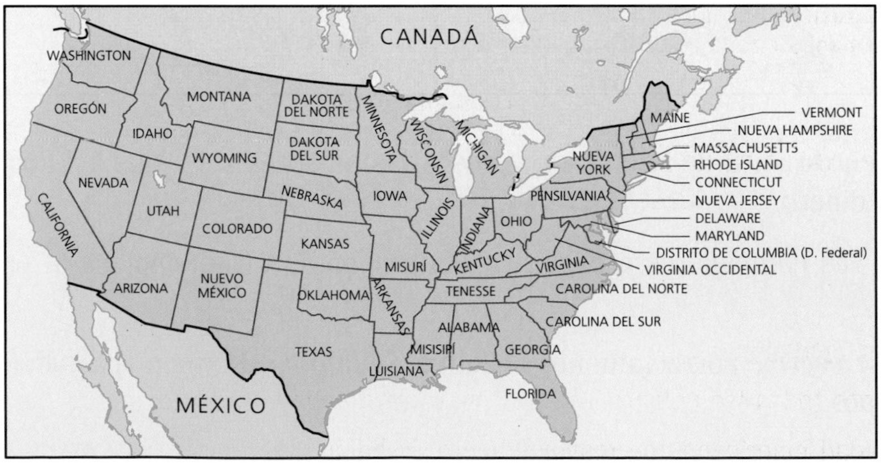

2. ¿Qué significa la palabra «chicano»?

3. ¿Cuál es el estado americano en el que se habla más español?

4. ¿Crees que EEUU se convertirá en un país oficialmente bilingüe, como Canadá?

LAS GRANDES CIUDADES EN AMÉRICA LATINA

El éxodo rural del siglo XX ha causado un crecimiento desmesurado en las grandes ciudades latinoamericanas, donde, al no encontrar los recién llegados trabajo ni vivienda barata, han aparecido los barrios de viviendas miserables (callampas, ranchos, favelas) con escasos servicios públicos. Las grandes ciudades que se están convirtiendo en megalópolis son **Buenos Aires**, con nueve millones en su zona de influencia, **Ciudad de México, São Paulo, Río de Janeiro** y **Caracas.**

El **área metropolitana** de México, en torno a la capital de la República, se encuentra a 2,277 metros de altura. Es un nudo de comunicación natural entre el Atlántico y el Pacífico, y el centro del valle del Anahuac; y ha ejercido el papel de capital antes de la conquista, durante la era colonial y en la república.

Está situada en el lecho de una antigua laguna desecada, formado por arcillas en las que se van hundiendo los edificios.

Concentra a 20 millones de habitantes, es decir, un 20% de la población del país y casi un 40% de su empleo y de su producción industrial. Es la mayor aglomeración humana de toda América Latina.

El crecimiento se debe a la llegada de habitantes de todo el país que, al no encontrar vivienda, se instalan en barrios marginales llamados *paracaidistas* o *colonias proletarias*. La ciudad ha superado los límites del Distrito Federal –que tiene una extensión de 1,500 kilómetros cuadrados– y se extiende por los estados vecinos de México y Morelos, formando una mancha urbana de 20 kilómetros de radio. Si continúa el ritmo actual de expansión, se prevé una **megalópolis** industrial extendida a lo largo de 800 kilómetros, de Veracruz a Guadalajara.

México es una de las ciudades del mundo con mayor contaminación. Su atmósfera recibe cada año 5.5 millones de toneladas contaminantes, de las que un 80% procede de los tres millones de automóviles que circulan; un 15%, de las 35,000 industrias instaladas en el valle de México, y el resto, de causas naturales. Se ha indicado que la combustión en el motor del automóvil, dada la altura a que se encuentra México, no es del todo completa, y por eso los hidrocarbonos no quemados reaccionan con el óxido de nitrógeno, bajo la intensa luz solar, y contribuyen a envenenar la atmósfera.

La contaminación aumenta el riesgo de contraer distintas enfermedades.

En la actualidad, el Gobierno está tomando medidas para mejorar la situación.

Éxodo: se entiende por éxodo la salida en masa de una población de un lugar a otro; equivale así a emigración.

Éxodo rural es la emigración de campesinos que han abandonado sus tierras y se han ido a vivir a las ciudades. Este fenómeno comenzó a producirse con la revolución industrial en Europa; grandes masas de trabajadores de origen campesino marcharon a la ciudad y se convirtieron en proletarios de la industria.

El término **macrocefalia** (del griego, *cabeza grande*) se aplica a aquel país en que la población de su capital (de su cabeza) representa un gran porcentaje del total nacional.

1. ¿Cuáles son las ciudades más grandes de América Latina? ¿En qué países se encuentran?
2. Busca en el texto todas las palabras para decir «barrio pobre».
3. ¿Cuál es la ciudad americana con mayor número de habitantes?
4. Vuelve a leer el texto y señala qué problemas plantea la aglomeración de habitantes en una ciudad.
5. ¿Qué otros problemas presenta la vida en una gran ciudad? ¿Puedes dar los nombres de otras ciudades en el mundo que tienen las mismas dificultades? ¿Existe en tu país el éxodo rural? ¿Hay muchos inmigrantes? ¿Y emigrantes?

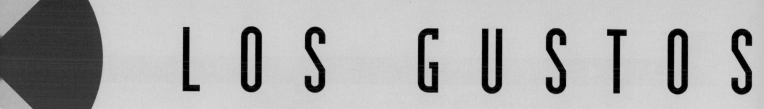

COMUNICACIÓN

Contar la vida de una persona

Celia Cruz nació en La Habana en 1930.

Hablar de dos sucesos simultáneos en el pasado

Cuando se casó, dejó el teatro.

Hablar del inicio de una actividad

Empezó a hacer cine en EEUU.

Hablar de la interrupción de una actividad

Cuando se casó, dejó de trabajar como actriz.

Describir circunstancias o actividades simultáneas en el pasado

Cuando mis padres iban al campo, yo los acompañaba.
Invitaba a mis amigos mientras mis padres estaban fuera.

Describir las circunstancias (1) **en que se produjo un acontecimiento** (2)

Cuando estaba en el último curso, me dieron una beca.
Mientras estudiaba en París, no pensé en volver.

Hablar de un acontecimiento inmediatamente posterior a otro en el pasado

Nada más llegar, resolvió el crimen.
En cuanto entré, vi los indicios.

GRAMÁTICA

PRETÉRITO INDEFINIDO
Verbo morir: m**u**rió m**u**rieron

Cuando + *pretérito indefinido* (1), → *pretérito indefinido* (2)

Empezar a / Comenzar a + *infinitivo*

Dejar de + *infinitivo*

Cuando + *pretérito imperfecto* (1), → *pretérito imperfecto* (2)
Mientras + *pretérito imperfecto* (1), → *pretérito imperfecto* (2)

Cuando + *pretérito imperfecto* (1), → *pretérito indefinido* (2)
Mientras + *pretérito imperfecto* (1), → *pretérito indefinido* (2)

Nada más + *infinitivo*, → *pretérito indefinido*
En cuanto + *pretérito indefinido*, → *pretérito indefinido*

LECCIÓN 10

BOLSA DE TRABAJO

1 Lee los anuncios de trabajo. ¿Qué se necesita para solicitar alguno de estos empleos? ¿En cuál de ellos se busca un vendedor? ¿Qué deben hacer las personas interesadas en el trabajo?

IMPORTANTE GRUPO EDITORIAL

solicita para sus departamentos económicos y financieros

LICENCIADOS EN CIENCIAS ECONÓMICAS-EMPRESARIALES

ÚLTIMAS PROMOCIONES

Se requiere:

- ✓ Edad no superior a 26 años.
- ✓ Servicio militar cumplido.
- ✓ Buena formación cultural.
- ✓ Se valorarán conocimientos de inglés e informática.
- ✓ Capacidad de integración.

Se ofrece:

- ✓ Formación complementaria a cargo de la empresa.
- ✓ Salario: 2.700.000 pesetas iniciales.
- ✓ Revisión a los seis meses.
- ✓ Posibilidades de desarrollo profesional.

Los interesados deberán remitir "curriculum vitae" al apartado de Correos número 14.241, 28020 Madrid, incluyendo fotografía reciente.

Polaroid®

Multinacional del sector fotográfico precisa contratar para las zonas de Madrid y Galicia:

2 TECNICOS COMERCIALES

MADRID Ref.: I.3.5/92
GALICIA Ref.: H.3.5/92

Su misión consistirá en promocionar y comercializar sus productos de las líneas industrial y amateur a establecimientos del sector, prestando su asesoramiento a cualquier consulta de carácter técnico y comercial requerida por el Cliente.

Se requiere:

- Conocimientos de fotografía, idealmente Formación Profesional en la rama de Imagen.
- Edad comprendida entre 23 y 30 años.
- Aportar alguna experiencia comercial, si bien dicho requisito no resulta absolutamente determinante si existe una clara vocación e interés hacia el mundo de las ventas.
- Personalidad dinámica y resolutiva, con afán de superación.
- Disponibilidad para viajar y vehículo propio.

Se ofrece:

- Integración en Compañía líder en el mercado.
- Contrato de trabajo y Seguridad Social.
- Interesante retribución fija + incentivos.
- Formación a cargo de la Empresa y apoyo continuado.

Los interesados deberán remitir Curriculum Vitae incluyendo teléfono de contacto e indicando en sobre y carta la referencia del puesto solicitado a: PSICOTEC, S.A., C/ Orense, 9 - 1º Dcha. 28020 MADRID.

PSICOTEC
Técnicos en Recursos Humanos

IMPORTANTE COMPAÑIA ASEGURADORA SELECCIONA

ABOGADOS

PARA SU DEPARTAMENTO DE ASESORIA JURIDICA

BUSCAMOS jóvenes profesionales entre 27 y 35 años, con **iniciativa** y alto nivel de **responsabilidad**.

- ✓ Imprescindible **experiencia** mínima de tres años en el ejercicio de la profesión en el sector asegurador y en práctica procesal en Juzgados y Tribunales.
- ✓ Se valorará el conocimiento del idioma inglés.

OFRECEMOS:

- ✓ Incorporación a una entidad de primera línea en el sector y en un equipo joven altamente profesionalizado.
- ✓ Retribución en torno a 4.500.000 pts. brutas anuales.
- ✓ Ventajas sociales.
- ✓ Estabilidad e importantes posibilidades de desarrollo profesional.

Interesados remitir Curriculum Vitae al Apdo. de Correos nº 8309 (28080 Madrid) indicando en el sobre la referencia ABOGADOS

SECRETARIAS DE DIRECCION

Nos dirigimos a personas responsables que quieran trabajar como secretarias, les guste su profesión, y deseen incorporarse a una compañía en constante evolución en la que puedan desarrollar de forma satisfactoria su trabajo.

SE REQUIERE:
Dominio de inglés.
Alta capacidad de relación.
Dotes de organización y coordinación.
Formación en secretariado.
Conocimientos de informática a nivel usuario.
Edad 25 - 30 años.

SE OFRECE:
Incorporación a una compañía en expansión dentro del sector farmacéutico.
Beneficios sociales.
Lugar céntrico de trabajo.
Retribución en función de experiencia.

Serono

Las personas interesadas deberán enviar **POR CORREO URGENTE** o llevar **PERSONALMENTE** Curriculum Vitae con fotografía reciente y número de teléfono de contacto, indicando la referencia del puesto, a: **Laboratorios Serono, S.A. DEPARTAMENTO DE RECURSOS HUMANOS. C/ Génova, 17. 28004 Madrid.**

2 **a)** ¿Qué profesión tienen?

b) Con estos datos, decide lo que se necesita para cada trabajo de la actividad anterior.

- Edad
- Conocimientos
- Experiencia
- Personalidad
- Presencia
- Viajes

FÍJATE

Se + *tercera persona del singular*

Se requiere conocimientos de fotografía.
Se necesita dos técnicos comerciales.
Se ofrece formación complementaria.

Hay que + *infinitivo*
Hace falta + *sustantivo/infinitivo*
Es necesario + *sustantivo/infinitivo*
Necesitar + *sustantivo/infinitivo*
Tener que + *infinitivo*

Hay que saber inglés.
Hace falta saber inglés y tener coche.
Es necesario saber idiomas.
Se necesita una buena formación cultural.
Se tiene que saber inglés.
Para el trabajo, tienes que saber inglés y tener coche.

Verbos irregulares: **requerir** (e → ie), **requiere - requerimos**; **ofrecer** (-zc- en la primera persona), **ofrezco.**

3 En parejas. Vuelve a leer los anuncios de la página 119 y elige uno. Cuéntale a tu compañero los requisitos que pide la empresa. ¿Sabe de qué trabajo se trata? Cambiad de turno.

4 **a)** En grupos de cuatro. Piensa en el trabajo que te gustaría tener y prepara un anuncio para el periódico. Léeselo al grupo. Elegid entre todos el trabajo que más os interesa y leed el anuncio a la clase.

b) Votad en clase y elegid el mejor trabajo. ¿Por qué es el trabajo más interesante?

5 **a)** Lee y escucha el diálogo.

—Oye, he visto un anuncio para un trabajo en el periódico. ¿Por qué no lo solicitas?

—¿Un anuncio de qué? ¿Qué se pide?

—Pues mira, hace falta saber inglés, y tú lo hablas muy bien.

—Hombre, sí; pero ¿necesito tener algún diploma?

—No; basta con tener algunos conocimientos. También es necesario tener buena presencia, y tú, yo creo que puedes valer...

—Pero ¿en qué consiste el trabajo? ¿Para qué es?

—Hay que estar dispuesto a viajar, y eso para ti no supone ningún problema...

—Sí, es verdad; pero seguro que hay que tener coche propio.

—No dice nada.

—O sea, que la empresa me da un coche...

—No, no es eso...

—Entonces, ¿cómo viajo? ¿Tengo que viajar en avión, en clase «preferente», con maletín y tal...?

—No es exactamente eso, no; la verdad es que no tienes que moverte de tu ciudad, ni del edificio donde trabajas, pero... viajas mucho.

—Pero bueno, ¿de qué trabajo se trata?... ¿Por qué te ríes? Déjame ese periódico, anda...

5 **b)** ¿Qué hace falta para hacer este trabajo? ¿Qué trabajo es? Si no lo adivinas, haz preguntas a tu profesor.

FÍJATE

Bastar / Basta con + *sustantivo/infinitivo*

Ser suficiente / Es suficiente con + *sustantivo/infinitivo*

Basta con tener algunos conocimientos de inglés.

Con algunos conocimientos de inglés es suficiente.

Bastan/Son suficientes algunos conocimientos de inglés.

6 **a)** Relaciona trabajos y requisitos. En qué trabajos tienes que...

REQUISITOS	TRABAJOS
• llevar uniforme	• policía
• viajar/saber idiomas	• maestro/profesor
• ser licenciado en económicas/periodismo/letras	• periodista
• relacionarse con la gente/estar en forma	• vendedor
• saber utilizar un procesador de textos	• ordenanza
• medir más de un metro setenta	• secretaria
• saber taquimecanografía	• bombero

b) ¿Coinciden tus respuestas con las de tu compañero?

c) En parejas. Pensad en varias profesiones y haced una lista. Describid los requisitos para realizar esos trabajos. Vuestros compañeros de clase tienen que adivinar de qué trabajo se trata.

En este trabajo hace falta llevar uniforme. No hace falta saber idiomas. No es necesario ser deportista, basta con estar en forma; pero tienes que medir más de un metro setenta...

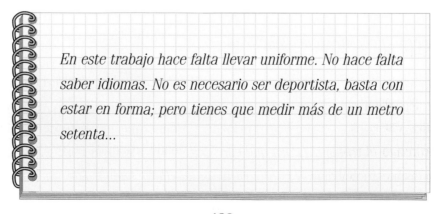

7 Escucha la entrevista que la agencia «Este trabajo puede ser tuyo» realiza a Paloma.

Paloma Barrionuevo	
IDIOMAS:	inglés (6 años de estudios y cursillos anuales); francés (2 años de estudios).
INFORMÁTICA:	Symphony, Windows, Wordperfect. 2 años de experiencia.
SALARIO:	2.500.000 iniciales.
EXPERIENCIA:	1 año en el Banco Valcañas. 1 año en el Banco Sancaya.

FÍJATE

Hace + (cantidad de tiempo)

—¿Cuánto tiempo hace que estudia francés?

—*Empecé a estudiar francés hace dos años.*

Desde que + *pretérito indefinido*

—¿Desde cuándo trabaja con ordenadores?

—*Desde que empecé a trabajar en el banco.*

8 **a)** Construye frases verdaderas sobre tu vida.

Empecé a estudiar español		más de un año.
Me puse a trabajar		menos de un año.
Me casé/enamoré	hace	más de tres meses.
Terminé mis estudios		menos de tres meses.
Fui al cine		más de una semana.
Empecé a practicar deporte		más de tres años.

b) Completa las frases.

Estudio informática		....
Voy al gimnasio		....
Salgo con mi novio/a		....
Me duele la rodilla	desde que	empecé a jugar al fútbol.
No tengo dinero		....
No bebo alcohol		....

8 **c)** Ahora pregunta a tus compañeros sobre sus vidas.

—¿Cuánto [tiempo] hace que te casaste?

—*Hace dos años.*

—¿Desde cuándo trabajas?

—*Desde que terminé mis estudios.*

9 El prestigioso restaurante catalán El Montserrat necesita un nuevo *maître*. Hay seis candidatos para el puesto. Han pasado una prueba trabajando en el restaurante y ahora los dos jefes deben decidir a quién contratar. Escucha la grabación, completa el cuadro y decide quién ha conseguido el trabajo.

¿QUIÉN?	SARA	RAMÓN	RAQUEL	ALBERTO	CARLOS	JUAN
No trabaja bien.						
No habla bien el catalán.						
Es demasiado joven.						
Habla demasiado.						
Obtiene el puesto.						

FÍJATE

Todos son simpáticos.
Casi todos son buenos.
La mayoría de los candidatos trabaja/n bien.
La mitad tiene/n experiencia.
Los dos/las dos chicos/as son muy jóvenes.
Ambos/ambas chicos/as son muy jóvenes.
Algunos son muy buenos.
Nadie me convence.
Casi nadie me convence.
Ninguno/ninguna tiene más de 25 años.
El único/la única que realmente me convence es...

10 Haz frases sobre la clase y díselas a tus compañeros. ¿Están de acuerdo?

—Todos los alumnos son muy simpáticos.

—*Sí, es verdad.*

—La mayoría de los alumnos llevan pantalones rojos.

—*No, la única que lleva pantalones rojos es Monika.*

11 **a)** En grupos. Completad el siguiente cuestionario.

¿QUIÉN?	NÚMERO DE RESPUESTAS AFIRMATIVAS	PROPORCIÓN
Hace los deberes de español.	3	La mayoría
Vive solo.		
Tiene niños.		
Tiene menos de 20 años.		
Tiene más de 40 años.		
Trabaja en una oficina.		
Estudia.		
Suele realizar tareas en casa.		
Practica algún deporte.		
Lee el periódico todos los días.		
Escucha música rock.		
Escucha música clásica.		
Tiene coche.		

b) Contad los resultados de vuestra encuesta a vuestros compañeros y, con la ayuda del profesor, preparad un perfil de la clase.

La mayoría de la clase trabaja en una oficina.

La mitad de la clase escucha música clásica.

12 Lee este currículo.

CURRÍCULUM VITAE

NOMBRE: Rafael Alcázar Sanz.

FECHA DE NACIMIENTO: 10 de febrero de 1960.

DIRECCIÓN: C/ Portal, 10, 1.º A - ZARAGOZA
Teléfono 327 46 21

ESTUDIOS

1982 Licenciatura en Historia (Universidad de Zaragoza).

1985 Doctorado en Historia Contemporánea (Universidad de Salamanca).

1986-87 Estudios de Biblioteconomía (Universidad de Zaragoza).

EXPERIENCIA PROFESIONAL

1988-91 Bibliotecario en la Facultad de Historia de la Universidad de Zaragoza.

1990 (hasta la fecha) Coordinador del grupo de investigación ARCHIVO, del Ayuntamiento de Zaragoza.

1991 (hasta la fecha) Colaborador en temas de historia de la revista HOY.

OTROS CONOCIMIENTOS

IDIOMAS: Francés (diploma de la Escuela Oficial de Idiomas).
Inglés (nivel intermedio).

INFORMÁTICA: Lotus, Wordperfect.

13 **a)** Para solicitar un nuevo trabajo, Rafael envió su currículo junto con una de las siguientes cartas. ¿Cuál?

A

Zaragoza, 27 de octubre de 1993

Queridos primos:

En respuesta a vuestro anuncio, publicado en el periódico «El Azar», sobre el puesto de director de archivos, me dirijo a ustedes para presentar mi solicitud y enviarles mi currículo.

Para cualquier aclaración, no duden en ponerse en contacto conmigo.

Un beso muy fuerte de vuestro primo.

RAFA

B

Madrid, 27 de octubre de 1993

Muy señores míos:

He visto vuestro anuncio para el puesto de director de archivos en vuestra asociación, el del periódico «El Azar», y por eso os mando mi currículo.

Para cualquier aclaración, no dudéis en poneros en contacto conmigo.

Un abrazo de vuestro amigo.

RAFA

C

Zaragoza, 27 de octubre de 1993

Muy señores míos:

En respuesta a su anuncio, publicado en el periódico «El Azar» con fecha 24 de octubre de 1993, referente al puesto de director de archivos de su Fundación de Cultura, me dirijo a ustedes para presentar mi candidatura a dicho puesto y enviarles mi currículo.

Para cualquier aclaración, no duden en ponerse en contacto conmigo.

Sin otro particular, aprovecho la ocasión para saludarles atentamente.

RAFAEL ALCÁZAR

13 **b)** En las dos cartas que no ha enviado Rafael hay cuatro errores de estilo o de información. Búscalos. Compara tus respuestas con las de tu compañero.

14 Escucha la grabación y completa este currículo.

CURRÍCULUM VITAE

NOMBRE:	ESTUDIOS
FECHA DE NACIMIENTO:	EXPERIENCIA PROFESIONAL
DIRECCIÓN:	
TELÉFONO:	OTROS CONOCIMIENTOS

15 **a)** Escribe una carta solicitando alguno de los siguientes trabajos. (No olvides adjuntar tu currículo con los estudios que has realizado.)

- peluquero/a (curso de peluquería)
- secretario/a (diploma de secretariado internacional)
- abogado/a (licenciado en Derecho)
- profesor de inglés/alemán/francés... (licenciado en Filología inglesa/alemana/francesa; curso de pedagogía)

b) Envía la carta con el currículo a tu compañero. Él te entrevistará para el trabajo.

c) Cuenta a la clase el resultado de la entrevista.

El derecho al trabajo

1

El artículo 35 de la Constitución española establece que todos los ciudadanos tienen el deber de trabajar y el derecho al trabajo, a la promoción a través del mismo y a una remuneración suficiente, sin que en ningún caso pueda hacerse discriminación por razones de sexo. El artículo 42 de la Ley Básica del Empleo señala que es principio fundamental de la política de colocación la igualdad de oportunidades, sin distinciones basadas en raza, sexo, opinión política u origen social. Las directivas del Consejo de la Comunidad Económica Europea establecen por su parte la puesta en práctica en los Estados miembros del principio de igualdad de trato de hombres y mujeres en lo que se refiere al acceso al empleo, incluidas la promoción, la formación profesional y las condiciones de trabajo.

2

El perfil del español de hoy le define como "tradicional" en términos generales: sigue canalizando a través del matrimonio las relaciones intersexuales (el 65% vive en un hogar matrimonial), desempeña en la familia el rol de proveedor económico, y el papel reproductor mantiene una vigencia alta dentro de la vida conyugal (el 61% tiene hijos que conviven en el hogar en el 90% de los casos). La esposa o compañera se dedica al trabajo en casa no remunerado. Por su parte, el hombre tiene un trabajo remunerado (72%), que desempeña mayoritariamente por cuenta ajena, y ha realizado estudios de grado medio (68%). El trabajo asalariado de la mujer se suele producir en los hogares donde el varón es joven (entre 25 y 34 años), ha realizado estudios superiores, tiene hijos y vive en ciudades medianas o grandes. Es decir, la presencia de hijos constituye cada vez menos un impedimento para el trabajo de la mujer. Es el nivel de estudios la variable cada vez más vinculada a la incorporación de la mujer al mercado laboral.

1. Lee el primer texto y busca esta información:

- ¿Qué textos legales hablan de la igualdad en el trabajo?
- ¿Qué palabra significa lo contrario de «igualdad»?
- Haz una lista de las distinciones en el derecho al trabajo que rechazan las leyes.

2. Lee el segundo texto y busca esta información:

- ¿Qué porcentajes muestran un perfil tradicional del español?
- ¿Qué mujeres trabajan?
- ¿De qué depende la incorporación de la mujer al mundo del trabajo?

3. Compara los dos textos y habla con la clase sobre la igualdad en el trabajo en los países que conocéis.

Los españoles y los trabajos domésticos

AZUCENA CRIADO, Madrid

Los hombres españoles se resisten a planchar y lavar la ropa, nunca friegan el cuarto de baño y raramente colaboran en la limpieza de los cristales. Además, piensan que carecen de instinto para cuidar a sus hijos, pero les gustaría tener más facilidad para mostrar a las mujeres sus sentimientos y debilidades, según un estudio del Instituto de la Mujer, realizado entre más de 1.400 hombres, que analiza la actitud de los españoles ante el cambio de papeles en el hogar.

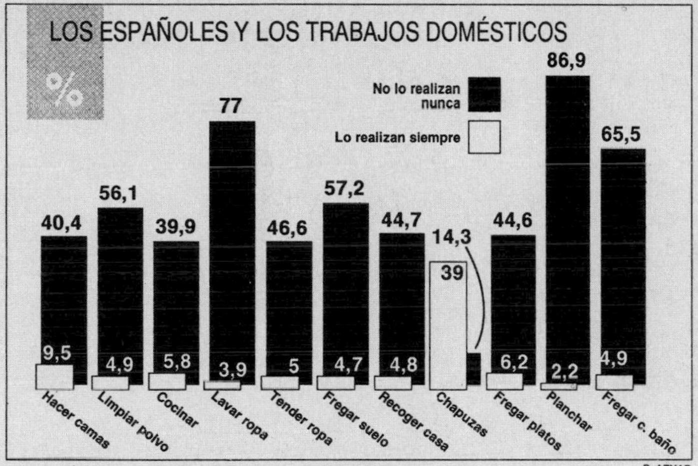

Las tareas en que los hombres participan menos pertenecen a la categoría básica de *fregar* y se caracterizan por su permanencia, son habituales y de duración más prolongada. El 94% de los maridos y el 91% de los hijos encuestados están de acuerdo en que "cuando la mujer trabaja es justo repartir los trabajos domésticos entre los dos". No obstante, el 87% confiesa que nunca plancha, el 77% jamás lava la ropa, el 72% no colabora en la limpieza de los cristales y un 66% reconoce que nunca friega el cuarto de baño. Es decir, apenas participan en las tareas de *mantenimiento* de la casa, como recoger, limpiar el polvo o lavar los platos.

Tareas propias

A. C., **Madrid**

Las *chapuzas* y reparaciones caseras son consideradas como tareas propias por la mayoría de los hombres encuestados. El 63% realiza las reparaciones técnicas necesarias en el hogar. En general, los hombres participan en las tareas vinculadas con lo externo de la casa, como hacer la compra, sacar la basura o cuidar las plantas. Todas estas labores tienen una duración breve y no se realizan diariamente.

Uno de los puntos más significativos del estudio es que se pone de manifiesto la influencia positiva de las mujeres jóvenes. Están haciendo claramente un papel de agentes sociales, de educadoras, con sus maridos o compañeros. Los resultados demuestran que los hombres jóvenes no colaboran en las tareas domésticas cuando están como hijos en la casa materna, pero sí lo hacen, en cambio, cuando crean su propio hogar.

Artículo de *El País*, "El perfil del español" (adaptado)

1. Lee los porcentajes de la estadística y busca esta información:

- ¿Cuál es la tarea de la casa que menos gusta a la mayoría?
- ¿Cuál es la tarea que realiza casi la mitad de los hombres encuestados?
- Cuenta a la clase tu opinión sobre el resultado de una encuesta parecida en tu país.

2. Busca esta información:

- ¿Qué significa «chapuza»?
- ¿Cuáles son las tareas que realizan los hombres españoles? Compáralas con los trabajos de la estadística. Según tu opinión, ¿cuáles son las diferencias?
- ¿De qué depende la mayor colaboración del hombre en las tareas de la casa?

3. En grupos. Preparad una estadística sobre los trabajos domésticos que vosotros realizáis en casa. Dad los resultados a vuestros compañeros. ¿Qué tarea realiza la mayoría de la clase? ¿Qué no hace casi nadie?

COMUNICACIÓN	GRAMÁTICA
Presentar una información con valor general, sin precisar el sujeto Se necesita secretaria de dirección.	Se + *verbo en tercera persona del singular*
Expresar necesidad de requisitos Se necesita una buena formación. Tienes que tener coche propio.	Hay que / Es necesario + *infinitivo* Hace falta / Necesitar + *sustantivo/infinitivo* Tener que + *infinitivo*
Hablar de requisitos mínimos Basta con tener algunos conocimientos. Son suficientes algunos conocimientos.	Bastar / Basta con / Ser suficiente / Es suficiente con + + *sustantivo/infinitivo*
Referirse a una fecha aproximada considerando el tiempo transcurrido Empecé a estudiar francés hace dos años.	Hace + *cantidad de tiempo*
Informar del punto de partida de una actividad/situación en el pasado tomando como punto de referencia una acción Estudio informática desde que empecé a trabajar en el banco.	Desde que + *pretérito indefinido* + *presente*
Hablar de una persona indeterminada o de su inexistencia	Alguien/Nadie
Hablar de personas mencionadas antes o referidas por el contexto Ninguna tiene más de 25 años.	Alguno/a/os/as Ninguno/a
Hablar de grupos de personas y calcular una proporción La mayoría de los candidatos tiene experiencia. La mitad de los candidatos son demasiado jóvenes. El único que me convence es Ramón.	La mayoría / La mitad (el verbo puede ir en singular o plural) Todos / Casi todos Los dos / Ambos El/la/los/las único/a/os/as

1 **a)** Mira esta historieta y decide a qué viñetas corresponden las siguientes expresiones. Compara tus respuestas con las de tu compañero.

- JUGAR AL CABALLITO.
- ECHARSE A LLORAR.
- CAERSE.
- DARSE EN LA CABEZA.
- COGER EN BRAZOS.
- REÑIR.
- SUBIR EN HOMBROS.
- BAJAR LAS ESCALERAS.
- HACERSE DAÑO.

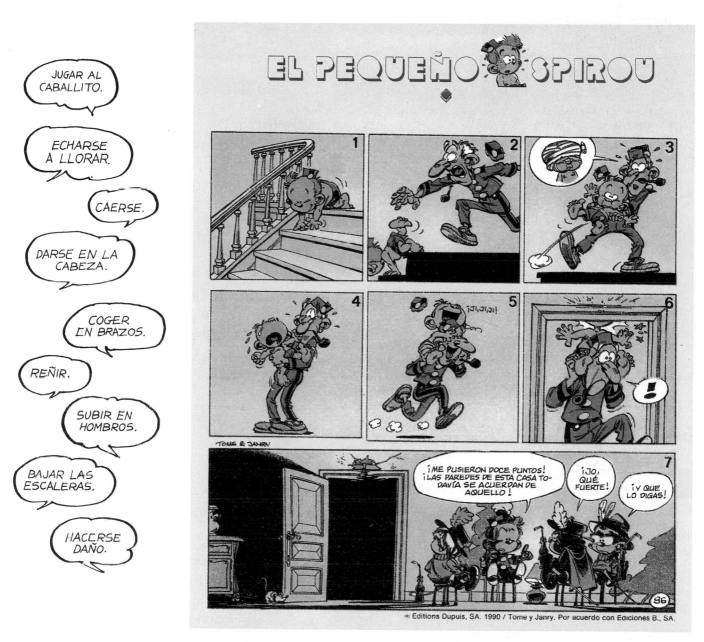

(c) Editions Dupuis, SA. 1990 / Tome y Janry. Por acuerdo con Ediciones B., SA.

b) En parejas. Ordenad la historia que cuenta el pequeño Spirou a sus amigos.

Un día, de pequeño,/ cuando no sabía andar,/ y, de repente, llegó mi abuelo/ iba a bajar la escalera/ y me cogió en brazos./ Empezó a reñirme/ y hacerme daño./ y a decirme que me podía caer/ Me asustó tanto que me eché a llorar./ ¡hop!, me subió a hombros y/ Entonces mi abuelo,/ nos pusimos a jugar al caballito:/ ¡takatá, takatá!/ Nos lo estábamos pasando fenomenal/ me di un golpe con el marco de la puerta y/ cuando, de repente, ¡crack!,/ entonces sí que me abrí la cabeza./ corriendo por el pasillo y riéndonos/ al entrar en la habitación/

2 Diego fue a Sevilla la semana pasada a visitar a una amiga suya. Se lo pasaron muy bien, pero ninguno de los dos se acuerda de todo lo que hicieron. Habla con tu compañero, intenta conseguir la información que te falta y descubre cómo fue el día de Diego y Carmen.

Alumno A

¡NO MIRES LA TARJETA DE CARMEN!

DIEGO
Contentísimo de ver a Carmen.
Llegué a Sevilla a las diez.
No recuerdo qué hicimos.
Llegamos a casa de Carmen sobre las doce.
Comimos en el barrio de Santa Cruz.
No me acuerdo del nombre del restaurante.
A Carmen le gustó mucho el vino Vereda.
Tomé un postre exquisito, pero ¿cómo se llamaba?
Fuimos de compras, pero no recuerdo adónde.
Para ir a la estación cogimos un taxi.
Besé a Carmen, no me acuerdo de la hora.

Alumno B

¡NO MIRES LA TARJETA DE DIEGO!

CARMEN
Contentísima de ver a Diego.
No me acuerdo de la hora a la que llegó.
Fuimos a tomar un café.
Vinimos a casa; no sé qué hora era.
Una comida estupenda en Casa Vicente.
Tomamos un vino magnífico.
No me acuerdo de cómo se llamaba. ¡Vaya faena!
A Diego le encantó el *Tiramisú*.
Fuimos de compras por el barrio de Triana.
No recuerdo cómo llegamos a la estación.
Diego me besó a las 8.45 exactamente.

¿De quién se trata?

3 **a)** Lee las siguientes pistas y descubre el nombre del personaje.

1. Se separó de su mujer hace poco.
2. Se enamora con bastante frecuencia.
3. Los temas que más le interesan son la familia y las relaciones de pareja.
4. De joven, escribía textos para las revistas teatrales.
5. Debutó en el cine en 1966.
6. En el colegio escribía 50 chistes al día y los vendía a una empresa de relaciones públicas.
7. Presentaba su propio espectáculo en los cafés-teatro.
8. Escribió el guión de *¿Qué tal, Pussycat?*
9. Nació en 1935.
10. A partir de los años setenta, sus películas cómicas empezaron a tener gran éxito.
11. En 1977 ganó dos *oscars* con una película que tiene nombre de mujer.
12. Lleva toda su vida viviendo en Nueva York.
13. Le gusta mucho el *jazz*.
14. Los títulos de algunas de sus últimas películas son: *Días de radio*, *Alice*, *Sombras y niebla*.

b) En parejas/grupos. Pensad en un personaje famoso (vivo). Escribid pistas parecidas a las del ejercicio anterior. Leedlas a la clase. ¿De quién se trata?

LECCIÓN 11 ¡OJALÁ!

1 Escucha y señala a qué dibujo corresponde cada diálogo.

F
CHICO, MUCHA SUERTE, ESPERO QUE GANES.
GRACIAS.

E
MAMÁ, ¡QUIERO QUE ME LO COMPRES!
TE HE DICHO QUE NO, DIEGO.

D
¡OJALÁ ME TOQUE, OJALÁ ME TOQUE!
¡QUE TENGA SUERTE!

C
¡OJALÁ ACABEN PRONTO LOS EXÁMENES!
SÍ, A VER SI TERMINAN DE UNA VEZ, PORQUE ESTOY HARTO DE ESTUDIAR.

B
ESPERO QUE TE GUSTE.
SEGURO QUE SÍ, JAVIER. GRACIAS.

A
A VER SI QUEDAMOS ESTA SEMANA, QUE HACE MUCHÍSIMO QUE NO NOS VEMOS.
VALE, YA TE LLAMARÉ.

2 **a)** Lee estas frases. ¿Quién crees que las podría decir?

1. Quiero que hagáis los ejercicios de la página 18.
2. Quiero que llegues a casa antes de las diez.
3. Espero que termine el trabajo hoy; es muy urgente.
4. Quiero que se tome estas pastillas durante cinco días.
5. No quiero que fumes ni que hagas tonterías.
6. Espero meter un gol en el partido de esta tarde.
7. Espero que no vayas de vacaciones con Fernando; queremos que vengas a Almería con nosotros.
8. Quiero aprender todas las palabras nuevas de la lección.
9. Quiero ver los dibujos animados en la televisión.
10. Espero que siga mis consejos y deje de fumar.

b) Vuelve a leer las frases. ¿Sabes por qué algunas veces se utiliza el infinitivo y otras el presente de subjuntivo?

FÍJATE

A ver si + *indicativo*
¡A ver si nos vemos!

Ojalá + *subjuntivo*
¡Ojalá me toque la lotería!

Que + *subjuntivo*
¡Que tenga suerte!

Querer + *infinitivo*
Querer que + *subjuntivo* (si el sujeto de los verbos es diferente)
Quiero ver los dibujos animados.
¡Quiero que me lo compres!

Esperar + *infinitivo*
Esperar que + *subjuntivo* (si el sujeto de los verbos es diferente)
Espero meter un gol en el partido de esta tarde.
¡Espero que te guste!

Esperar: «Espero que te guste» (deseo). «Te espero delante del cine» (tener una cita). **Querer:** «Quiero que me lo compres» (deseo/voluntad). «Inés quiere mucho a Gonzalo» (amar, tener cariño). Subjuntivos irregulares: **tener - tenga, salir - salga, traer - traiga, hacer - haga, poner - ponga, poder - pueda, ir - vaya, saber - sepa, dar - dé, pedir - pida, querer - quiera, jugar - juegue, conocer - conozca, haber - haya, volver - vuelva, decir - diga.** Cambios ortográficos: **tocar - toque, recoger - recoja.**

3 **a)** Piensa en estas personas y decide lo que quieren o esperan de ti. Díselo a la clase.

- tu profesor
- tus padres
- tu marido/mujer/novio/novia
- tus vecinos
- tus amigos/compañeros de clase
- tu jefe
- tu perro/gato...

Aquí tienes algunas ideas:

hablar español en clase
visitarlo/a/os/as
prepararle/s la cena
trabajar hasta muy tarde
hacer la cama
tener detalles
darle de comer
ver el partido de fútbol todos los fines de semana
bajar el volumen del tocadiscos
hacer los deberes
hacerle/s regalos
trabajar con rapidez
acariciarlo

El profesor quiere que hable español en clase.

b) Formula un deseo. Piensa lo que quieres que hagan ellos por ti. Díselo a la clase. ¿Son vuestros deseos muy diferentes?

¡Ojalá vengan mis amigos!

4 Lee y escucha este diálogo.

—Pues no lo entiendo. Si siempre es muy puntual...

—*¿Qué le habrá pasado?*

—A lo mejor hay algún atasco y por eso llega tarde.

—*O lo mismo no encuentra sitio para aparcar.*

—Pues espero que no tarde mucho, porque no nos va a dar tiempo a hacer el trabajo.

—*Quizá no pueda venir. Vamos a empezar sin él.*

—Seguramente no tardará, venga, vamos a empezar sin él.

—*Puede que esté en la cafetería. ¿Voy a ver?*

—O tal vez esté enfermo, con gripe.

—*Venga, vamos a empezar y ya llegará.*

—Como nos dé plantón..., ¡me va a oír!

FÍJATE

A lo mejor / Lo mismo / Igual + *indicativo*
A lo mejor hay algún atasco.
A ver si + *indicativo*
A ver si se ha quedado dormido...
Quizá(s) / Tal vez + *indicativo/subjuntivo*
Tal vez esté enfermo, con gripe.
Puede que / Es posible que + *subjuntivo*
Puede que esté en la cafetería.
Probablemente / Seguramente / Posiblemente + *indicativo/subjuntivo*
Seguramente estará en casa.
Estará en casa seguramente.
Probablemente esté en la cafetería.

Se ha quedado dormido quizá. Quizá(s) / Tal vez se haya quedado dormido. Cuando el adverbio aparece delante del verbo, se utiliza el subjuntivo. Si el adverbio aparece en otra posición, se puede utilizar el indicativo.

5 **a)** Escucha y escribe el infinitivo de los verbos que oigas.

PRESENTE DE SUBJUNTIVO	INFINITIVO
pueda	**poder**

b) Escucha y repite.

6 **a)** Escucha y señala lo que indican las frases (deseo o hipótesis).

A ☐ D ☐
B ☐ E ☐
C ☐ F ☐

b) Escucha y repite.

7 Con tu compañero. Pensad en estas situaciones y decidid qué ha podido suceder.

- Recibes una carta anónima.
- Tu coche no está en el aparcamiento.
- No encuentras las llaves de casa.
- Un amigo te da plantón.
- Tu profesor llega a clase vestido de *punkie*.
- En tu cuenta del banco hay un millón de pesetas.

Tal vez sea una broma.
Probablemente será una broma.
Puede que estén en la oficina.
...

8 En grupos. Pensad en un objeto/persona/animal... y preparad pistas. ¿Saben los demás de qué se trata? Sólo podéis dar una respuesta: SÍ o NO.

Es redondo, de color naranja...
Puede que sea un balón de baloncesto.
A ver si es una naranja...

9 **a)** Mira el dibujo. ¿En qué secciones de la librería encontrarías los siguientes títulos?

Canto al amor
Diccionario de sinónimos
Blancanieves y los siete enanitos
Ensayos filosóficos
Federico García Lorca
La evolución de la macroeconomía en los años 80
Tu hijo y la adolescencia
Crimen perfecto
100 recetas vascas
La guerra civil española
Gran atlas mundial

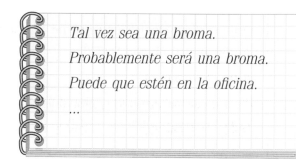

b) ¿De qué tipo de libros se trata?

Libro de poesía, historia, arte; libro de consulta; novela, novela negra/policiaca/rosa, cuento (infantil); libro de texto, manual...

9 **c)** Escucha y lee el diálogo.

—Buenos días. Quería un libro de filosofía, pero no lo encuentro en esa sección.

—*¿De quién es?*

—Pues no me acuerdo muy bien del autor. Tal vez sea Gordaliza... o algo así. El título es *Tratado de las pasiones.*

—*Puede que esté con las novedades. ¿Lo ha mirado?*

—No creo que esté ahí, porque no es un libro reciente.

—*A lo mejor lo encuentra entre los ensayos.*

—Tampoco, ya he mirado.

—*Pues entonces a ver si está en el almacén; a no ser que esté agotado...*

—Espero que no; tengo muchísimas ganas de leerlo.

FÍJATE

No creo que + *presente de subjuntivo*

No creo que esté en esa sección.

Espero que no + *presente de subjuntivo*

Espero que no esté agotado.

A no ser que + *presente de subjuntivo*

A no ser que esté agotado.

d) Vuelve a leer el diálogo. Piensa en un libro que quieres comprar. Pregunta a tu compañero dónde puedes encontrarlo.

10 **a)** En parejas. Leed estas citas y decidid en qué libros se pueden encontrar.

—*Tal vez se encuentre en un libro de historia...*

—*No, no creo.*

1. Entre el 1 de abril de 1939 y noviembre de 1975, el general Franco gobernó España...
2. Aquel invierno, Alvarito solía venir a buscarme por las tardes...
3. Recuerdo cómo eras en el último otoño...
4. Ned Beaumont se ve forzado por las circunstancias a descubrir al culpable del crimen...
5. Nadie, ni ningún lugar ni cosa, tiene poder alguno sobre nosotros, porque en nuestra mente...

b) ¿Qué piensan vuestros compañeros? ¿Tienen ellos otras ideas?

11 **a)** Lee los anuncios y emparéjalos con las frases.

Quizá haga un curso de fotografía, porque me han regalado una cámara.

A lo mejor aprendo inglés, porque quiero viajar a EEUU.

Ojalá pueda estudiar en la escuela de radio y televisión para ser locutora de radio.

Espero que haya plazas en el curso de vídeo para poder especializarme y que me den un crédito.

b) Vuelve a leer los anuncios y elige el curso que quieres hacer. ¿Por qué? ¿Para qué? Díselo a la clase.

Quiero estudiar en la escuela de radio y televisión porque quiero ser presentador/a.

Para ponerme a trabajar cuanto antes.

FÍJATE

LA CAUSA: POR
Porque + *indicativo*
¿Por qué quieres hacer un curso de fotografía?
Porque me han regalado una cámara.
Por + *sustantivo*
Por la cámara.

LA FINALIDAD: PARA
Para que + *subjuntivo*
¿Para qué quieres hacer un curso de vídeo?
Para que me den un crédito.
Para + *infinitivo*
Para comprarme una cámara.

12 **a)** Piensa y escribe:

- Un país que has visitado.
- Un idioma que has estudiado.
- Una cosa cara que has comprado.
- Un deporte que has practicado.
- Un favor que has hecho a alguien.

b) Dale la lista a tu compañero y responde a sus preguntas.

—¿Por qué fuiste a Francia?

—¿Para qué estudiaste alemán?

13 **a)** ¿De qué crees que trata esta información?

1.Curso de julio

Del 3 al 30 de julio.

Comprende:
•Lengua española
•Cultura y civilización hispánicas

2. Curso de agosto

Del 3 al 29 de agosto.

Comprende:
•Lengua española
•Cultura y civilización hispánicas

3. Curso de septiembre

Del 31 de agosto al 19 de septiembre.

Comprende:
•Lengua española
•Cultura y civilización hispánicas

b) Lee este folleto informativo y completa con estos títulos:

Lengua española

Actividades complementarias para todos los cursos

Cultura y civilización hispánicas

Deportes

Alojamiento

Inscripción

Certificado de asistencia

[ ]

De julio a septiembre se ofrecerán diferentes actividades a todos los alumnos inscritos en los cursos .
Canciones populares españolas
(martes y jueves, de 7 a 8)
Ciclo de cine español de hoy
(lunes, miércoles y viernes, a las 7,30)
Tertulias y coloquios literarios
(martes, a las 8)
Conciertos
Bailes populares españoles
(matrícula, 2.000 PTA; martes y jueves, de 7 a 8)

[ ]

Se impartirá en siete niveles:

1.Nivel elemental
9-11.Clases prácticas (fonética, vocabulario y gramática)
11-12.Prácticas de laboratorio (dos veces por semana)
5-6,30.Clases de conversación (excepto sábados)
2.Nivel elemental alto
9-10.Prácticas de laboratorio (dos veces por semana)
10-12.Clases prácticas (fonética, vocabulario y gramática)
5-6,30.Clases de conversación (excepto sábados)
3.Nivel medio bajo
9-10.Clases prácticas (fonética, vocabulario y gramática)
10-11.Prácticas de laboratorio (dos veces por semana)
11-12.Clases prácticas (fonética, vocabulario y gramática)
4-5.Clases de conversación (excepto sábados)
4.Nivel medio
9-11.Clases prácticas (conversación, traducción, redacción y lectura comentada de textos)
11-12. Gramática del español moderno (15 lecciones)
5.Nivel medio alto
9-11.Clases prácticas (conversación, traducción, redacción y lectura comentada de textos)
11-12. Gramática del español moderno (15 lecciones)
6.Nivel avanzado
9-11.Clases prácticas (conversación, traducción, redacción y lectura comentada de textos)
11-12. Gramática del español moderno (15 lecciones)
7.Nivel superior
9-11.Clases prácticas (conversación, traducción, redacción y lectura comentada de textos)
11-12. Gramática del español moderno (15 lecciones)
Las clases prácticas se impartirán en grupos inferiores a 20 alumnos.

[ ]

Estas conferencias, dirigidas especialmente a los alumnos de nivel medio y superior, desarrollarán aspectos culturales y de civilización del mundo hispánico, con las siguientes materias:
Español comercial (10 lecciones)
Historia de España e Hispanoamérica (7 lecciones)
Historia del arte español y colonial (10 lecciones)
Geografía física y humana de España (7 lecciones)
Sólo julio y agosto.
Literatura española e hispanoamericana (18 lecciones)
Economía política (5 lecciones)
Sociedad española actual (5 lecciones)
Relaciones exteriores (5 lecciones)

[ ]

Se hace rellenando el BOLETÍN DE INSCRIPCIÓN incluido en este programa (edad mínima: 17 años cumplidos). Esta inscripción se hace a título individual, y el boletín deberá estar firmado por el alumno. La inscripción será firme cuando se reciba el importe de la misma.
No se concederá ninguna devolución de matrícula, salvo casos de fuerza mayor.

[ ]

La Universidad dispone de campo de fútbol, canchas de baloncesto y otros deportes, que los alumnos pueden utilizar.
El uso de las pistas de tenis está sujeto al pago de un canon de cien PTA/hora.

[ ]

Se otorgará a los alumnos que no hayan faltado más de seis horas a las clases prácticas. Gratuito.

[ ]

La Universidad dispone de alojamientos en sus residencias, en número limitado, para los alumnos y los profesores. La concesión de plazas se hace por riguroso orden de petición y con la condición de que los residentes asistan regularmente a las clases anunciadas. Es aconsejable solicitar la reserva, por lo menos, dos meses antes del comienzo de cada curso.
El alojamiento incluye la pensión completa (tres comidas).
Las habitaciones de la residencia de Las Llamas (junto al pabellón de clases) son individuales y todas tienen cuarto de baño. La Universidad dispone de habitaciones dobles en la residencia de la Playa y en el Palacio, ambos en la península de La Magdalena.

13 **c)** Vuelve a leer el folleto y comprueba que esta información es correcta.

A) En el Nivel Avanzado hay clase de laboratorio.
B) No habrá más de 20 alumnos en las clases prácticas.
C) Las conferencias tratan de siete temas diferentes.
D) Si ya tienes 17 años, puedes hacer el curso.
E) Si no envías el dinero, la inscripción no es definitiva.
F) Para jugar al tenis hay que pagar.
G) Si sigues seis horas de clases prácticas, te dan un diploma.
H) No hay problema para reservar habitación en la residencia universitaria.

d) ¿Te parecen interesantes las posibilidades que ofrece el curso? ¿Te gustaría hacer un curso de este tipo? ¿Por qué? ¿Para qué?

14 **a)** Joe Studer quiere hacer uno de estos cursos, pero está indeciso. ¿Qué decide al final? Escucha el diálogo y completa el cuadro.

FECHA DEL CURSO
CONOCIMIENTOS DE ESPAÑOL
FORMA DE PAGO
ALOJAMIENTO

b) Sé más decidido que Joe y rellena el boletín de inscripción.

Boletín de inscripción - Curso 1992

Apellidos: .... Nombre: ....
Sexo: ☐ Hombre ☐ Mujer Edad: .... Nº de pasaporte: ....
Profesión: ....
Dirección habitual: ....
Nacionalidad: ....

Solicita inscripción en el curso de:

☐ JULIO (3-7 / 30-7) ☐ AGOSTO (3-8 / 29-8) ☐ SEPTIEMBRE (31-8 / 19-9)

Conocimientos de español del alumno:

☐ Ninguno ☐ Elementales ☐ Medios ☐ Superiores

Envía el importe de la inscripción:
☐ Por giro postal
☐ Por transferencia del banco

A: Cursos para Extranjeros
CAJA DE MADRID - C/c. 9300-6000577862
Marcelino S. de Sautuola, 15
39003 Santander (España)

Desea plaza en la residencia de la Universidad:
☐ Habitación individual ☐ Habitación doble
y envía 20.000 PTA para la reserva.

El importe de la reserva no se devolverá en ningún caso, salvo que el alumno comunique su baja con un mes de antelación al comienzo del curso.

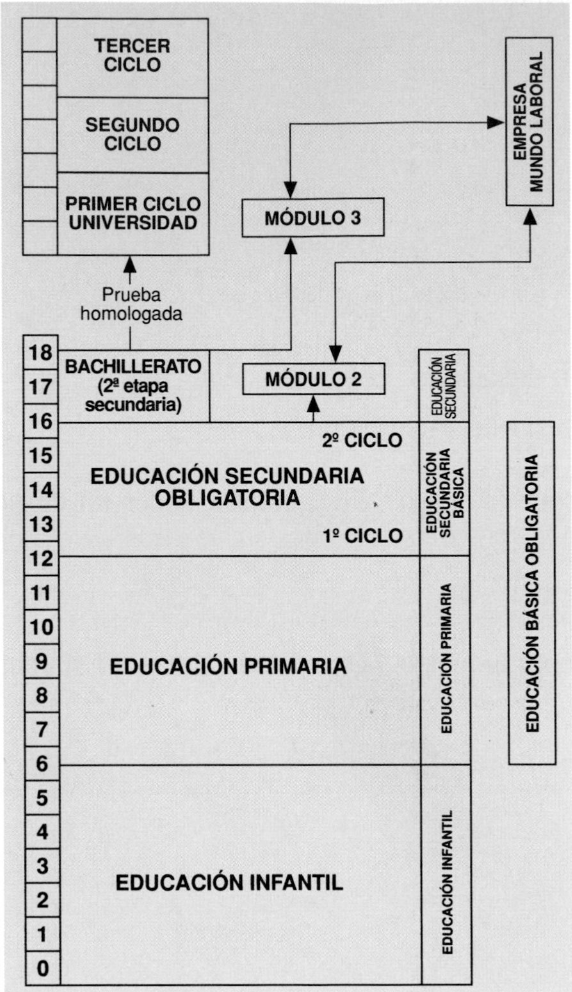

EDUCACIÓN SECUNDARIA OBLIGATORIA (ESO) Y POST-OBLIGATORIA (BACHILLERATOS)

a) Una EDUCACIÓN SECUNDARIA OBLIGATORIA que supone la ampliación de la escolaridad obligatoria y gratuita hasta los dieciséis años.

b) Nueva estructura de los BACHILLERATOS, que se organizan en torno a cuatro modalidades básicas:

–Ciencias Humanas y Sociales.

–Ciencias de la Naturaleza y la Salud.

–Bachillerato de Tecnología.

–Bachillerato de Artes.

c) Un nuevo diseño de la FORMACIÓN PROFESIONAL, que se organiza en Módulos Formativos de ciclo corto, incluyendo Prácticas en Alternancia, y en dos niveles:

–Ciclos Formativos de Grado Medio (Módulos de nivel 2). Finalizada la Enseñanza Secundaria Obligatoria.

–Ciclos Formativos de Grado Superior (Módulos de nivel 3). Finalizada cualquiera de las cuatro modalidades de Bachillerato.

Estos objetivos básicos tratan de responder a las necesidades sociales de:

–Profundizar en la formación científico-técnica.

–Experimentar futuras actividades profesionales.

–Enfrentarse a diversos modos de saber.

DURACIÓN

–2.° Ciclo de E. Secundaria Obligatoria: dos cursos (3.° y 4.°).

–Bachilleratos: dos cursos (cuatro modalidades básicas).

TITULACIÓN

–Superada la E. Secundaria Obligatoria: GRADUADO EN EDUCACIÓN SECUNDARIA.

–Superada cualquiera de las modalidades de Bachillerato: TÍTULO DE BACHILLER.

MÓDULOS PROFESIONALES

¿QUÉ SON?

- Ciclos formativos específicos que integran las características propias del sistema educativo en relación directa con el sistema productivo.
- Ciclo formativo es el bloque coherente de formación, breve en cuanto a su duración y contenido profesional específico, para la correspondiente profesión.

Dos niveles de cualificación

–Ciclo Medio (Módulos de nivel 2) - Tareas de ejecución y trabajador cualificado.

–Ciclo Superior (Módulos de nivel 3) - Responsabilidad y tareas propias del técnico intermedio y posibilidad de trabajo autónomo.

1. ¿En cuántas partes se divide la Educación Básica obligatoria española?

2. ¿A qué edad comienzan los niños la Educación Primaria? ¿Hasta qué edad es obligatoria la enseñanza en el sistema español?

3. A partir de los 16 años, ¿qué posibilidades existen para continuar los estudios?

4. ¿El acceso a la Universidad es directo?

5. ¿Es muy diferente la organización educativa en tu país?

1. ¿Hasta qué edad es obligatoria y gratuita la enseñanza en tu país?

2. ¿Qué crees que se estudia en el Bachillerato de Ciencias Humanas y Sociales?

3. ¿Para que sirve la Formación Profesional?

4. ¿Qué diferencia existe entre el módulo 2 y el módulo 3?

5. ¿Cuántos años dura el Bachillerato en tu país? ¿Qué título obtienes?

PROGRAMA ERASMUS

El Consejo de Europa, en su decisión de 15 de junio de 1987 (DOCE n.° 166/20 de junio de 1987), adoptó el programa de acción comunitaria en materia de movilidad de estudiantes.

Objetivos

- •Incrementar la movilidad organizada de estudiantes de manera que puedan cursar períodos de estudios reconocidos en su Universidad de origen en países de otros Estados miembros.
- •Promover la cooperación entre las Universidades de los Estados miembros y movilizar todo su potencial intelectual mediante una mayor movilidad del personal docente. Mejorar de esta manera la calidad de enseñanza y de la formación para garantizar la competitividad de la Comunidad dentro del mercado mundial.
- •Consolidar la Europa de los ciudadanos por medio de la formación de los titulados con una experiencia directa de cooperación intracomunitaria y crear así una base a partir de la cual se pueda desarrollar la cooperación económica y social.

Acción del Programa Erasmus

Cuatro tipos de acciones se contemplan:

1. Ayudas financieras a las Universidades para programas Interuniversitarios de Cooperación (PIC).
2. Becas de movilidad de estudiantes.
3. Bolsas para visitas de Estudio o de Enseñanza para el profesorado.
4. Otras ayudas complementarias.

¿Qué es un PIC?

Un PIC es un acuerdo establecido entre Universidades de dos o más Estados miembros para llevar a término un programa común. Comprende los programas de movilidad de estudiantes, el desarrollo de enseñanzas en común y los programas intensivos.

ESTUDIOS UNIVERSITARIOS VINCULADOS A LA MODALIDAD DE BACHILLERATO

Ciencias Físicas
Ciencias Químicas
Ciencias Geológicas
Ciencias Matemáticas
Ciencias Biológicas
Ciencias del Mar
Estadística
Ingeniería de Montes
Ingeniería Técnica Forestal
Óptica
Ciencias Económicas y Empresariales
Ciencias Empresariales
Arquitectura
Arquitectura Técnica en Ejecución de Obras
Ingeniería Aeronáutica
Ingeniería Técnica Aeronáutica
Ingeniería Agrónoma
Ingeniería Agrícola
Ingeniería de Canales, Caminos y Puertos
Ingeniería Técnica de Obras Públicas
Ingeniería Industrial
Ingeniería Electromecánica
Ingeniería Técnica Industrial
Ingeniería Técnica de Géneros de Punto
Ingeniería de Minas
Ingeniería Técnica de Minas
Ingeniería Naval
Ingeniería Técnica Naval
Ingeniería de Telecomunicaciones
Ingeniería Técnica de Comunicaciones
Informática
Ingeniería Técnica Topográfica
Ingeniería Técnica en Pastelería
Medicina
Enfermería
Fisioterapia
Odontología
Farmacia
Veterinaria
Ciencias de la Educación
Psicología
Derecho
Ciencias Políticas
Sociología
Geografía
Graduado Social
Trabajo Social
Historia
Ciencias de la Información
Filosofía
Filología
Biblioteconomía y Documentación
Bellas Artes

•Tendrán preferencia las solicitudes de aquellos alumnos/as que deseen iniciar estudios universitarios que se correspondan con el Bachillerato cursado.
•A los estudios de profesorado de EGB y al INEF se podrá acceder desde cualquiera de las opciones.

Guía del alimno Universidad de Valladolid (91-92)

1. ¿Qué carreras universitarias pueden corresponder, en tu opinión, a cada Bachillerato?

2. ¿Existen estos estudios universitarios en tu país?

3. ¿Cuál te parece el principal objetivo del Programa Erasmus?

4. ¿A quién va dirigido?

5. ¿Te parece importante para un alumno poder estudiar en un país extranjero?

6. ¿Participa tu país en este programa de intercambios o en otro parecido?

COMUNICACIÓN	GRAMÁTICA
Hablar de deseos o esperanzas	
¡A ver si nos vemos!	A ver si + *presente de indicativo*
¡Ojalá me toque la lotería!	Ojalá + *presente de subjuntivo*
¡Que tenga suerte!	Que + *presente de subjuntivo*
Quiero ver los dibujos animados.	Querer + *infinitivo* (si el sujeto de los verbos es el mismo)
¡Quiero que me lo compres!	Querer que + *subjuntivo* (si el sujeto es diferente)
Espero meter un gol.	Esperar + *infinitivo* (si el sujeto de los dos verbos es el mismo)
¡Espero que te guste!	Esperar que + *subjuntivo* (si el sujeto es diferente)
Hablar de hipótesis o posibilidades	
A lo mejor hay algún atasco.	A lo mejor / Lo mismo / Igual + *presente de indicativo*
A ver si se ha quedado dormido.	A ver si + *presente de indicativo*
Seguramente estará en casa. Probablemente esté en la cafetería.	Posiblemente / Probablemente / Seguramente + *indicativo/subjuntivo*
Quizá haya algún atasco. Tal vez esté enfermo. Tiene gripe tal vez.	Quizá(s) / Tal vez + *presente de indicativo/presente de subjuntivo*
Puede que esté en la cafetería.	Puede que / Es posible que + *subjuntivo*
Descartar una hipótesis	
No creo que esté en esa sección.	No creo que + *presente de subjuntivo*
Espero que no esté agotado.	Espero que no + *presente de subjuntivo*
Ofrecer una alternativa a una hipótesis	
A no ser que esté agotado.	A no ser que + *presente de subjuntivo*
Hablar de la causa	
¿Por qué quieres hacer un curso de fotografía?	POR
Porque me han regalado una cámara.	Porque + *indicativo*
Por la cámara.	Por + *sustantivo*
Hablar de la finalidad	
¿Para qué quieres hacer un curso de vídeo?	PARA
Para que mis padres me compren una cámara.	Para que + *subjuntivo*
Para comprarme una cámara.	Para + *infinitivo*

DE PELÍCULA

1 Mira las carteleras y responde a estas preguntas.

- ¿Dónde echan *La ciudad de la alegría*?
- ¿Quién es el director de *Crimen perfecto*?
- ¿En qué película actúan niñas?
- ¿Quién escribió *Drácula*?

2 Lee y escucha el diálogo. ¿Qué van a hacer estos amigos el viernes?

—¿Te apetece salir el viernes?

—*Pues sí. Podríamos ir al cine; hace mucho que no voy.*

—Vale. ¿Qué te gustaría ver? Echan un montón de buenas películas. A mí no me importaría ver «Juego de patriotas», aunque también me gustaría ver «El guardaespaldas».

—*Yo casi preferiría ver «Juego de patriotas». ¿Dónde la ponen?*

—En el Lope de Vega.

—*Oye, lo único es que salgo del trabajo un poco tarde. ¿Tú podrías sacar las entradas antes?*

—Sí, hombre, no hay problema. Pasaría a recogerte al trabajo, pero estoy sin coche; lo tengo en el taller.

—*No te preocupes. Saca tú las entradas y quedamos en el cine directamente. Si quieres, después podríamos tomar algo en algún sitio. ¿Te apetece que vayamos a cenar a Parrondo? Sirven muy bien y no es nada caro.*

—Me encantaría. Entonces nos vemos el viernes a las siete, en el cine. ¿Vale?

—*De acuerdo. Hasta el viernes.*

FÍJATE

¿Te/os/le apetece + *infinitivo/subjuntivo*? ¿Te apetece salir el viernes? ¿Te apetece que vayamos a cenar a Parrondo?
¿Te/os/le + *condicional* (gustar/interesar/apetecer)? ¿Te gustaría ir al cine? Me encantaría. Pues sí, me apetecería mucho/me apetece mucho. Sí, me haría mucha ilusión. Sí, tengo muchas ganas de verla.
Lo siento, pero + (explicación) Lo siento, pero ya he quedado.
Casi preferiría + *sustantivo/infinitivo* Yo casi preferiría ir a ver «Juego de patriotas».

FÍJATE

CONDICIONAL				
[Yo]	pasaría	recogería	preferiría	podría
[Tú]	pasarías	recogerías	preferirías	podrías
[Él/ella/usted]	pasaría	recogería	preferiría	podría
[Nosotros]	pasaríamos	recogeríamos	preferiríamos	podríamos
[Vosotros]	pasaríais	recogeríais	preferiríais	podríais
[Ellos/ellas/ustedes]	pasarían	recogerían	preferirían	podrían

3 **a)** Escucha y presta atención a la entonación.

b) Escucha y señala en el cuadro.

ENTONACIÓN	A	B	C	D	E	F	G	H
Invitación Invitación aceptada Invitación rechazada Otra sugerencia								

c) Escucha las frases y repite.

4 **Vuelve a mirar la cartelera de la página 145. En parejas y por turnos. Invita a tu compañero a ver alguna de las películas. Cuéntale dónde la ponen y propónle una cita. Si no le apetece, sugiérele otras posibilidades.**

- Ir de tapas.
- Visitar una exposición.
- Tomar una copa.
- Ir a bailar.
- Ir al teatro.
- Cenar.
- Dar una vuelta.
- Ir a un concierto.

5 Lee y decide si la siguiente información es verdadera o falsa.

■ **INFANTE.** (Aforo: 996.) Paseo Santa María de la Cabeza, 12 (Arganzuela). Metro Atocha. Tel 239 26 18. Laborables, 400 pta.; festivos, 500 pta.
A partir del lunes día 21: **Todos los perros van al cielo** (17 y 19.45 h.) y **Fievel va al Oeste** (18.30 y 21.15 h.).

■ **JUAN DE AUSTRIA.** (Aforo: 972.) Príncipe de Vergara, 231 (Chamartín). Autobuses 16, 51, 29 y 40. Tel. 458 02 48. Precio: 600 pta. Miércoles no festivos, día del espectador, 400 pta.
La bella y la bestia. Pases: 16.30, 19.15 y 22 h.

■ **LOPE DE VEGA.** (Aforo: 1.557.) Gran Vía, 55 (Centro). Metros Santo Domingo y Plaza de España. Tel. 247 20 11. 600 pta. Miércoles no festivos, día del espectador, 400 pta.
El guardaespaldas. Pases: 16.15, 19.10 y 22.10 h.

■ **MADRID.** Plaza del Carmen, 3 (Centro). Metro Sol. Tel. 521 56 94. Parking, plaza del Carmen. 550 pta. Miércoles no festivos, día del espectador. Venta anticipada.
Sala 1. (Aforo: 500). **1492, la conquista del paraíso.** Pases: 16, 19 y 22 h.
Sala 2. (Aforo: 340). **Tomates verdes fritos.** Pases: 16.30, 19.30 y 22 h.
Sala 3. (Aforo: 500). Hasta el martes, día 22: **La puta del rey.** A partir del miércoles, día 23: **Una extraña entre nosotros.** Pases: 16.30, 19 y 22 h.
Sala 4. (Aforo: 180). **Freddy agente 07** (Pases: 16 y 17 h.) y **Ciudadano Bob Roberts** (Pases: 22 h.).

LUDO PARK. Ramón Gómez de la Serna, 99 (Centro Comercial Peña II). Tel.: 373 38 52 (Gloria). Área de 400 m² con atracciones para que los niños jueguen quedando al cuidado de personal especializado. **Celebración de fiestas infantiles.**

AQUALUNG. Horario: martes a viernes, de 10 a 21 h.; sábados y festivos: de 11 a 19 h.; lunes cerrado. **Precios de martes a viernes:** adultos, 1.150 pta. (3 horas, 850 pta.); niños y jubilados, 875 pta. (3 horas, 625 pta.). **Sábados y festivos:** adultos, 1475 pta. (3 horas, 995 pta.), niños y jubilados, 995 pta. (3 horas, 725 pta.).

ANGEL NIETO. Parque de Tierno Galván (metro Méndez Alvaro, autobuses 102, 112 y 117, desde Pacífico). Teléfono 468 02 24. Precios: adultos, 150 ptas.; niños, 100, y grupos, 75 ptas. Horario: martes a viernes, de 11.30 a 14 horas., y de 17 a 20 horas.; sábados y festivos, de 11.30 a 14 h. y de 17.30 a 21 h. La historia del motociclismo español a través de los éxitos del campeón de campeones. Exposición de motos (marcas Derbi, Minarelli, Krauser, Bultaco...), cascos, buzos, guantes, copas, diplomas, fotografías, etcétera.
COLÓN DE FIGURAS DE CERA. Centro Colón. Teléfono 308 08 25. Abierto todos los días de 10.30 a 14 y de 16 a 20.30h. Precio: niños, 500 ptas.; adultos, 750 ptas. Reproducción en ambientes de más de 400 personajes. Multivisión, diaporamas. Las taquillas cierran media hora antes.

ZOO DE LA CASA DE CAMPO (metro Batán y autobuses desde allí. Autobuses 33; domingos y festivos también desde el Puente de Vallecas, Ventas y Estrecho). Teléfonos. 711 99 50 / 218 11 00. Precios: niños (de 3 a 8 años) 490 ptas., entrada combinada, 695 ptas.; adultos, 730 ptas., entrada combinada, 940 ptas. Horario: de 10 a 18.30h. Horario del delfinario de lunes a viernes, a las 13 y 17h.; sábados y festivos, 12.30, 14 y 17h.
SAFARI MADRID. RESERVA EL RINCON. Aldea del Fresno. Teléfono. 862 08 11. Pase un día inolvidable, con su familia visitando al Safari de Madrid. Le ofrecemos visitar: el Safari, Mini Zoo, Aviario, Reptilario, Insectario, Acuario Rincón de los Niños, y Exhibición de Rapaces en libertad (festivos: a las 17.30 h.; laborables: a las 13.30), espectáculo de leones, restaurante, etc. Todos los días abierto. Taquilla: festivos y fines de semana: de 11.00 a 18.30 h.; laborables: de 11.00 a 17.30 h. Los lunes, cerrado por descanso (excepto los lunes festivos y vísperas de fiesta). Precios: adultos, 1.600 pts; niños, 1.000 pts.

FUNDACIÓN INFANTE DE ORLEANS. EXPOSICIÓN PERMANENTE. Hangar 2 del aeropuerto civil de Madrid-Cuatro Vientos. Crta. de Extremadura. Horario: de miércoles a sábados, de 11 a 14 horas. **EXHIBICIONES AÉREAS.** Primer domingo de cada mes, a las once de la mañana, si el tiempo lo permite. Chalet social del Aeroclub de Madrid. Entrada gratuita

	V	F
Si tienes más de 65 años, pagas menos en el cine Lope de Vega.		
En el cine Madrid, la sala 1 es más pequeña que la sala 2.		
Aqualung es más caro para los jubilados que para los niños.		
El zoo sale más barato que el safari.		
Los niños no pagan en el circo tanto como los adultos.		

FÍJATE

COMPARACIÓN	
SUPERIORIDAD - INFERIORIDAD **Más/menos** + *adjetivo/adverbio* + **que...** La sala 1 es más pequeña que la sala 2. El zoo está más lejos que el Retiro. **Más/menos de** + (expresión de cantidad) Si tienes más de 65 años, pagas menos de 550 pesetas.	IGUALDAD **Tan** + *adjetivo/adverbio* + **como...** **Igual de** + *adjetivo/adverbio* + **que...** **Lo mismo que... / Tanto como...** El zoo está tan lejos como el safari. El teatro cuesta lo mismo que el concierto.

Comparativos irregulares:				
	bien/bueno	*mejor*	mal/malo	*peor*
	grande (tamaño)	*mayor/más grande*	(edad)	*mayor*
	pequeño (tamaño)	*menor/más pequeño*	(edad)	*menor/más pequeño*

6 Vuelve a leer los textos y habla con tu compañero. ¿Qué preferís?

- ¿*La bella y la Bestia* o *Tomates verdes fritos*?
- ¿Ludopark o Aqualung?
- ¿El museo de cera o el de Ángel Nieto?
- ¿El zoo o el circo?

¿Por qué?

—Prefiero el circo porque es más divertido que el zoo.

—Me da igual, te diviertes tanto en Ludopark como en Aqualung.

7 **a)** ¿Qué te gusta más y por qué? Cuéntaselo a tus compañeros.

- el día
- los gatos
- el color azul
- Tom Cruise
- los menores de 10 años

- la noche
- los perros
- el color negro
- Harrison Ford
- los mayores de 50 años

b) Con un compañero, piensa otros temas. Preguntad a la clase cuál prefieren y por qué.

8 **a)** Qué tipo de películas son: comedia, policiaca, de suspense, de aventuras, de ciencia ficción, de terror, de dibujos animados, musical, del Oeste o de guerra.

8 **b)** Según tu opinión, ¿qué adjetivos elegirías para describir las fotografías de la página anterior?

FÍJATE

SUPERLATIVO RELATIVO

El/la/los/las/lo + [*sustantivo*] + más/menos + *adjetivo*

«La guerra de las galaxias» es la [película] más entretenida.

Harrison Ford es el mejor actor.

El cine es lo más entretenido.

El/la/los/las/lo + [*sustantivo*] + más/menos + *adjetivo* + { que... / de...

Es la película más divertida que he visto.

«La guerra de las galaxias» es la más emocionante { de todas. / de las que conozco.

c) **De las películas que has visto últimamente o que recuerdas, ¿cuál te parece la más aburrida, interesante, divertida, emocionante, entretenida, terrorífica, violenta, cursi...? ¿Y a tus compañeros? ¿Estáis de acuerdo?**

9 **a)** Piensa y escribe:

- El título de un libro
- El nombre de un actor/actriz
- Un personaje famoso
- El título de una película
- El título de una canción
- Tu plato favorito.

b) **Da tu lista a tu compañero. Pídele la suya y responde luego a sus preguntas.**

—¿Por qué has escogido «Cien años de soledad»?

—*Porque es el libro más entretenido que he leído.*

¿Ser o estar?

10 **a)** Escucha los diálogos y señala el verbo que se utiliza en cada caso.

- El concierto
- Aburridísimo
- Guapísima
- Muy buen actor
- Bien
- Deprimido
- En el concierto

b) Comprueba tus respuestas con tu compañero. Vuelve a escuchar la grabación y anota los diálogos 1, 6, 5, 7. Hay una importante diferencia entre ellos. ¿Cuál? ¿Sabes por qué?

FÍJATE

SER
Para decir «tener lugar»: ¿Dónde fue el concierto? En el estadio. VALORACIÓN/DESCRIPCIÓN: Ser + *adjetivo* (característica permanente) Harrison Ford es muy buen actor y además es guapísimo.

ESTAR
Lugar: Estuvimos todos en el concierto. VALORACIÓN/DESCRIPCIÓN: Estar + *adjetivo* (estado temporal o circunstancial) Carmen, hoy estás guapísima. ¿Qué te has hecho?

c) Piensa en tus compañeros de clase. ¿Cómo son? ¿Cómo están? Haz frases sobre ellos. Puedes utilizar estos u otros adjetivos/expresiones.

ALEGRE DESANIMADO TRISTE CONTENTO GUAPO LISTO SIMPÁTICO
ENCANTADOR SERIO GRACIOSO DIVERTIDO FORMAL DEPRIMIDO
LOCO ANGUSTIADO FELIZ ENTUSIASMADO

Pronunciación

11 **a)** Escucha y completa con las letras que faltan.

S Z
C Q

E_ta a_tri_ a_túa de ve_ en _uando.
¿Ve_ en _a_a la_ noti_ia_?
E_ el mi_mo _ine.
¿E_taba_ ha_iendo la _ena?
E_ de lo má_ di_ _reto.
E_ un a_tor _ono_ido.
¿_uándo _a_a_ lo_ _ _e_o_?
El _on_ierto e_tuvo _en_a_ional.
¿_ _iere_ má_ _ere_a_?

b) Escucha y repite.

c) Escucha. ¿Te atreves a repetir?

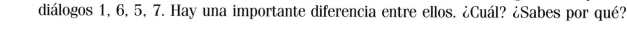

12 **a)** Empareja estos títulos de películas con el argumento que les corresponde.

- EL ÚLTIMO MOHICANO
- EL GUARDAESPALDAS
- CIUDADANO BOB ROBERTS
- EL SOL DEL MEMBRILLO
- DRÁCULA
- FREDDIE, AGENTE 07
- AMERICAN ME
- LA CIUDAD DE LA ALEGRÍA

CINE

■ NOVEDADES ■ ESTRENOS ■ REESTRENOS ■ SALAS ■ CINES DE LA COMUNIDAD

NOVEDADES

________ (1992). EEUU. Director: *Francis Ford Coppola*. Intérpretes: *Gary Oldman, Winoma Ryder, Anthony Hopkins, Keanu Reeves*. El príncipe de Transilvania, después de siglos de soledad en su castillo, viaja desde el este de Europa al Londres del siglo XIX. Al contactar con la humanidad convierte su historia en una crónica de maldición y rendición, de horror y pasión, de renuncia y sacrificio. *Mayores de 18 años.* **MULTICINES IDEAL.**

________ Director: *Víctor Erice*. Intérpretes: *Antonio López, María Moreno, Enrique Gran, José Carretero*. Narra la historia de un artista (Antonio López) que trata de pintar, durante la época de maduración de sus frutos, un árbol –un membrillero– que hace tiempo plantó en el jardín de la casa que ahora le sirve de estudio. *Estreno el miércoles, día 20:* **ALPHAVILLE.**

________ Director: *Edward James Olmos*. Intérpretes: *Edward James Olmos, William Forsythe, Pepe Serna*. Un joven de origen mexicano, inmigrante, se va a convertir en el líder máximo de la terrible mafia mexicana, La Eme, en la ciudad de Los Ángeles. **PLAZA DE ESPAÑA.**

________ Director: *Tim Robbins*. Intérpretes: *Tim Robbins, Giancarlo Exposito, Ray Wise, Brian Morray*. En 1990, el cantante *folk* Bob Roberts se presenta como candidato al Senado de Estados Unidos, causando sensación en su gira electoral y batiendo todos los récords. Pero un periodista desentierra pruebas que le relacionan con un escándalo financiero y de drogas. *Mayores de 13 años.* **INFANTAS**.

________ (1992). EEUU. Director: *Mick Jackson*. Intérpretes: *Kevin Costner, Whitney Houston, Gary Kemp, Bill Cobbs*. Frank Farmer, antiguo agente del Servidio Secreto, es el mejor guardaespaldas profesional del momento. Un día es contratado para proteger a Rachel Marron, una estrella del *pop* y actriz que no conoce el significado de la palabra prudencia. *Mayores de 13 años.* **CALIFORNIA, EXCELSIOR.**

________ (1992). EEUU. **Aventuras.** Director: *Michael Mann*. Intérpretes: *Daniel Day-Lewis, Madeleine Stowe, Wes Study, Johdi May, Steven Maddington*. Uno de los grandes clásicos de la literatura norteamericana. Cuenta la guerra entre ingleses y franceses en una frontera que originariamente pertenecía a los indios. *Mayores de 13 años.* **COLISEUM, BENLLIURE.**

________ Director: *Jon Acevski*. **Dibujos animados**. El príncipe Frederic es convertido en rana por su maligna tía Messina. Con su nueva anatomía y la ayuda de los poderes especiales heredados de su padre, pasa a convertirse en agente secreto del servicio secreto francés. *Tolerada.* **MINICINES OLYMPO.**

________ (1992). Francia. Director: *Roland Joffé*. Intérpretes: *Patrick Swayze, Pauline Collins, Om Puri*. Un relato de amor y lucha en la India basado en la novela de Dominique Lapierre. Max Lowe, un médico, viaja a la India para superar su crisis existencial. Max es asaltado y conducido a un hospital donde la doctora Joan Bethel le abre los ojos a la realidad de un país en que las penalidades y la lucha por la supervivencia hacen muy dura la existencia. Max supera su crisis y opta por ejercer de médico y ayudar a estas pobres gentes. *Tolerada.* **LUNA, MULTICINES PICASSO.**

El País Guía del ocio,15 Enero 1993 (adaptado)

b) Comprueba con tu compañero. ¿Qué palabras os han servido de pista?

c) Vuelve a leer los textos. ¿A qué película corresponde la siguiente información?

A) Un hombre encuentra sentido a su vida entre gentes desfavorecidas.
B) Un anfibio llega a ser espía.
C) Un pintor intenta inspirarse en su jardín.
D) Se descubre que un cantante está involucrado en asuntos sucios.
E) Un hombre trabaja para una organización poco honrada.
F) Un ex espía protege a una cantante.
G) La historia tiene lugar en el siglo pasado.
H) La película está basada en un libro muy leído en Estados Unidos.

12 **d)** Busca en el texto de la página 152 palabras que signifiquen lo mismo:

A) grandes problemas
B) llegar a ser
C) vencer
D) vuelta
E) descubre
F) mala
G) claros indicios
H) historia
I) lucha entre dos ejércitos
J) atacado

13 **a)** El programa de radio 'Cinéfilos' siempre habla de los estrenos de la semana. Escúchalo y señala las películas que recomienda y el calificativo que da a cada una.

PELÍCULA	RECOMENDADA	CALIFICATIVO
El sol del membrillo		
Freddie, agente 07		
El último mohicano		
Drácula		
Ciudadano Bob Roberts		
El guardaespaldas		
American me		
La ciudad de la alegría		

b) ¿Sabes cómo han titulado estas películas en tu idioma? ¿Has visto alguna de estas películas? ¿Cuál te gustó más y por qué? ¿Cuál recomendarías tú?

14 En grupos. Escoged uno de estos títulos. Preparad una corta descripción del argumento y decidid qué clase de película es y quiénes podrían ser los intérpretes (entre vuestros compañeros). Contadlo a la clase. ¿Saben qué título habéis elegido?

- *El último limón*
- *Pedro, chico para todo*
- *Dentistas en la oscuridad*
- *El Gobierno contraataca*
- *Hombres al borde de un ataque de celos*
- *Pero ¿quién mató al gato Félix?*
- *El sobrino*
- *El limpiabotas*
- *La mujer del panadero*

¿QUÉ HE HECHO YO PARA MERECER ESTO?

Argumento

Gloria trabaja de asistenta, limpiando, además de su casa, algunas más, para ayudar al presupuesto familiar. Suele tomar anfetaminas todos los días; de este modo consigue permanecer despierta las 18 horas de trabajo que dura su jornada. Los 40 metros cuadrados de vivienda los comparte con su marido, taxista, la suegra, dos hijos y un lagarto. No es una mujer feliz. Entre su marido y ella, además de un abismo de incomunicación, se cierne la sombra de una alemana para la que el marido trabajó como chófer en Berlín, 15 años antes, y de la cual sigue enamorado. Una de las pocas habilidades del taxista consiste en falsificar cualquier letra a la perfección. Gloria no atraviesa un buen momento, la farmacéutica le ha negado las anfetaminas que necesita, y sufre un tremendo síndrome de abstinencia. Cuando llega a su casa, el marido le ordena que le planche una camisa porque irá a recoger a la alemana al aeropuerto. Por primera vez, Gloria se niega. El marido le pega una bofetada, y ella se defiende con lo primero que encuentra: el hueso de una pata de jamón. Le golpea con tal fuerza en la cabeza, que lo mata. La policía nunca llegará a descubrirla. Sus hijos y la abuela acaban abandonándola para hacer su vida. Al fin está sola. Puede decirse que es una mujer liberada, pero tampoco eso la hace feliz.

Carmen Maura:

«Pedro es caprichoso, pero tiene unas cualidades como ser humano enormes. Una de las cosas que más me gustan de él es que es un chico de pueblo con un perfecto sentido de la tierra, de lo real, de lo auténtico. Entiende muy bien lo que son los sentimientos de verdad: un verdadero amor, un verdadero cabreo, un verdadero agobio. Nadie me ha llegado a conocer como él, me adivina todo, no le puedo engañar respecto de nada. Cuando trabajamos, es que sólo existe la película; pero con la película se vuelve la persona más entregada y más generosa. Si tú formas parte de esa película, te adora. Te quiere y aprovecha de ti hasta el último rincón; y la cara de satisfacción que pone cuando ve que has dicho y hecho exactamente lo que él quería, te compensa de todo. En los rodajes te sientes muy mimada. Lo cuida todo: no deja que un zapato te haga daño, que un pendiente te siente mal o un vestido no te sirva. Está en todo, y cuando algo no le gusta, no para hasta conseguirlo. En *¿Qué he hecho yo para merecer esto?* recuerdo que no le gustaba cómo quedaba Kiti y se fue piso por piso viendo los vestuarios de todas las vecinas del edificio, hasta que encontró lo que quería exactamente. A él le interesa mucho que los actores estén relajados y se entreguen. Nuestra amistad ha pasado por muchas etapas, pero siempre ha habido una cosa muy importante: yo le admiro a él, y a él le gusto como actriz. Hemos ido evolucionando juntos y me ha enseñado muchas cosas. Ha visto cómo me iba transformando en una buena actriz.»

Pedro Almodóvar:

«Con Carmen Maura he llegado a tener una comunicación casi peligrosa entre dos seres humanos. La dirijo casi sin que ella se dé cuenta, de un modo hipnótico. Carmen ha llegado a unos extremos de generosidad conmigo que nadie más ha tenido. Carmen es como un instrumento que está afinado exactamente para mí, puedo hacer con ella lo que quiera, porque se ha llegado a despojar por completo de sí misma y se ha convertido en un material transparente y moldeable con el que yo hago exactamente lo que quiero. No sé cómo lo he conseguido, pero se ha convertido en el vehículo ideal para mí.»

El cine de Pedro Almodóvar
NURIA VIDAL (adaptado)

PRODUCCIÓN: Tesauro-Kaktus
ARGUMENTO Y GUIÓN: Pedro Almodóvar
FOTOGRAFÍA: Ángel L. Fernández, en eastmancolor
MÚSICA: Bernardo Bonezzi
Canción «La bien pagá» (arreglos: Luis Cobos)
MONTAJE: José Salcedo
SONIDO: Bernardo Menz
DECORADOS: Pin Morales y Román Arango

INTÉRPRETES:
Carmen Maura (Gloria), **Chus Lampreave** (abuela), **Gonzalo Suárez** (Lucas), **Kiti Manver** (Juani), **Ángel de Andrés-López** (Antonio), **Amparo Soler Leal** (Patricia), **Katia Loritz** (Ingrid Muller), **Verónica Forqué** (Cristal), **Emilio Gutiérrez Caba** (Pedro), **Javier Gurruchaga** (Dr. Berciano), **Luis Hostalot** (Polo), **Jaime Chávarri** (cliente de Cristal).

PREMIOS
Valencia (Mostra del Cine Mediterráneo) 1984: Palmera de Plata y Premio de la Crítica Internacional.
San Jordi 1984: Mejor película.
Fotogramas 1984: Mejor actriz (Carmen Maura).
Radio Nacional de España (Radio 1) 1984: Mejor actriz (Verónica Forqué).

FESTIVALES
Montreal 1984;
Rimini 1984;
Miami 1985;
Los Ángeles 1985;
Museo de Arte Contemporáneo de Nueva York 1985

1. ¿Sabes quiénes son Pedro Almodóvar y Carmen Maura? ¿Cuáles son sus profesiones?
2. ¿Qué piensa Carmen de Pedro? ¿Y Pedro de Carmen?
3. ¿Qué te parece el argumento de *¿Qué he hecho yo para merecer esto?* ¿Qué actriz hace de protagonista?
4. ¿Cómo son los personajes de las películas de Almodóvar? ¿Has visto alguna película suya? ¿Y de otro director español?
5. ¿Qué tipo de cine te gusta más?

Jack Nicholson

Serie más larga. Tora-San Films, de Japón, empezó a rodar la serie *Tora-San I* en agosto de 1969, y en 1991 ya habían llegado al *Tora-San XLIV* con Kiyoshi Atsumli (*1929) actuando en todas estas películas para la Compañía Shochiku.

Personaje más repetido. El personaje repetido más a menudo en la pantalla es Sherlock Holmes, creado por Sir Arthur Conan Doyle (1859-1930). Setenta actores lo han representado en 197 películas entre 1900 y 1988. En las películas de terror, el personaje que más aparece es el conde Drácula, creado por el escritor irlandés Bram Stoker (1847-1912). El Conde y sus inmediatos herederos han aparecido en 160 filmes, frente a su más directo rival, el monstruo de Frankenstein, que ha aparecido en 112.

Mayor número de extras. Se cree que más de 300.000 «extras» aparecen en la escena del funeral en la película *Gandhi,* dirigida en 1982 por Sir Richard Attenborough.

ESPAÑA Madrid es la provincia con mayor número de cines: un total de 226. También es la provincia con mayor recaudación de taquilla, con 3.926.668.248 pesetas y 10.513.040 espectadores durante los ocho primeros meses de 1990.

Mayores ganancias de un actor. Los ingresos más altos de la historia del cine los recibió Jack Nicholson, con 60 millones de dólares, por realizar el papel de «The Joker» en la película de Warner Brothers *Batman,* con un coste de 50 millones de dólares, a través de un porcentaje de la recaudación de la película.
La actriz mejor pagada fue Barbra Streisand, con 5 millones de dólares por *Loca* (1988), y posteriormente con la cifra récord de 6 millones de dólares para la película nominada al Oscar *El Príncipe de las Mareas* (1991). El actor más joven que ha recibido más dinero es Macauley Culkin (*28 agosto 1980), que a la edad de 11 años recibió 1 millón de dólares por *Mi chica* (1991). Posteriormente firmó un contrato por 5 millones de dólares (más el 5% de taquilla) por *Solo en casa II: perdido en Nueva York* (1992).

Persona que ha visto más películas. Gwilym Hughes, de Dolgellau (Inglaterra), ha visto 20.064 películas en el cine hasta la fecha. Vio su primera película en 1953, cuando estaba en el hospital.

Beso más largo en una pantalla. Lo protagonizaron Regis Toomey y Janet Wyman (de soltera, Sara Jane Faulks, nacida el 4 de enero de 1914, más tarde casada con Ronald Reagan) en la película *You're in the Army Now,* estrenada en 1940. Duraba 185 segundos

Más Oscars. Walter (Walt) Elias Disney (1901-1966) ganó más Oscars –premios que concede la Academia de Artes y Ciencias Cinematográficas de Estados Unidos, creados el 16 de mayo de 1929 y llamados así en honor de Oscar Pierce, de Texas (EEUU)– que ninguna otra persona. Los galardones comprenden 20 estatuillas, más 12 placas y certificados, incluyendo algunos premios póstumos.
La única persona que ha ganado cuatro Oscars en un papel de protagonista es Katharine Hepburn (Hartforn, Connecticut, Estados Unidos, nacida el 8 de noviembre de 1909), por su trabajo en *Morning Glory* (1932-1933), *Adivina quién viene a cenar esta noche* (1967), *Un león en invierno* (1968) y *En el estanque dorado* (1981). Fue nominada para el Oscar 12 veces. Edith Head (señora de Wiard B. Ihnen) (1907-1981) ganó ocho premios individuales como diseñadora de vestuario.
La película que ha tenido más premios ha sido *Ben Hur* (1959), con 11. La película que obtuvo más nominaciones fue *Eva al desnudo* (1950), con 14 (concedidos 6), mejor actor secundario: George Sanders; mejor película, mejor diseño de vestuarios para Edith Head y Charles le Maine; mejor sonido, mejor guión y mejor director, los dos últimos para Joseph L. Mankiewicz).
La ganadora más joven fue Tatum O'Neal (*5 de noviembre de 1963), que a la edad de 10 años recibió el Oscar a la mejor actriz secundaria en *Luna de papel* (1973). Shirley Temple (*23 de abril de 1928) recibió un Oscar honorario a la edad de 5 años por sus éxitos en 1934.
Los ganadores más viejos han sido George Burns (*20 de enero de 1896), como mejor actor secundario por *The Sunshine Boys* en 1976, y Jessica Tandy (*7 de junio de 1909), como mejor actriz en *Paseando a Miss Daisy* en 1990; ambos tenían 80 años, aunque Miss Tandy es 5 meses más vieja.
Tan sólo 15 actores han conseguido ganar 2 Oscars en papeles protagonistas: Ingrid Bergman en 1945/57, Marlon Brando en 1955/73, Gary Cooper en 1942/53, Bette Davis en 1936/39, Olivia de Havilland en 1947/59, Sally Field en 1980/85, Jane Fonda en 1972/79, Jodie Foster en 1989/92, Dustin Hoffman en 1980/89, Glenda Jackson en 1971/74, Vivien Leigh en 1940/52, Frederic March en 1933 /47, Luise Rainer en 1937/38, Elizabeth Taylor en 1961/67 y Spencer Tracy en 1938/39.

ESPAÑA El director español José Luis Garci (*1944) obtuvo el Oscar a la mejor película extranjera con su obra *Volver a empezar* en el año 1982. En 1987 consiguió ser nominado de nuevo con la película *Asignatura aprobada.*
El director español nacionalizado mexicano Luis Buñuel (1900-1983) obtuvo en 1973 el Oscar a la mejor película extranjera con el film francés *El discreto encanto de la burguesía.*
Néstor Almendros (*1930) consiguió el Oscar a la mejor fotografía por *Días del cielo* en 1979.

GUINNESS '93. Libro de los récords. Editor Peter Matthews, Jordán Producciones.

1. ¿Qué récords te parecen los más divertidos? ¿Y los más interesantes?
2. ¿Crees que los premiados con los *oscars* son los mejores?
3. ¿Qué te parece el sueldo de los actores?
4. ¿Qué prefieres, el cine americano o el europeo?
5. ¿Tienes algún récord personal?

COMUNICACIÓN	GRAMÁTICA
Formular invitaciones ¿Te apetece salir el viernes? ¿Os apetece que vayamos a cenar? ¿Te gustaría ir al cine?	¿Te/os/le/les apetece + *infinitivo*? apetece que + *presente de subjuntivo*? ¿Te/os/le/les gustaría/apetecería/interesaría + *infinitivo*?
Aceptar una invitación; expresar deseo Sí, me encantaría. Me apetece mucho.	CONDICIONAL PRESENTE DE INDICATIVO
Rechazar una invitación Lo siento, pero ya he quedado.	Verbo sentir
Expresar preferencias (alternativa a una sugerencia) Yo casi preferiría ir al cine.	Verbo preferir
Hacer comparaciones La sala 1 es más pequeña que la sala 2. Si tienes más de 65 años, pagas menos de 550 pesetas. El zoo está tan lejos como el safari. El teatro cuesta lo mismo que el concierto. El concierto cuesta tanto como el teatro.	SUPERIORIDAD - INFERIORIDAD Más/menos + *adjetivo/adverbio* + que... Más/Menos de + [expresión de cantidad] IGUALDAD Tan + *adjetivo/adverbio* + como... Igual de + *adjetivo/adverbio* + que... Lo mismo que/Tanto como...
Valorar con intensidad Es la [película] más entretenida. Es la película más divertida que he visto.	SUPERLATIVO RELATIVO El/la/los/las/lo + *sustantivo* + más/menos + *adjetivo* + que/de...
Precisar un lugar ¿Dónde fue el concierto? En el estadio. Estuvimos en el concierto.	Ser: tener lugar Estar
Valorar o describir Harrison Ford es muy buen actor. Carmen, hoy estás guapísima.	Ser + *adjetivo:* característica permamente. Estar + *adjetivo:* estado temporal, circunstancia.

LECCIÓN 13

ME PARECE FATAL

1
¿LE IMPORTARÍA DEJARME SU CARNÉ?
4
¿ME PODRÍAS DEJAR MIL PESETAS?
2
¿ME PERMITE ECHAR UNA OJEADA A SU PERIÓDICO?
TAXI
3
¿PODRÍA PONER FLORES EN LA HABITACIÓN?
5
¿LE MOLESTA QUE FUME?

A SÍ, CLARO, DESCUIDE.

B NO, EN ABSOLUTO, TENGA.

C CÓMO NO.

D NO, EN ABSOLUTO.

E SÍ, SÍ, TOMA.

1 **a)** Busca la respuesta que corresponde a cada diálogo. Escucha y comprueba.

b) Vuelve a leer las preguntas. ¿Podrías responder de otra manera?

2 **a)** Lee y escucha este diálogo. ¿Qué va a celebrar Guillermo el fin de semana del 17 al 19? ¿Qué cosas pide?

RECEPCIONISTA: Buenos días. Hotel De Sastre, dígame.

CLIENTE: *Buenos días. Vamos a ver... Me gustaría reservar una habitación para el fin de semana del 17 al 19.*

R: El día 17... Un momento, sí... ¿Querría usted una habitación doble?

C: *Sí, eso es. Además la quería con vistas al mar, si es posible.*

R: Sí, señor, no hay problema; aunque cuesta un poco más, ¿sabe usted?

C: *Bueno, no importa... Es mi aniversario de bodas y quiero que pasemos un fin de semana inolvidable. ¿Podría poner flores en la habitación?*

R: Sí, siempre lo hacemos, descuide. ¿Desea el señor que pongamos también una botella de cava?

C: *Pues sí, estupendo.*

R: ¿Sería tan amable de decirme su nombre?

C: *¡Cómo no! Guillermo González Gómez.*

R: Guillermo González Gómez... Muy bien. Gracias, señor.

b) Practica el diálogo con tu compañero.

c) Subraya todas las fórmulas utilizadas para pedir cosas.

FÍJATE

¿Podría(s) + *infinitivo*?

¿Podría poner flores en la habitación?

¿Le/te importaría + *infinitivo*?

¿Le/te molestaría + *infinitivo*?

¿Le importaría poner flores en la habitación?

EN SITUACIONES FORMALES:

¿Sería tan amable de + *infinitivo*?

¿Sería tan amable de decirme su nombre?

¿Querría [usted] + *infinitivo*?

¿Querría decirme su nombre, por favor?

Me gustaría + *infinitivo*

Me gustaría reservar una habitación.

[Yo] quería + *sustantivo/infinitivo*

Quería una habitación con vistas.

Quería reservar una habitación.

[Yo] querría + *sustantivo/infinitivo*

Querría una habitación doble.

Querría reservar una habitación doble.

3 **a)** ¿Qué puedes pedir en los siguientes sitios?

- correos
- un restaurante
- un banco
- un aeropuerto
- una estación de ferrocarril
- un bar
- una oficina de turismo

b) Mira el cuadro. ¿Cuántas frases correctas puedes hacer? ¿En dónde podrías hacer estas peticiones?

¿Le importaría... ¿Podría... ¿Sería tan amable de... ¿Querría...	decirme el horario de los autobuses a Segovia? reservar un billete en el vuelo Bilbao-Madrid? traerme una jarra de agua? ponerme una sopa de marisco? traernos la cuenta? subirme el dcsayuno? despertarme a las ocho?
Me gustaría... Quería... Querría...	sellos. mandar una carta certificada. un poco más de leche en el café. cambiar dinero. sacar 10 000 pesetas. saber el horario de los trenes a La Coruña. alquilar un coche.

c) Comprueba tus respuestas con algún compañero.

4 Pide a un compañero que te haga un favor y responde a lo que te pidan a ti. Aquí tienes algunas ideas.

- Cerrar la puerta.
- Abrir la ventana.
- Decir la hora.
- Dejar los ejercicios.
- Dar unos folios.
- Prestar un bolígrafo.
- Dejar el diccionario.
- Explicar un ejercicio.
- Prestar una goma de borrar.
- ....
- ....
- ....

5 a) Mira el dibujo y decide si la siguiente información es correcta.

	SÍ	NO
1. La habitación tiene vistas al mar.		
2. Tiene cuarto de baño.		
3. Tiene televisión por satélite.		
4. Hay una botella de champán.		
5. Los ceniceros están llenos.		
6. La fruta está podrida.		
7. La cama está hecha.		
8. La habitación está limpia.		
9. Hace frío.		

b) ¿Cómo crees que se sienten los señores de González?

FÍJATE

Me/te... **encanta/hace ilusión/gusta**
Me/te... **parece** [fenomenal/mal/bien/fatal/estupendo/horrible] + **que** + *presente de subjuntivo*
Me/te... **da igual**
[No] me/te... **importa/molesta**

Me da igual que las flores sean de plástico.

Ser + *adjetivo* + **que** + *presente de subjuntivo*

Es increíble que las flores sean de plástico.

c) Vuelve a mirar el dibujo y comenta con tu compañero. ¿Qué os parece la habitación?

Adjetivos: **ridículo, absurdo, horrible, increíble, inadmisible, fenomenal, genial, estupendo, maravilloso.**

6 Piensa en estos temas. ¿Cuáles te parecen bien y cuáles mal? Habla con la clase.

- La gente que habla de los demás.
- La prensa tiene mucho poder.
- Ahora los gobiernos gastan más dinero en el medio ambiente.
- La ciencia progresa.
- Las ciudades crecen.
- Tus amigos te cuentan sus problemas.
- En España, la enseñanza es obligatoria hasta los 16 años.
- Los ancianos viven en residencias.
- Los niños tienen muchos juguetes.
- La asistencia médica es pública y gratuita.

Me parece fenomenal que la enseñanza sea obligatoria hasta los 16 años.
Lo que más me molesta es que la gente hable de los demás.

7 **a)** Escucha los diálogos. ¿Cómo piden permiso?

1. ¿Le importaría dejarme pasar?
2. ¿.............................. llamar un momento por teléfono?
3. Oye, ¿...................... cogerte un cigarro?
4. Oye, ¿...................... que lleve a un amigo a vuestra fiesta?
5. ¿.............................. que baje el volumen?
6. ¿.............................. ....?
7. ¿.............................. que vaya al concierto?

b) Comprueba tus respuestas con tu compañero.

c) ¿Cómo responden? Vuelve a escuchar y señala: ¿tú o usted?

	TÚ	USTED
1		
2		
3		
4		
5		
6		
7		

FÍJATE

Poder (presente/condicional) + *infinitivo*
¿Podría (/puedo) llamar por teléfono?

¿Te/os/le/les importa/molesta que + *presente de subjuntivo*?
¿Te importa que te coja un cigarro?
¿Te molesta que baje el volumen?

¿Me permite/deja + *infinitivo/presente de subjuntivo*?
¿Me permite sentarme?
¿Me dejas que vaya al concierto?

Verbo **dejar**: 1. **Permitir**: ¿Podría dejarme pasar? 2. **Prestar**: ¿Me podría dejar su periódico? 3. **Dar**: ¿Me das fuego?

8 **¿Qué dirías en las siguientes situaciones?**

- Estás en un ascensor y quieres salir.
- Las ventanas de la clase están abiertas y tienes frío.
- Tu hermano tiene la música a todo volumen y tú tienes que estudiar.
- Hoy quieres salir antes de la oficina y vas a hablar con tu jefe.
- Se te ha estropeado el teléfono; tienes que hacer una llamada y vas a casa de tu vecino.

9 **En parejas. Durante las vacaciones has acudido a una agencia para intercambiar tu piso con otra persona. Acabas de llegar a su casa y habláis por teléfono.**

Alumno A

Pídele algunos favores y también permiso para hacer algunas cosas en su casa.

FAVORES:
- Regar las plantas.
- Guardar el suplemento del periódico los domingos.
- Mover el coche para que no se estropee.

PERMISOS:
- Hacer una fiesta con amigos.
- Cambiar el tocadiscos de habitación.
- Utilizar el microondas.

Alumno B

Decide si le vas a poder hacer los favores que te pide y si le das permiso para hacer lo que quiere.

FAVORES:
- Dar de comer a los pájaros y limpiar la jaula.
- Pasar el aspirador una vez a la semana.
- Poner la alarma cuando salga.

PERMISOS:
- Utilizar su coche.
- Grabar películas en el vídeo.
- Hacer una fiesta con amigos.

10 **a)** El recepcionista del hotel De Sastre ha recibido muchas reclamaciones hoy. Anotó los problemas, pero olvidó anotar los números de las habitaciones. ¿Puedes ayudarle? Escucha las conversaciones y anota el número de habitación.

	HABITACIÓN
• No funciona la calefacción.	
• La ducha está estropeada.	
• Faltan sábanas y sobran toallas.	
• Faltan las toallas, no hay jabón y no funciona la tele.	

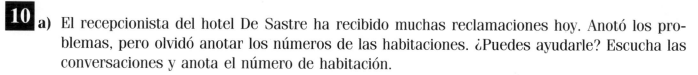

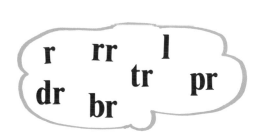

Vocabulario: faltar=no haber, sobrar=haber demasiado, no funcionar=estar estropeado.

b) En parejas. ¿Qué otros problemas podéis tener en un hotel? ¿Qué es lo que menos os importa? ¿Y lo que más os molesta?

11 En grupos. Pensad en posibles problemas que se pueden tener en un hotel/cámping/restaurante... Sin hablar, explicadlos con gestos a la clase. ¿Adivinan de qué os quejáis?

12 **a)** ¿Sabes tararear? Escucha y repite. ¿Podéis tararear la canción en clase?

b) ¿Ere o erre? Escucha y completa con las letras que faltan.

ha_ía   sa_ía   i_ía   impo_ta_ía   sal_ _ía
po_ _ía   ten_ _ía   sa_ _ía   ven_ _ía   que_ _ía   que_ía
ti_é   di_é   menti_é   parti_é   i_é
sal_ _é   sa_ _é   ten_ _é   ven_ _é   que_ _é
¿me   a_ _eve_é?   ¿te   a_ _eve_ías?   ¿a_ _i_ía?
¿te   _ei_ías?

r   **rr**   **l**   **tr**   **pr**   **dr**   **br**

c) Vuelve a escuchar y repite.

d) Escucha y escribe correctamente.

larisaridículaleirrita	Ritaquerríaqueterías	lairalehería
laerreleirrita	Irisiríaherida	laharíairherida

e) Vuelve a escuchar y repite.

13 En parejas.

Alumno A

¡NO MIRES EL TEXTO DE B!

a) Lee esta carta y busca la siguiente información:

- ¿Quién escribe a quién?
- ¿Qué relación con Mercedes tienen las siguientes personas: Felisa, Paco, Sandra?
- ¿Dónde vive Mercedes?
- ¿Qué tareas pide Mercedes que haga Sandra?
- ¿Con quién quiere ir Sandra de vacaciones?
- Según Mercedes, ¿qué opinión tiene Sandra del hijo de Felisa?
- ¿Qué pide Mercedes a Felisa?
- ¿Dónde piensa ir de vacaciones Mercedes?

6 de marzo de 1993

Querida Felisa:

¡Qué alegría recibir noticias tuyas! Nosotros estamos todos bien, aunque la niña está en esa edad un poco tonta. No quiere hacer nada; ni recoge su habitación ni quiere que yo la recoja, y si le dices algo..., ¡bueno!, unas malas contestaciones... Y francamente, me parece fatal que ni siquiera sea capaz de fregar los platos de vez en cuando. Encima, quiere que la dejemos ir de vacaciones con sus amigos. A ver si Paco logra convencerla de que es mejor que venga con nosotros, porque a mí no me gusta la idea de que se vaya sola.

Espero que vengáis pronto a vernos. ¡Los chicos se llevan tan bien! Y a Sandra le cae muy bien tu hijo.

A ver si me escribes pronto. Un abrazo muy fuerte.

MERCEDES

P.D.: Estamos pensando en ir a Santander en verano, pero no se lo hemos dicho a los niños todavía. ¿Te importaría mandarme la dirección del hotel en el que estuvisteis de vacaciones el año pasado?

b) Explica a tu compañero lo que has leído.

13 En parejas.

Alumno B

¡NO MIRES EL TEXTO DE A!

a) Lee esta carta y busca la siguiente información:

- ¿Quién escribe a quién?
- ¿Qué relación con Sandra tienen las siguientes personas: Ricardo, Fernando?
- ¿Dónde viven los amigos de sus padres?
- ¿Qué tareas le pide a Sandra su madre?
- ¿Por qué tiene que fregar los platos?
- ¿Con quién quiere ir Sandra de vacaciones? ¿Adónde?
- ¿Qué opinión tiene Sandra de Fernando?
- ¿Qué pide Sandra a Ricardo?

7 de abril de 1993

Querido Ricardo:

¡Si no hablo con alguien, exploto! ¡Qué pesados son los padres a veces! Mi madre me tiene frita; está todo el día gritándome. Quiere que recoja la habitación, que le ponga la merienda a mi hermana pequeña y encima, ahora, que friegue los platos porque se ha estropeado el lavavajillas. Y, para colmo, no creo que me dejen ir de vacaciones contigo a Santander.

Además ha invitado a sus amigos de Oviedo a venir a pasar unos días a casa. O sea, entiéndeme, no me parece mal que vengan los padres, al fin y al cabo son sus amigos; pero que venga el tonto de su hijo Fernando, no me hace ninguna gracia. Mi madre espera que salga con él de juerga, que nos hagamos buenos amigos, ¡y es más aburrido el pobre...! No quiero ni pensarlo. ¡Ojalá no vengan!

Escríbeme pronto, espero tus noticias. Un beso superfuerte.

SANDRA

P.D.: ¿Podrías mandarme una foto tuya reciente? Gracias.

b) Explica a tu compañero lo que has leído.

LOS PARADORES

La palabra parador aparece citada en muchos textos clásicos españoles. Mientras que la posada era el lugar donde se estabulaba a los animales durante la noche –los viajeros no tenían en ella consideración de huéspedes–, el parador servía de hospedaje a los que merecían la categoría de personas. Tomando, sin duda, como base esta tradición, en 1926, siendo comisario regio de Turismo el marqués de la Vega-Inclán, surgió el proyecto que fue personalmente aprobado por el rey Alfonso XIII. El primer Parador se construyó en la sierra de Gredos y estuvo relacionado con ese deporte de reyes que es la caza. Posteriormente, a medida que la idea del turismo, del viaje, se imponía sobre otras consideraciones, se fueron abriendo establecimientos, dejando entre ellos distancias que pudiesen recorrerse cómodamente en una jornada en los coches de la época. Así surgieron el Parador de Manzanares o el de Bailén, el de Oropesa o el de Mérida. En este momento, la Red de Paradores tiene un conjunto de 86 establecimientos.

La filosofía básica de los Paradores fue, y sigue siendo, la de que el Estado favorezca la oferta de plazas hoteleras en lugares donde la iniciativa privada encontraría poco rentable hacerlo. Pero hay un segundo punto importante en la concepción del marqués de la Vega-Inclán. Y es que, siempre que esto sea posible, se aprovechen antiguos monumentos, viejos hospicios, palacios, castillos o conventos para la instalación del Parador. Así, el viajero se encontrará hoy con la sorpresa de que puede dormir en la misma habitación que dicen pernoctó Carlos V en el castillo de Jarandilla de la Vera mientras esperaba que dispusieran sus aposentos en el vecino monasterio de Yuste; o podrá comer en las salas que pertenecieron a la Universidad Complutense, fundada por el cardenal Cisneros, en Alcalá de Henares; o bien tendrá la posibilidad de pasar unos días en el castillo de Hondarribia, que el príncipe de Condé asediara en vano hace trescientos años.

Un viaje a los Paradores no es sólo un viaje por las tierras de España, es también un viaje por su historia, que puede trazarse desde la Alta Edad Media hasta los modernos estilos arquitectónicos del siglo XX.

Paradores de España (1992)

1. ¿Desde cuándo existe la Red de Paradores Nacionales?
2. ¿Qué opinas de este sistema de alojamiento turístico?
3. ¿Los Paradores permiten conservar el patrimonio artístico y cultural?
4. ¿Cómo puede el Estado promocionar el turismo?

Parador de JAEN ****

El Parador se levanta en la cima del Cerro de Santa Catalina junto a los restos del Alcázar árabe mandado construir por el Rey Alhamar, el mismo que construyó la Alhambra. En 1246 fue conquistado por el Rey Fernando III el Santo, quien lo modificó y engrandeció hasta llegar a ser residencia de monarcas castellanos. La visita a la ciudad permitirá al viajero conocer su Catedral, su barrio árabe y numerosos palacios e iglesias.

23001 JAEN
Tel.: (953) 26 44 11 Fax: (953) 22 39 30

36 9 45 81 1

Parador de ALARCON ****

El castillo es un magnífico exponente de la ciudad fortaleza que en otro tiempo constituyó la villa de Alarcón. Obra originalmente árabe del siglo VIII, está situado sobre una ingente peña circundada casi completamente por el río Júcar en tajo profundo.

Avda. Amigos de los Castillos,3 16213 ALARCON (Cuenca)
Tel.: (966) 33 13 50 Fax: (966) 33 11 07

12 1 13 25

Parador de ZAMORA ****

El Parador, instalado en un palacio renacentista construido en el año 1459 por el primer conde de Alba y Aliste, sobre las ruinas de la Alcazaba romana, está enclavado en el centro de la ciudad de Zamora. Antigua y tranquila ciudad, ofrece al visitante un recorrido predominantemente medieval. El palacio es un lugar perfecto para los amantes del arte y conserva un patio y una escalera que merecen figurar entre los mejores ejemplos de la arquitectura civil castellano-leonesa.

Plaza de Viriato, 5, 49001 ZAMORA
Tel.: (988) 51 44 97 Fax: (988) 53 00 63

25 2 27 54 1

Parador de EL HIERRO ***

Situado frente al Roque de la Bonanza, el Parador es un buen punto de partida para conocer esta isla, la más pequeña de las islas Canarias, en cuyas cumbres se cuentan más de mil cráteres volcánicos. El valle de «El Golfo», los Roques de Salmor, Tiñor y Sabinosa, son algunos de los lugares que merecen visitarse en la isla.

38900 ISLA DE EL HIERRO (Santa Cruz de Tenerife)
Tel.: (922) 55 80 36 Fax: (922) 55 80 86

47 47 94

5. ¿Cuál de estos Paradores te gusta más? ¿Por qué?

6. ¿Qué piensas de los servicios que ofrecen? ¿Y de su emplazamiento?

7. ¿Existe en tu país una red de alojamiento parecida a los Paradores Nacionales?

COMUNICACIÓN

GRAMÁTICA

Solicitar un servicio, hacer una petición

¿Podría poner flores en la habitación?
¿Le importaría cerrar la ventana?

¿Sería tan amable de decirme su nombre?
¿Querría mostrarme su pasaporte, por favor?

¿Podría(s) / Le/te importaría/molestaría + *infinitivo*?

En situaciones formales:
¿Sería tan amable de + *infinitivo*?
¿Querría [usted] + *infinitivo*?

Expresar deseos y peticiones

Me gustaría reservar una habitación.
Quería una habitación con vistas.
Quería reservar una habitación.
Querría una habitación doble.
Querría reservar una habitación doble.

Me gustaría + *infinitivo*

[Yo] quería + *sustantivo/infinitivo*
[Yo] querría + *sustantivo/infinitivo*

Expresar una opinión

Me encanta que tenga vistas.

Me parece fatal que las flores sean de plástico.

No me importa que haya ruido.

Es increíble que la habitación esté sucia.

Me/te... encanta/hace ilusión/gusta que + *presente de subjuntivo*
Me/te... parece [adjetivo/adverbio] que + *presente de subjuntivo*
Me/te... da igual que...
[No] me/te... importa/molesta que + *presente de subjuntivo*
Ser + *adjetivo* + que + *presente de subjuntivo*

Pedir permiso

¿Podría/puedo llamar por teléfono?
¿Te importa que te coja el periódico?
¿Te molesta que baje el volumen?
¿Me permite sentarme?
¿Me dejas que vaya al concierto?

¿Podría/puedo + *infinitivo*?
¿(Te/os/le/les) importa/molesta que + *presente de subjuntivo*?
¿Me permite(s)/deja(s) + *infinitivo/presente de subjuntivo*?

LECCIÓN 14 ¡NO ME DIGAS!

1 **a)** ¿Dónde están Alicia y Roberto? ¿Qué están haciendo?

b) Empareja las fotos con los diálogos.

1
¿TE HICISTE DAÑO?
2
ES VERDAD. Y ES ESTUPENDO.
3
¿POR QUÉ DEBO ENFADARME? NUNCA HE TENIDO UNA CAÍDA TAN AGRADABLE.
4
¡AY!
5
¿Y TÚ? YA TE AVISÉ. AHORA NO TE ENFADES CONMIGO.
6
CUIDADO...
7
COMO VES, NO ES DIFÍCIL.

Fotonovela, colección Sueño, año IV, n.º 16, pág. 27.

c) ¿Cómo crees que sigue la historia?

2 a) Escucha la presentación de este programa de radio. ¿De qué tipo de programa se trata? ¿Qué relación hay entre los diferentes personajes?

ROBERTO

ALICIA

ALEJANDRO

MELISA

b) Lee estas frases y señala qué ocurrió primero.

- Alicia se marchó a Caracas.
- Alicia encontró trabajo.
- Melisa se enteró de la relación entre Roberto y Alicia.
- Alicia se negaba a salir con él.

- El padre de Alicia murió.
- Alejandro se enamoró de ella.
- Roberto y Alicia pasaron el día juntos.
- Alejandro se enfadó con él.

FÍJATE

PRETÉRITO PLUSCUAMPERFECTO: *pretérito imperfecto de* ***haber*** + *participio pasado*

había + pasado/conocido/salido

Melisa se enteró de que Roberto y Alicia habían pasado el día juntos.

CONTRASTE:

Pretérito imperfecto (descripción de una situación en el pasado):

Melisa conocía los sentimientos de Alejandro.

Pretérito indefinido (acontecimiento pasado):

Melisa contó a Alejandro que...

Pretérito pluscuamperfecto (acontecimiento anterior a un momento del pasado):

... que Roberto y Alicia habían pasado el día juntos.

3 Mira el dibujo. ¿Qué había hecho Carlos cuando llegaron sus padres? ¿Qué no le había dado tiempo a hacer? Compara tus respuestas con las de tu compañero.

No le había dado tiempo a sacar la basura.

Aprovechando que no estaban sus padres en casa, Carlos hizo una fiesta con sus amigos. Como los invitados se fueron muy tarde, por la mañana se quedó dormido y no le dio tiempo a recoger toda la casa antes de que llegaran sus padres.

4 **a)** ¿Te ocurrió alguna vez? Completa el cuadro.

	SÍ	NO
Me perdí.		
Me desapareció [el coche, el abrigo...].		
Recibí un regalo sorpresa.		
Me enamoré.		
Me caí.		
Me equivoqué de persona.		

b) En parejas. Mira el cuadro de tu compañero y pregúntale cómo fue.

—¿Cómo te perdiste?

—*Pues estaba en Londres, en un viaje de trabajo. Había salido del hotel y quería ir a Correos, y entonces...*

5 **a)** Mira los dibujos y di lo que ha pasado. ¿Cuál es el motivo de lo ocurrido? Empareja las frases con los dibujos.

- A Luis Alfonso, su padre le había dado dinero.
- Guillermo no había visto a Elena desde hacía una semana.
- Claudia no quiso casarse con Luis Alfonso.
- El señor Gómez descubrió que la criada le había robado.

FÍJATE

así que/con lo cual/conque/de modo que/por tanto
Claudia no quiso casarse con Luis Alfonso; así que él se casó con Laura / de modo que se casó con Laura.

b) Vuelve a leer las frases anteriores y extrae las consecuencias.

c) En parejas. Pensad en las mismas situaciones con diferentes consecuencias.

6 **a)** Habla con tu compañero. ¿Qué motivos han podido llevar a estas situaciones?

... le llamé yo.
... decidimos salir a cenar.
... no compré ninguno.
... me marché directamente.
... me fui en taxi.
... me casé con Laura.

b) Escucha la grabación. ¿Se parecen tus respuestas a la información que has escuchado?

FÍJATE

Como (al comienzo de una frase) **Ya que / Puesto que**	+ CAUSA, → CONSECUENCIA

Como Claudia no había querido casarse conmigo, me casé con Laura.
Me casé con Laura, ya que Claudia no había querido casarse conmigo.

c) Vuelve a escuchar la grabación y anota las causas de lo sucedido.

d) Anota tres frases incompletas como las siguientes:

- Como no tenía paraguas...
- Ya que querías probar este vino...
- Como me quedé sin gasolina ...

e) Di tus frases a tu compañero para que las complete.

Volvemos a escribir la historia

7 **a)** En grupos. Leed esta información. ¿Es verdadera? ¿Podéis añadir más datos?

A) Napoleón pasó los últimos meses de su vida en la isla de Elba.
B) Enrique VIII se divorció de Catalina de Aragón.
C) Al rey francés Luis XIV le llamaban el *Rey Sol.*
D) El imperio de Gengis Khan, en el siglo XII, abarcaba desde el sur de Rusia hasta China.
E) La primera isla que descubrió Colón fue Santo Domingo.
F) Herodes mandó matar a todos los niños menores de dos años.

b) Leed esta historia imaginaria. ¿Qué es verdad? ¿Y mentira?

Napoleón había llevado una vida bastante agitada, pero ya debía jubilarse. Como siempre había vivido cerca del Mediterráneo y había recorrido muchos países en sus viajes de negocios, conocía bien las islas; y como además le encantaba tomar el sol, pensó que Elba era el sitio ideal para cobrar la pensión, con lo cual hizo la mudanza y se trasladó a esta isla, en donde murió.

c) Escribid una historia imaginaria sobre uno de los personajes anteriores y leedla a la clase. ¿Cuál es la historia más original?

8 Empareja los diálogos con los dibujos.

A

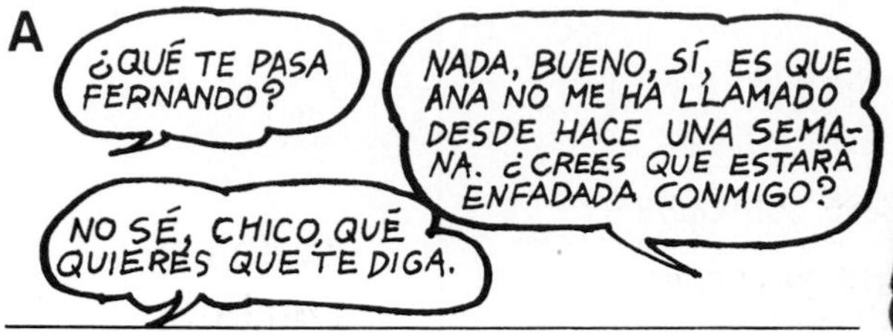

¿QUÉ TE PASA FERNANDO?

NADA, BUENO, SÍ, ES QUE ANA NO ME HA LLAMADO DESDE HACE UNA SEMANA. ¿CREES QUE ESTARÁ ENFADADA CONMIGO?

NO SÉ, CHICO, QUÉ QUIERES QUE TE DIGA.

B

Y BUENO... PUES ESO ES LO QUE HA PASADO.

ME EXTRAÑA QUE FERNANDO NO TE HAYA LLAMADO... PERO DEBE DE HABER ALGUNA EXPLICACIÓN. ESTOY SEGURA DE QUE NO TIENES POR QUÉ PREOCUPARTE.

C

SIENTO MUCHO QUE NO HAYAS PODIDO VENIR, NOS LO ESTAMOS PASANDO MUY BIEN.

MÁS LO SIENTO YO, OTRA VEZ SERÁ...

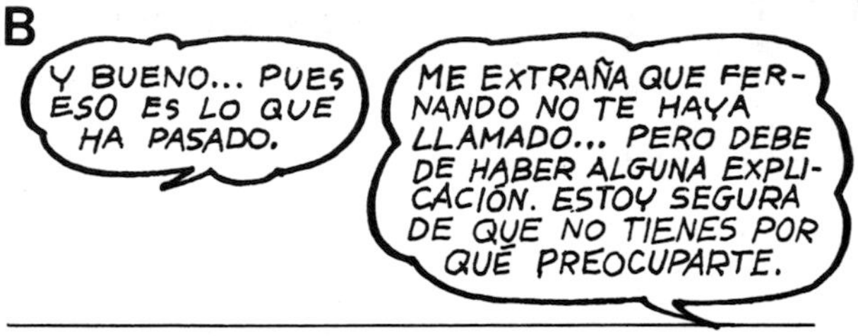

FÍJATE

Qué raro que / Me extraña que + *subjuntivo*

¡Qué raro que no haya venido!

Me extraña que no te haya llamado.

Qué bien que / Me alegro de que + *subjuntivo*

¡Qué bien que hayas venido!

Me alegro de que hayas venido.

Lamentar que / Sentir que + *subjuntivo*

Lamento que no pueda quedarse.

Siento que no hayas podido venir.

9 Asocia las frases que tienen el mismo significado. Compara tus respuestas con tu compañero.

Te agradezco que hayas venido. •

Me extraña que haya venido. •

¡Qué bien que hayas venido! •

No ha venido. •

Lamento que no hayas podido venir. •

• Me alegro de que hayas venido.

• Gracias por venir.

• Siento que no hayas podido venir.

• ¡Qué raro que haya venido!

• No ha aparecido.

10 En parejas. Habla con tu compañero.

Alumno A

¡NO MIRES LA TARJETA DE B!

Estás en un pub esperando a un/a amigo/a, pero no ha aparecido. Te encuentras con B. Explícale lo ocurrido y pídele su opinión. Si él/ella tiene algún problema, escúchale, invítale a una copa y agradécele que te haya escuchado.

Alumno B

¡NO MIRES LA TARJETA DE A!

Estás en un pub esperando a un/a amigo/a, pero no ha aparecido. Te encuentras con A. Explícale lo ocurrido y pídele su opinión. Si él/ella tiene algún problema, escúchale, invítale a una copa y agradécele que te haya escuchado.

11 **a)** Mira el dibujo y lee lo que dicen los vecinos de la casa.

b) Escucha la grabación y repite.

Pronunciación

12 **a)** Escucha estas palabras e identifica los sonidos: **s** o **x**. Vuelve a escuchar y repite.

b) ¿Cómo se escribe? Completa las palabras.

e ☐ ☐ épti ☐ o	e ☐ téreo
e ☐ traordinario	e ☐ terno
e ☐ perimento	e ☐ pecial
e ☐ ☐ alera	e ☐ ☐ ep ☐ ión
e ☐ ☐ lavo	e ☐ ☐ lama
e ☐ hausto	e ☐ amen
e ☐ i ☐ tir	e ☐ ☐ ☐ ina
e ☐ ☐ ☐ ema	e ☐ ☐ ena

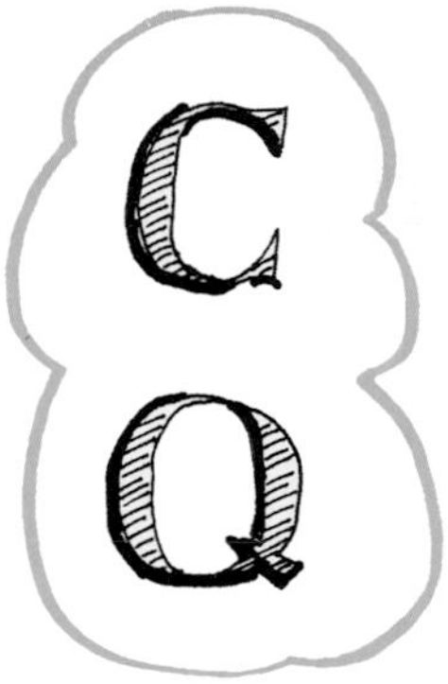

13 **a)** Vuelve a leer los comentarios de los vecinos y busca lo siguiente:

- Una expresión que significa «en mi opinión».
- Dos personas que reciben algo.
- Tres formas de recibir información.

b) Compara tus respuestas con las de tu compañero.

FÍJATE

POR Mándaselo por fax. Me he enterado por Luis.
PARA Un ramo para la señorita Jacinta. El taxi para el señor Izquierdo. Para mí, las películas de acción son las mejores.

13 c) En parejas. Leed estas palabras y decidid si pueden ir precedidas de «por» o «para» o de las dos preposiciones.

- correo
- el secretario
- ti
- Juan
- mensajero
- mi madre
- la ventana
- la televisión
- la radio
- mí
- ellos
- un anuncio

14 a) Lee este poema.

Por ella atravesé la noche más eterna
y elegí para ella las flores más discretas;
por carta le anuncié que para mí el amor
era un viaje por agua desde el mar hasta el sol.

Para ella escribí las palabras más locas
que por la tinta fueron derechas a su cara;
para ella quizá no eran tan hermosas,
por sus amigos supe que por otro amor lloraba.

b) En parejas. Buscad el significado en el poema de las preposiciones «por» y «para». ¿Cuántos significados diferentes aparecen?

c) ¿Por qué no completáis vuestro propio poema? Leedlo a la clase. ¿Cuál os parece el más bonito?

Por .... atravesé ....
y elegí para ....;
por .... le anuncié que para ....
era .... por .... desde .... hasta ....

Para .... escribí ....
que por .... fueron derechas ....;
para .... quizá no ....
por sus .... supe que por ....

15 **a)** Lee estos textos.

A

Después de la muerte de su madre, María queda bajo la tutela de Guido, un joven amigo de la familia. María no soporta a Guido, de modo que procura viajar todo lo que puede. Ha decidido ser azafata en cuanto cumpla los dieciocho años, para así librarse de Guido.

B

Después de la muerte de su madre, María queda bajo la tutela de Guido, un joven amigo de la familia. Éste tiene que viajar mucho por motivos de trabajo, pero la vuelta es siempre agradable porque María le recibe con mucho cariño. Aunque Guido quiere que María estudie en la Universidad, ella ha decidido ser azafata en cuanto cumpla dieciocho años.

C

Después de la muerte de su madre, María queda bajo la tutela de Guido, un joven amigo de la familia. Éste viaja mucho para ver a su novia, que es azafata. Aunque Guido quiere que María sea azafata también cuando cumpla los dieciocho años, ella ha decidido ser abogada, igual que Guido.

b) Escucha la grabación y decide qué texto describe mejor la situación.

c) Vuelve a escuchar y completa el cuadro.

	V	F
1. A María, tres días sin Guido le parece poco tiempo.		
2. Para Guido, el trabajo es lo más importante.		
3. Por ahora, María no trabaja.		
4. María es mayor de edad.		
5. Guido es su padre.		
6. Dentro de un par de meses, Guido no podrá decidir el futuro de María.		

d) En parejas. ¿Qué creéis que ocurrirá? ¿Conseguirá María lo que se propone? Imaginad la continuación de la historia y contadla a la clase.

16 **a)** En grupos. Elegid un nombre para cada uno de estos personajes y decidid qué relación existe entre ellos.

b) Escribid un resumen de la historia de sus relaciones (incluid al menos a cuatro de los personajes).

c) Escoged un acontecimiento de la historia que habéis inventado y escribid los diálogos para dramatizar la escena delante de vuestros compañeros.

d) Después de ver la escena, ¿pueden adivinar vuestros compañeros la historia que habéis inventado?

El viajero indispuesto

Aquella mujer había sido una mujer emprendedora y decidida. Tenía algo de mujer de circo. Había viajado mucho hacia París en los primeros trenes lentos y pesados, de vagones grandes, obispales, que parecían coches familiares unidos a una locomotora. Conoció el París alumbrado por reverberos y la emoción que el nacimiento de la edad moderna producía allí. Yo la conocí ya sola, toda de luto, con un sombrero del que colgaba un copioso manto; un poco sorda, con los ojos muy ajaponesados por una vejez refinada; siempre con una perrita al lado, una perrita de esas que ya no están lo que parecen y lucen treinta botones sobre su vientre hidrópico.

La historia de su vida era una historia extraña, con un poder de evocación que la hacía inolvidable. En uno de aquellos viajes a París se le murió el marido a mitad de camino. Como iba sola con él, hizo un gesto de gran locura cuando lo vio muerto, pero todo dentro de la más muda pantomima, pues comprendió que si el revisor se enteraba la harían bajar en un pueblo del trayecto, y en ese pueblo abandonado y desconocido, sin saber qué hacer con él, todo para después tener que embalsamarlo y entonces continuar el camino a la capital, ella sola en un departamento y su marido como una mercancía en el furgón de cola.

Había que ocultar que había muerto, que en el tren que se movía se había parado aquel corazón. La importancia de la vida, el cómo la vida sigue viviendo intensamente sin pensar en el que cae, le daba ánimo. Así, hubo un momento en que volvió a parecerle que iba con él vivo, aunque eso se cruzase con la idea de que viajaba ya sola con su recuerdo, como ya viajaría siempre.

Lo colocó bien, lo arropó en la manta, lo envolvió contra el respaldo, le caló bien la gorra, tapándole con la visera los ojos, le buscó los billetes del tren y la cartera, como un ladrón, y así, cuando volvió el revisor, ella le dio los billetes y le dijo: «Ese señor y yo». Aquel «ese señor» tan vivo y tan viajero devolvió cierta personalidad viviente al muerto.

¡Inolvidable mujer fuerte aquélla, a la que veré siempre a solas en su vagón *matelasé* con el falso viajero dormido!

El viajero indispuesto,
Ramón Gómez de la Serna
(*Caprichos*, col. Austral)

1. ¿Cómo describe el narrador a la mujer? ¿La admira?
2. ¿Qué opinión te merece su actitud? ¿Te parece emprendedora o cobarde? ¿Por qué?
3. ¿Por qué actuó así? ¿Qué imaginó que ocurriría?
4. Piensa en tu propia experiencia. Debido a un contratiempo, ¿hiciste alguna vez una locura?
5. ¿Cómo podrías resumir este cuento?

LOS GUSTOS

El verano feliz de la señora Forbes

La señora Forbes llegó el último sábado de julio en el barquito regular de Palermo, y desde que la vimos por primera vez nos dimos cuenta de que la fiesta había terminado. Llegó con unas botas de miliciano y un vestido de solapas cruzadas en aquel calor meridional, y con el pelo cortado como el de un hombre, bajo el sombrero de fieltro. [...]

El mundo se volvió distinto. Las seis horas de mar, que desde el principio del verano habían sido un continuo ejercicio de imaginación, se convirtieron en una sola hora igual, muchas veces repetida.

Cuando estábamos con nuestros padres disponíamos de todo el tiempo para nadar con Oreste [...]. Después siguió llegando a las once en el botecito de motor fuera de borda, como lo hacía siempre, pero la señora Forbes no le permitía quedarse con nosotros ni un minuto más del indispensable para la clase de natación submarina. Nos prohibió volver de noche a la casa de Fluvia Flamínea, porque lo consideraba como una familiaridad excesiva con la servidumbre, y tuvimos que dedicar a la lectura analítica de Shakespeare el tiempo que antes disfrutábamos cazando ratas.

El verano feliz de la señora Forbes,
Gabriel García Márquez
(*Textos tímidos*, Almarabu, 1986;
extracto págs. 28-30)

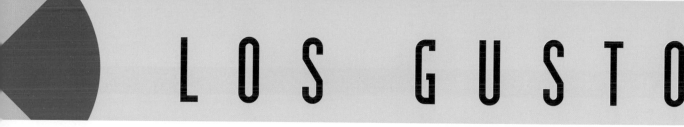

1. ¿En qué momento del año se sitúa el relato? ¿A qué fiesta se refiere el narrador?
2. ¿Qué hacía el narrador antes de la llegada de la señora Forbes?
3. En tu opinión, ¿cuál es la profesión de la señora Forbes?
4. ¿Quién era Oreste?
5. ¿Puedes imaginar una descripción de la señora Forbes según la información que el narrador da de ella?

COMUNICACIÓN

Hablar de un acontecimiento/situación anterior a un momento del pasado

Melisa se enteró de que habían pasado el día juntos.

Hablar de las consecuencias de un suceso

Claudia no quiso casarse con Luis; así que él se casó con Laura.

Hablar de la causa o circunstancias previas a un suceso

Como Claudia no había querido casarse conmigo, me casé con Laura.
Me casé con Laura, ya que Claudia no había querido casarse conmigo.

Expresar extrañeza o sorpresa

¡Qué raro que no haya venido!

Expresar satisfacción o alegría

¡Me alegro de que hayas venido!

Expresar insatisfacción o contrariedad

Lamento que tengas que irte.

Indicar movimiento a través de un canal físico

Mándaselo por fax.

Hablar del destinatario

Un taxi para el señor Izquierdo.

Relativizar una opinión

Para mí, esa película es la mejor.

GRAMÁTICA

PRETÉRITO PLUSCUAMPERFECTO
*Pret. imperfecto de **haber** + participio pasado*

así que / con lo cual / conque / de modo que / por tanto

Como (en inicio de frase)...

Puesto que... / Ya que...

Qué raro que / Extrañar que + *subjuntivo*

Qué bien que / Alegrarse de que + *subjuntivo*

Lamentar / Sentir que + *subjuntivo*

Por

Para

Para

LECCIÓN 15 GRANDES PROBLEMAS, PEQUEÑAS DECISIONES

1 **a)** Lee el anuncio y relaciona estas palabras con las imágenes.

Contaminación	Marea negra	Residuos	Lluvia ácida
Deforestación	Polución	Desertización	Incendio
Capa de ozono	Petróleo	Reciclar	

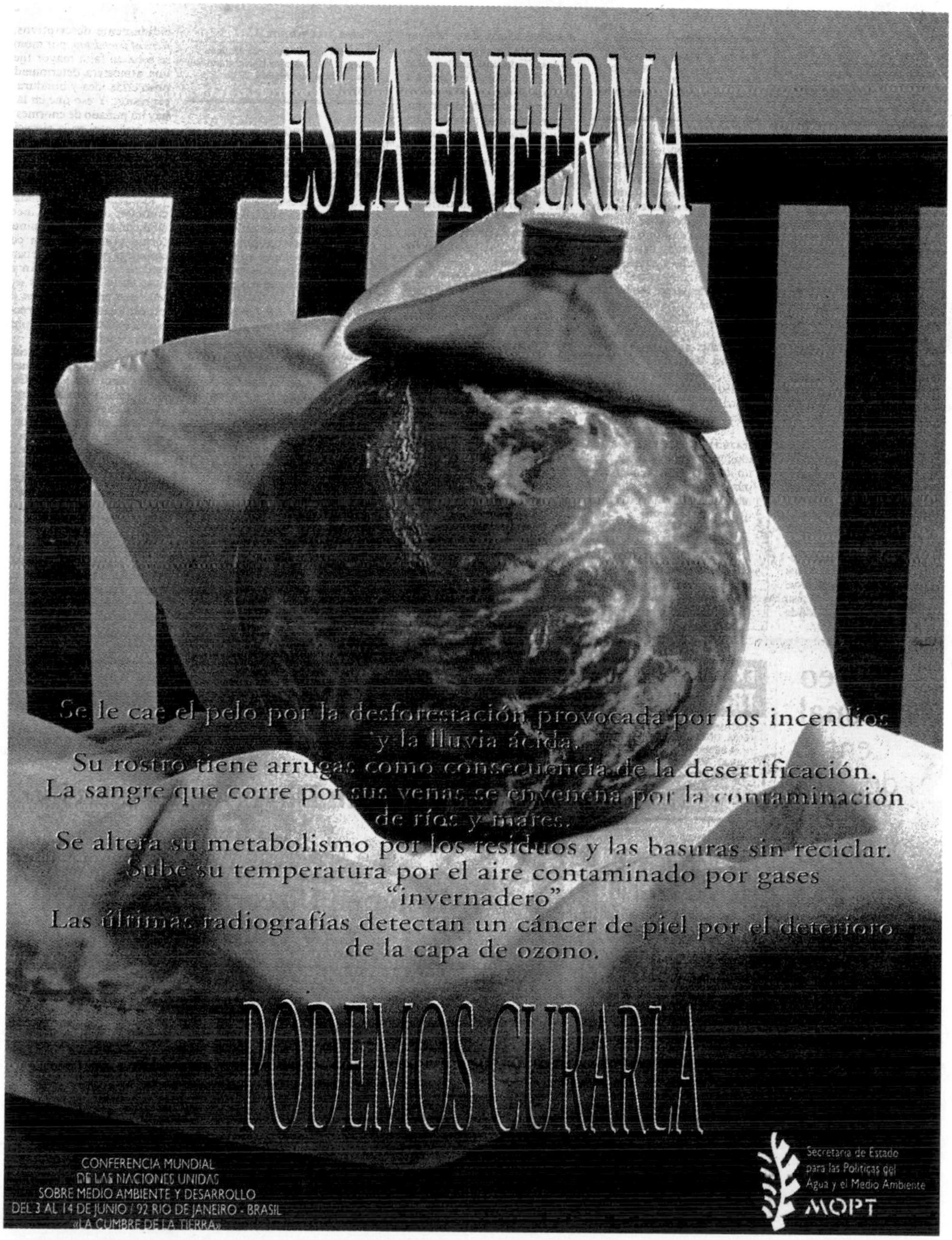

b) ¿Cuáles son las razones por las que la Tierra está enferma?

c) ¿Cómo están el agua y el aire? ¿Y la capa de ozono? ¿Y los bosques?

2 **a)** ¿Estás bien informado? Habla con tu compañero y decide si la información es verdadera o falsa.

1. Los aerosoles son la causa del agujero de ozono.
2. El agua de los ríos está contaminada.
3. Estamos a tiempo de salvar la naturaleza.
4. Los jóvenes están a favor de la ecología.
5. Los coches son contaminantes.
6. Las asociaciones ecologistas están en contra de las centrales nucleares.
7. La mayoría de la población está informada sobre los riesgos de la contaminación.
8. Los ecologistas son vegetarianos.
9. En una casa ecológica, los muebles deben ser de madera.
10. Las playas están cada vez más limpias.
11. Las reservas naturales y algunas especies animales están protegidas.
12. El progreso y el desarrollo están a punto de destruir el medio ambiente.

2 **b)** Vuelve a leer la información. ¿En cuántas frases se utiliza el verbo «ser»? ¿Y el verbo «estar»? ¿Sabes por qué?

FÍJATE

SER

- PARA DEFINIR:

  Los aerosoles son la causa del agujero de ozono.

- INFORMAR SOBRE EL CONTENIDO O LA MATERIA:

  Los muebles deben ser de madera.

- DESCRIBIR ESTADOS PERMANENTES DE OBJETOS, LUGARES Y PERSONAS:

  Los coches son muy contaminantes.

  Los ecologistas son vegetarianos.

ESTAR

- CIRCUNSTANCIAS O ESTADOS TEMPORALES DE OBJETOS, LUGARES Y PERSONAS:

  El agua de los ríos está contaminada.

  Las playas están cada vez más limpias.

  La mayoría de la población está informada.

- Estar a tiempo de + *infinitivo*
  a punto de + *infinitivo*
  a favor de + *sustantivo/infinitivo*
  en contra de + *sustantivo/infinitivo*

3 En grupos. Decidid vuestra posición con respecto a dos de estos temas y buscad todos los argumentos para defender vuestra opinión en clase.

	A FAVOR	EN CONTRA
Las bebidas alcohólicas.		
El aumento de la natalidad.		
Construir residencias para la tercera edad.		
Promocionar el turismo.		
La emigración.		
El uso obligatorio del sombrero.		
Las corridas de toros.		
El boxeo.		
Las fronteras entre los países.		

Estar a favor de... Estar de acuerdo con... Ser partidario de... No estar totalmente de acuerdo. Estar en contra de...

La casa que no contamina

4 **a)** Escucha y relaciona estas sugerencias con las diferentes partes de la casa que aparecen en el dibujo.

b) Vuelve a escuchar, toma nota y habla con tu compañero sobre cómo deben ser y cómo deben estar:

- los muebles
- la ropa de cama
- la ducha
- los grifos
- la terraza
- los productos de limpieza
- la basura
- la televisión
- las pilas gastadas
- las ventanas
- las bombillas
- el coche

c) Lee este texto. ¿Qué habría que hacer? ¿Qué sugieres?

La vida natural empieza por uno mismo, y la casa es el primer lugar para ser ecológico. Vivir en una casa natural no es más caro, es más racional y más solidario. Si quieres una casa limpia y no contaminante...

d) ¿Cómo es tu casa? ¿Es una casa ecológica? ¿Por qué?

Pronunciación

5 **a)** Escucha y completa las palabras.

□ □ elo	□ □ elo	□ □ erra	□ □ erra
□ □ erno	□ □ erno	□ □ eque	□ □ iere
□ □ ema	□ □ ema	□ □ o □ □ e	□ o □ □ e

b) Vuelve a escuchar y repite.

c) Escucha y repite las frases.

6 **a)** Lee y escucha el diálogo.

—Hola, buenos días. ¿Tenéis un momento? Mirad, pertenezco a la asociación ecologista ÁRBOL y estamos repartiendo información sobre protección del medio ambiente.

—¡Ah, sí! Ya he visto los carteles por ahí.

—¿Os importaría que os hiciera unas preguntas?

—No, claro que no; pero ¿no nos vas a dar tú la información?

—Bueno, primero me gustaría saber si conocéis las consecuencias de lo que está ocurriendo a nuestro alrededor. Por ejemplo, ¿sabéis qué ocurriría si hubiera otro accidente nuclear como en Chernóbil?

—Pues que la radioactividad provocaría muchas enfermedades...

—Y además la lluvia ácida destruiría más bosques...

—Y entonces aumentaría el efecto invernadero de la contaminación.

—¿Y además?

—¿Todavía más? Pues no sé; desde luego, si aumentara la contaminación en las ciudades, ya no se podría respirar, habría que salir a la calle con mascarilla.

—Pero es que, por otra parte, en caso de que aumentase la temperatura de la atmósfera, subiría el nivel del mar, con lo cual desaparecerían muchas islas, parte de las costas y...

—No sigas, que nos vamos a deprimir.

—¿Me puedes dar un folleto? Yo quiero saber lo que debería hacer para evitar todo esto...

—Sí, claro; tomad, uno para cada uno. Leedlo con atención; hay muchas cosas que podríais hacer...

FÍJATE

Si / En caso de que + *imperfecto de subjuntivo*, → *condicional*

Si aumentara la contaminación en las ciudades, no se podría respirar.

IMPERFECTO DE SUBJUNTIVO: se forma a partir de la tercera persona del plural del pretérito indefinido. Las terminaciones son las mismas para las tres conjugaciones.

[Yo]	aumentar**a**	aumentas**e**	• **crecer**: crecier**a**/**se**
[Tú]	aumentar**as**	aumentas**es**	• **repartir**: repartier**a**/**se**
[Él/ella/usted]	aumentar**a**	aumentas**e**	
[Nosotros/as]	aumentár**amos**	aumentás**emos**	
[Vosotros/as]	aumentar**ais**	aumentas**eis**	
[Ellos/as/ustedes]	aumentar**an**	aumentas**en**	

Algunos verbos irregulares (aquellos que lo son en el pretérito indefinido): **ser/ir - fuera/fuese, tener - tuviera/se, estar - estuviera/se, poder - pudiera/se, poner - pusiera/se, saber - supiera/se, andar - anduviera/se, hacer - hiciera/se, querer - quisiera/se, venir - viniera/se, decir - dijera/se, traer - trajera/se, dormir - durmiera/se, pedir - pidiera/se, leer - leyera/se, dar - diera/se.**

6 **b)** En parejas. Volved a escuchar y a leer el diálogo de la página 187. Numerad por orden todas las posibles consecuencias de un accidente nuclear. ¿Cúantas se mencionan? ¿Se os ocurren otras?

7 **a)** Escucha estas frases y clasifícalas según el tiempo verbal.

SI + PRETÉRITO IMPERFECTO DE SUBJUNTIVO	CONDICIONAL

b) Vuelve a escuchar, repite y recuerda «la ley de las erres».

8 En grupos. ¿Qué os sugieren estas fotos? ¿Qué podríamos hacer para que esto no ocurriera?

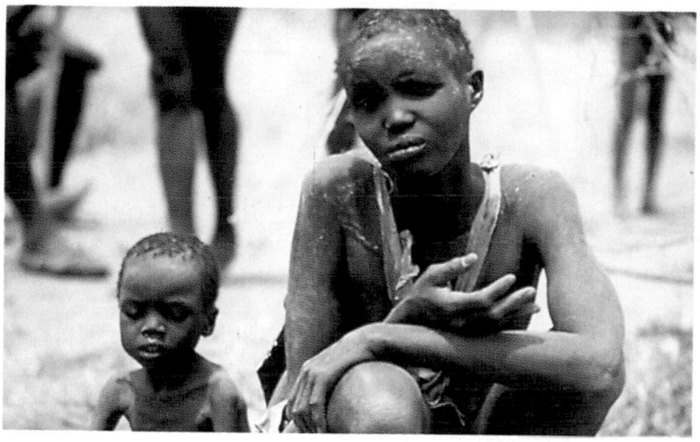

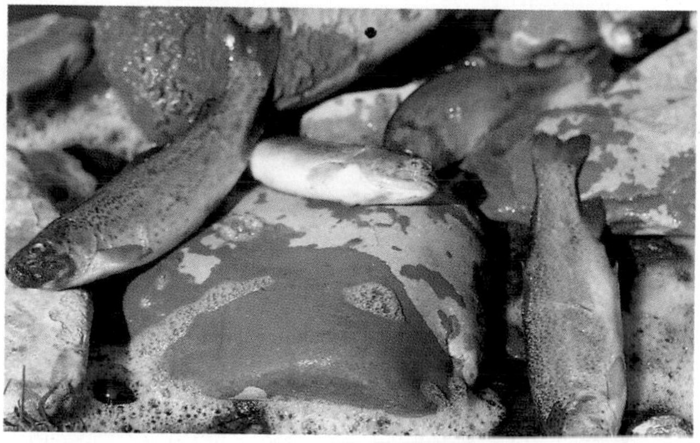

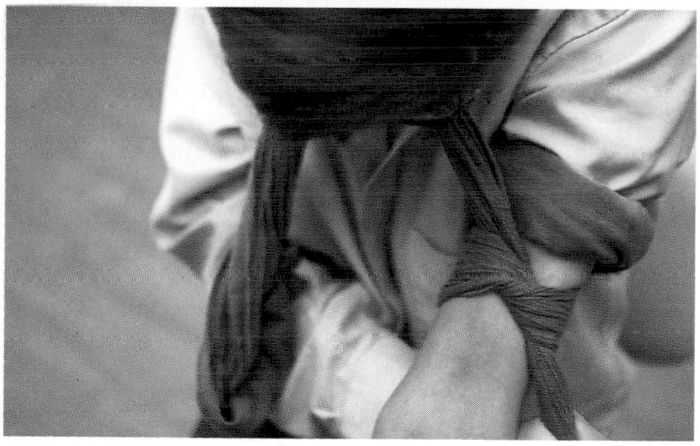

Si utilizásemos los transportes públicos, las ciudades estarían más limpias.

9 Piensa en estas situaciones. ¿Qué harías? Compara tus reacciones con las de tus compañeros.

- Un/a desconocido/a te regala flores.
- Te encuentras un perro abandonado.
- Un ladrón entra en tu casa.
- Te quedas encerrado en un ascensor.
- Te proponen hacer una película.
- Te dicen un piropo por la calle.
- No tienes dinero para pagar la cuenta del restaurante.

10 Escucha y empareja los diálogos con las ilustraciones. ¿Qué dos dibujos coinciden con la misma situación?

FÍJATE

Tener que (condicional) + *infinitivo*

Tendríamos que avisar a un médico.

Deber (condicional) + *infinitivo*

Deberías hacer una reclamación.

No hace falta / No es necesario/preciso { + *infinitivo* / que + *subjuntivo* }

No hace falta que se ponga así.

No hay que + *infinitivo*

No hay que tirar las pilas a la basura.

Para dar un consejo (opinión subjetiva): Deberías hacer una reclamación. = Yo, en tu lugar, haría una reclamación. / Yo que tú, haría una reclamación.

11 ¿Qué le dirías a un amigo que te cuenta...?

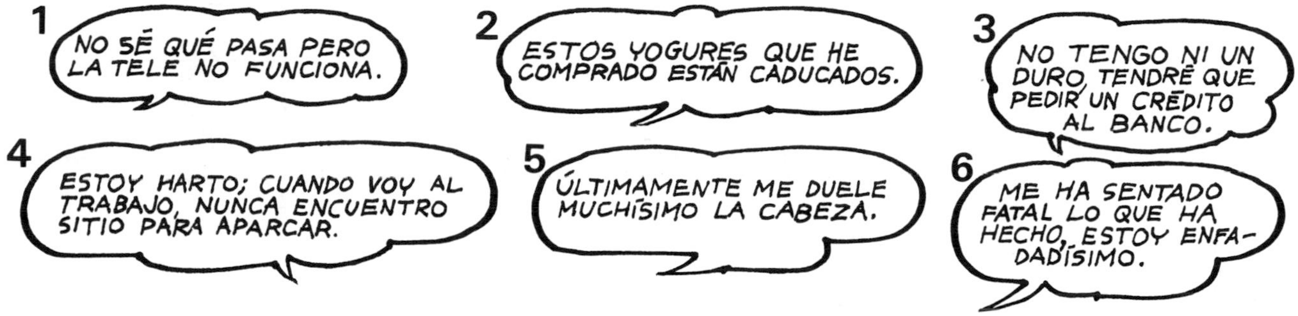

2 **a)** Si fueras urbanista, ¿cómo distribuirías los siguientes lugares en tu ciudad?

- una fábrica
- un banco
- una residencia para la tercera edad
- un aparcamiento
- un hotel
- una piscina
- Correos
- un teatro
- un vertedero
- un colegio
- un parque
- la estación de tren
- el aeropuerto
- un almacén de papel
- el metro

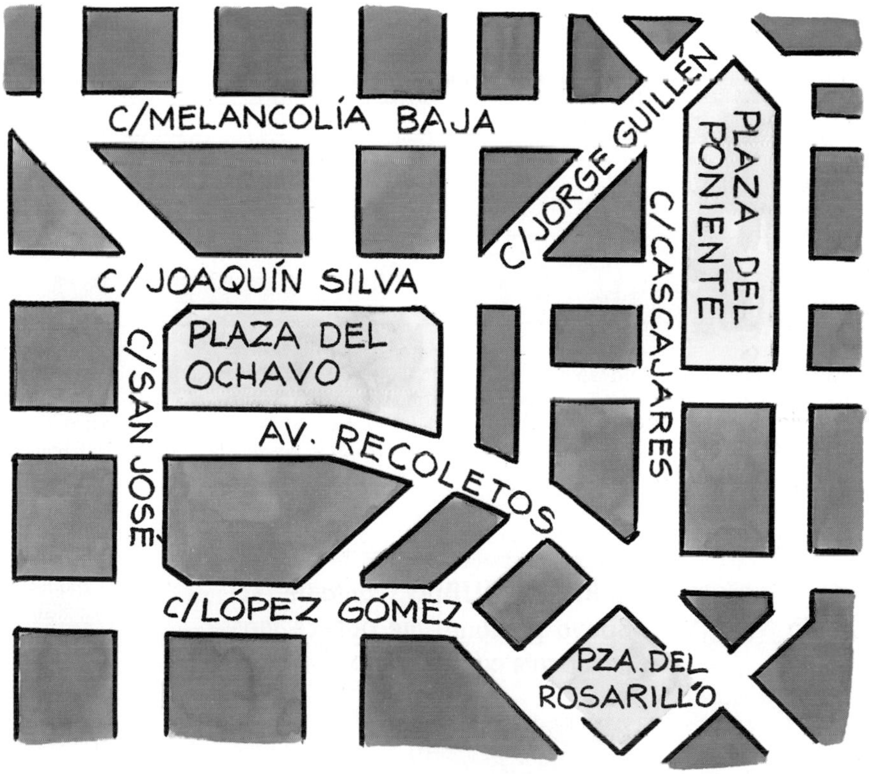

b) Compara tu plano con el de tu compañero e intenta convencerlo de que tu ciudad es mejor/más limpia/práctica/cómoda... ¿Puedes sugerirle algunos cambios para mejorar el suyo?

Preposiciones y locuciones proposicionales de lugar: **entre, al lado de, cerca de, lejos de, detrás de, delante de, enfrente de, encima de, debajo de, en medio de, en, junto a.**

13 **a)** Si tuvieras cien millones de pesetas, ¿harías las siguientes afirmaciones?

	SÍ	NO
Valoraría más la compañía de mis amigos.		
Aunque ayudase con mi dinero a los demás, el mundo no cambiaría.		
Yo no dejaría de trabajar.		
Me gastaría todo el dinero con mis amigos.		
El bienestar personal es mucho más importante que el dinero.		
Con 100 millones podría hacerme una casa y comprarme además todo lo que quisiera.		
El dinero es innecesario, y lo desprecio.		

b) Compara tus respuestas con las de tu compañero.

c) Lee la encuesta y busca esta información:

¿QUIÉN...

... tuvo mucho dinero en una ocasión y se lo gastó?
... es más generoso?
... es más materialista?
... dejaría de trabajar?
... ayudaría a los demás?
... se compraría una casa?

¿QUÉ HARÍAS CON 100 MILLONES DE PESETAS?

EMILIO ARAGÓN, músico y presentador: «Me gustaría hacer realidad los sueños de mucha gente».

«Así, de repente, no sé exactamente lo que haría con cien millones que no esperase, pero supongo que los dedicaría a hacer realidad los sueños de mucha gente. A nivel personal no se me ocurre nada concreto, porque, para mí, más importante que el dinero es la satisfacción del trabajo bien hecho y el sentirte bien con los demás y contigo mismo. La gente enseguida que te ve salir mucho en televisión se imagina que eres millonario, y, al menos en mi caso, no es así. El dinero, ya sean cien o mil millones, te permite dedicarte con más tranquilidad a lo que te gusta, sin tener que agobiarte, pero nunca pienso en lo que gano o podría ganar.»

SERAFÍN ZUBIRI, cantante: «El apoyo personal me parece más importante que el dinero».

«Mira, en mi caso, el dinero no es en absoluto una de las prioridades más importantes de la vida; y no quiero decir que lo desprecie, ni mucho menos, porque todos lo necesitamos. Lo que ocurre es que hay veces en que se agradece más el apoyo de alguien en lo personal, la compañía que te puede hacer un amigo cuando te encuentras solo o la ayuda que alguien te puede prestar en un proyecto en el que a lo mejor estás muy ilusionado. A mí, por ejemplo, me interesa mucho el mundo del deporte, tanto el atletismo como la escalada, y es posible que invirtiera una parte de ese dinero en poder practicarlos con mejores medios. Sin embargo, la mayor parte de esos cien millones los dedicaría a echar una mano a alguna de las fundaciones que se dedican a promocionar el deporte de las personas que sufren algún tipo de problema, ya sea físico, alguna minusvalía o cualquier otra cosa. No soy una persona muy caprichosa ni demasiado materialista. Si nos ayudáramos más unos a otros, las cosas irían mucho mejor.»

ANA TORROJA, cantante del grupo Mecano: «El dinero no hace la felicidad».

«Bueno, alguna vez me lo he planteado; no sólo con cien millones, sino con un poco más. Ya que te pones a soñar, hay que hacerlo a lo grande... Siempre he pensado que el dinero sirve para vivir mejor y para conseguir algún que otro capricho que antes no te podías permitir, sabiendo que lo que tienes te lo has ganado a base de trabajo. Lo que me compré cuando empezamos a ganar algo de dinero con *Descanso dominical* fue un buen coche, un Lancia, una casa y, sobre todo, algún que otro viaje para escaparme cuando más lo necesito. Ahora, sin embargo, creo que dedicaría una cierta cantidad a ayudar a alguna institución benéfica en favor de los niños. De hecho, en septiembre vamos a ofrecer un concierto en Las Ventas para recaudar fondos para ellos. Creo que debemos comprometernos en temas que beneficien a quien más lo necesita.»

PACO CLAVEL, showman: «Me compraría bastante ropa».

«Hombre, la verdad es que ahora, tal como están las cosas, cien millones tampoco es que sea una cantidad impresionante. Si llegan de sorpresa no pienso rechazarlos, desde luego; pero eso de soñar como antes con casas increíbles y tal, no creo que pudiera hacerlo ahora, al precio que están los pisos. O dedicas los cien millones a hacerte una buena casa y ya está, o te permites caprichos de esos que has tenido escondidos durante años. Yo creo que me iría a comprar bastante ropa y cosas que me gustaran, de todas clases. Me gusta ser muy personal con lo que me pongo, por eso dedicaría una parte a las compras. Otra parte sería para invitar a mis amigos y pasar buenos ratos juntos, y después haría algún viaje maravilloso para perderme por ahí y vivir la vida al máximo. De todas formas, lo más probable es que no hiciera eso, porque una cosa es lo que pienses y otra muy distinta lo que haces.»

Revista VITALIDAD Nº 80, Julio 1992 (adaptado)

13 **d)** ¿Qué harías si fueras millonario? Escríbelo y cuéntaselo a la clase.

14 **a)** Escucha esta conversación y descubre de qué tres temas están hablando.

- Si pudierais gobernar el mundo durante un día...
- En caso de que os reencarnaseis...
- Si pudierais elegir dónde vivir...
- En caso de que hubiera extraterrestres...
- Si os enamoraseis de dos personas al mismo tiempo...
- En caso de que se pudiera vivir en la Luna...
- Si por casualidad las paredes hablasen...
- Si tuvieras a tu suegra en casa...
- En caso de que pudierais elegir entre progreso y medio ambiente...

b) ¿Qué dice cada uno?

ANDRÉS — CHUSA — SONIA — MARCO — CHEMA

c) ¿Y tú, qué piensas? Cuéntalo a la clase.

¡Si me llamaras!

¡Si me llamaras, sí,
si me llamaras!
Lo dejaría todo,
todo lo tiraría:
los precios, los catálogos,
el azul del océano en los mapas,
los días y sus noches,
los telegramas viejos
y un amor.
Tú, que no eres mi amor.
¡Si me llamaras!

Y aún espero tu voz:
telescopios abajo,
desde la estrella,
por espejos, por túneles,
por los años bisiestos
puede venir. No sé por dónde.
Desde el prodigio, siempre.
Porque si tú me llamas
—¡si me llamaras, sí, si me llamaras!—
será desde un milagro,
incógnito, sin verlo.

Nunca desde los labios que te beso,
nunca desde la voz que dice: «No te vayas».

La voz a ti debida, Pedro Salinas
(Castalia; páginas 52-53)

De Vita Beata

En un viejo país ineficiente,
algo así como España entre dos guerras
civiles, en un pueblo junto al mar,
poseer una casa y poca hacienda
y memoria ninguna. No leer,
no sufrir, no escribir, no pagar cuentas,
y vivir como un noble arruinado
entre las ruinas de mi inteligencia.

Volver, Jaime Gil de Biedma
(Cátedra; página 137)

Si el hombre pudiera decir

Si el hombre pudiera decir lo que ama,
si el hombre pudiera levantar su amor por el cielo
como una nube en la luz;
si, como muros que se derrumban,
para saludar la verdad erguida en medio,
pudiera derrumbar su cuerpo, dejando sólo la verdad
de su amor,
la verdad de sí mismo,
que no se llama gloria, fortuna o ambición,
sino amor o deseo,
yo sería al fin aquel que imaginaba;
aquel que con su lengua, sus ojos y sus manos
proclama ante los hombres la verdad ignorada,
la verdad de su amor verdadero.

Los placeres prohibidos, Luis Cernuda
(Castalia; página 150, extracto)

Dadme una cinta para atar el tiempo

Con palabras se pide el pan, un beso,
y en silencio se besa y se recuerda
el primer beso que rozó aquel pétalo
en el jardín de nuestra adolescencia.

Las palabras son tristes. Tienen miedo
a quedarse en palabras o en promesas
que lleva el aire como un beso muerto:
pobres palabras que el olvido entierra.

Dadme una cinta para atar el tiempo.
Una palabra que no se me pierda
entre un olvido y un recuerdo.

Quiero que el aire no se mueva y venga
un mal viento que arrastre por el suelo
años de luz, palabras bellas...

Que trata de España, Blas de Otero
(Visor Poesía)

1. ¿Qué poema te gusta más?
2. ¿Cuál entiendes mejor?
3. ¿Qué deseos se expresan en cada texto?
4. Elige el verso o las palabras que más te gustan de todos los poemas.

COMUNICACIÓN

Hacer definiciones
Los aerosoles son la causa del agujero de ozono.

Informar sobre el contenido o la materia
Los muebles deben ser de madera.

Describir estados permanentes de objetos, lugares y personas
Los coches son muy contaminantes.

Describir circunstancias o estados temporales de objetos, lugares y personas
El agua de los ríos está contaminada.

Hablar de hipótesis no realizables en el presente y de sus consecuencias
Si creciera la contaminación en las ciudades, no se podría respirar.

Expresar objetivamente lo necesario
Tendríamos que avisar a un médico.

Expresar subjetivamente lo necesario
Deberías hacer una reclamación.

Hablar de lo innecesario
No hace falta que llames.
No es preciso llamar.

Hablar de la necesidad de no hacer algo
No hay que tirar las pilas a la basura.

GRAMÁTICA

Verbo ser

Verbo estar

Si / En caso de que + *imperfecto de subjuntivo*, → *condicional*

IMPERFECTO DE SUBJUNTIVO

aumenta-	ra/se
	ras/ses
	ra/se
crecié-	ramos/semos
	rais/seis
repitie-	ran/sen

Tener que + *infinitivo*

Deber + *infinitivo*

No hace falta / no es necesario / preciso + *infinitivo*/que + *subjuntivo*

No hay que + *infinitivo*

¿Eres una persona egoísta?

1 **a)** Responde al test y calcula tu puntuación. Compara el resultado con tu compañero. ¿Cómo sois?

Egoísmo es un término que casi siempre tiene connotaciones negativas, o al menos así lo interpretamos generalmente. Sin embargo, sin una cierta dosis de egoísmo no sabríamos cómo imponernos. ¡Todo depende de la proporción exacta! Averigua lo egoísta que eres... o puedes llegar a ser.

1 **Tu pareja siente celos si bailas con otra persona en una fiesta. ¿Qué contestarías?**

- A ☐ «Tú también puedes divertirte si lo deseas.»
- B ☐ «No reacciones así por un solo baile.»
- C ☐ «Tus celos me ponen enfermo(a).»

2 **¿Estás siempre a favor de decir lo que piensas sin callarte nada?**

- A ☐ Generalmente digo lo que pienso.
- B ☐ Procedo con cierta precaución si se trata de una opinión negativa.
- C ☐ Si es algo desagradable, prefiero no decirlo.

3 **¿Cuántas veces preguntas a tu pareja si te quiere de verdad?**

- A ☐ Estoy seguro(a) de su amor.
- B ☐ Siempre que deseo escucharlo.
- C ☐ Me gusta que me lo diga todos los días.

4 **Acabas de enamorarte. Tus amistades, sin embargo, te dan a entender que él(ella) tiene mala prensa. ¿Cómo actuarías?**

- A ☐ No me dejaría influir.
- B ☐ Defendería a mi nuevo amor.
- C ☐ Me asaltarían las dudas y hablaría con mi pareja.

5 **¿Cómo reaccionas ante las tragedias provocadas por el hambre en el Tercer Mundo?**

- A ☐ Es algo que no se puede evitar.
- B ☐ Me gustaría ayudar, pero no sé cómo.
- C ☐ Ingreso dinero en una cuenta de ayuda.

6 **Si dispusieses de dinero suficiente, ¿qué comprarías? Responde espontáneamente, sin meditar.**

- A ☐ Una isla en el Pacífico.
- B ☐ Un coche deportivo.
- C ☐ Una casa de campo.

7 **¿Cuál de los siguientes deportes practicas o te gustaría practicar?**

- A ☐ Montañismo.
- B ☐ Automovilismo.
- C ☐ Equitación.

8 **¿Cómo preferirías pasar tu próximo cumpleaños?**

- A ☐ A solas con mi pareja.
- B ☐ Celebrando una fiesta por todo lo alto.
- C ☐ Marchándome a algún lugar desconocido.

9 **Has quedado un sábado en salir con tus amigos y, por mayoría, se ha decidido ir a un restaurante que a ti no te gusta. ¿Cómo reaccionarías?**

- A ☐ Les digo que no voy a salir y llamo a otra gente.
- B ☐ Me enfado.
- C ☐ Intento convencerlos para ir a otro sitio.

10 **Estás guardando cola para el cine y alguien se cuela delante de tus *narices*. ¿Qué harías?**

- A ☐ Me quejaría en voz alta.
- B ☐ Le llamaría la atención y le diría que espere su turno como todos los demás.
- C ☐ No diría nada, pero le miraría con reprobación.

11 **Acabas de ver una película con un extraño final que no comprendes. ¿Cómo te sientes?**

- A ☐ Incómodo(a), porque quiero saber de qué va la cosa.
- B ☐ Me pica la curiosidad, pero me imagino otro final.
- C ☐ Me siento indignado(a) por no haberla entendido.

PUNTUACIÓN

1	A-10	B-5	C-15
2	A-12	B-6	C-9
3	A-7	B-5	C-3
4	A-8	B-0	C-4
5	A-10	B-0	C-5
6	A-7	B-3	C-5
7	A-6	B-4	C-2
8	A-5	B-15	C-10
9	A-3	B-5	C-7
10	A-6	B-8	C-4
11	A-9	B-3	C-6

De 25 a 0 puntos. Eres él(la) número uno. Pase lo que pase, sea donde sea, primero piensas en ti. Te concedes una importancia excesiva y te ves como el astro rey, en torno al cual gira el universo. Corres el riesgo de ser marginado(a) si te mantienes en tu postura. ¿No será que llevas una existencia bastante solitaria? ¿Qué posibilidades tienen los demás de compartir algo con una persona que sólo pretende imponer sus testarudos pensamientos? Cede también de vez en cuando: nadie te exige que reniegues de tus sentimientos y tus sueños. No hagas oídos sordos a lo que esperan de ti los que te rodean. Sería muy beneficioso escucharlos y regirte por lo que te piden o aconsejan.

De 85 a 26 puntos. Realmente mereces que se te felicite por tu sana dosis de egoísmo. Sabes exactamente cómo defender tus deseos e intereses en la vida cotidiana y en la convivencia con los demás. Pero no olvides en ningún momento que las personas que te rodean también tienen sus propios deseos e intereses. A nadie le sorprende que seas tan popular y dispongas de un amplio círculo de amistades. Una sana dosis de egoísmo es imprescindible, pero no olvides el riesgo que corres de volverte arrogante y presuntuoso(a). Podrías perderlo todo en muy poco tiempo

De 120 a 86 puntos. El vocablo egoísmo es para ti poco menos que un insulto. No hay forma de que pienses en tus propias necesidades si no es en último lugar. Siempre estás dispuesto(a) a ceder y a actuar como mediador(a). La falta de egoísmo es tanto o más perjudicial que el exceso. Procediendo así jamás te rodearás de amigos de verdad. Pero no te alarmes. No es necesario que modifiques radicalmente tu forma de vida, basta con que de vez en cuando pienses en ti. Intenta hacer caso de tus deseos y no tengas miedo a imponerte cuando llegue el momento de hacerlo. Seguro que te encontrarás mucho mejor y los demás empezarán a respetarte.

Revista VITALIDAD Nº 80, Julio 1992 (adaptado)

b) Comentad el test con vuestros compañeros. ¿Sois una clase generosa o egoísta?

2 **a)** En parejas. Mirad las fotografías y haced hipótesis sobre lo que representan.

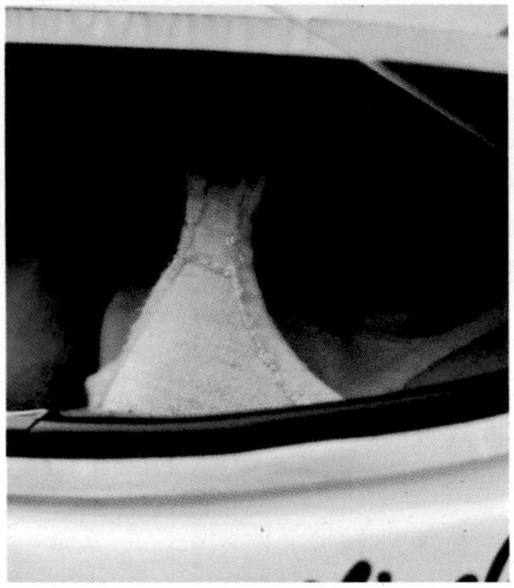

b) Intercambiad vuestras opiniones en clase.

3 **a)** Antes de despedirte, ¿qué les desearías a tus compañeros? Elige al menos a dos de ellos y envíales una nota con tus deseos.

b) Comentad en clase las notas que habéis recibido.

GRAMÁTICA DE USO
(Resumen)

1 FORMA Y USOS

• PRESENTE DE INDICATIVO

Verbos regulares

	hablar	comer	vivir
(Yo)	habl**o**	com**o**	viv**o**
(Tú)	habl**as**	com**es**	viv**es**
(Él/ella/usted)	habl**a**	com**e**	viv**e**
(Nosotros/nosotras)	habl**amos**	com**emos**	viv**imos**
(Vosotros/vosotras)	habl**áis**	com**éis**	viv**ís**
(Ellos/ellas/ustedes)	habl**an**	com**en**	viv**en**

Verbos irregulares

— Ser, estar, ir.

	ser	estar	ir
(Yo)	soy	estoy	voy
(Tú)	eres	estás	vas
(Él/ella/usted)	es	está	va
(Nosotros/nosotras)	somos	estamos	vamos
(Vosotros/vosotras)	sois	estáis	vais
(Ellos/ellas/ustedes)	son	están	van

— Verbos irregulares en las personas del singular y la tercera persona del plural.

e → ie	**o → ue**	**e → i**	**u → uy**	**u → ue**
querer	poder	pedir	incluir	jugar
quiero	puedo	pido	incluyo	juego
quieres	puedes	pides	incluyes	juegas
quiere	puede	pide	incluye	juega
queremos	podemos	pedimos	incluimos	jugamos
queréis	podéis	pedís	incluís	jugáis
quieren	pueden	piden	incluyen	juegan

— Primera persona irregular de los verbos en **-ecer**, **-ocer**, **-ucir**.

conocer	cono**zc**o
conducir	condu**zc**o
traducir	tradu**zc**o

— Verbos irregulares en la primera persona del singular.

hacer	ha**g**o	saber	**sé**
salir	sal**g**o	ver	**veo**
poner	pon**g**o	dar	**doy**
traer	trai**g**o		

— Verbos con doble irregularidad.

tener	venir	decir	oír
ten**g**o	ven**g**o	d**i**go	oi**g**o
t**ie**nes	v**ie**nes	d**i**ces	o**y**es
t**ie**ne	v**ie**ne	d**i**ce	o**y**e
tenemos	venimos	decimos	oímos
tenéis	venís	decís	oís
t**ie**nen	v**ie**nen	d**i**cen	o**y**en

Usos:

— Dar información sobre el presente.

Estudio informática.

— Expresar lo que hacemos habitualmente.

Me levanto a las ocho.

— Ofrecer y pedir cosas.

¿Quieres un poco más de tarta?
¿Me dejas pasar, por favor?

— Hacer sugerencias.

¿Y si le regalamos una agenda?

— Invitar.

¿Te apetece venir a cenar?

— Hablar del futuro.

Mañana vamos al concierto de Celtas Cortos.

— Contar el tiempo que ha pasado hasta la actualidad.

Hace cuatro años que vivo en Madrid.

• PRETÉRITO PERFECTO

Se forma con el presente de indicativo del verbo **haber** y el participio del verbo que se conjuga.

he has ha hemos habéis han	+	habl**ado** beb**ido** sal**ido**

Algunos participios pasados irregulares de uso frecuente:

ver	visto
escribir	escrito
volver	vuelto
poner	puesto
morir	muerto

abrir	abierto
descubrir	descubierto
romper	roto
hacer	hecho
decir	dicho

Observaciones:

— En los tiempos compuestos, el participio pasado es invariable.

— El auxiliar no se separa del participio.

Usos:

— Para hablar de acciones o sucesos pasados situados en la unidad de tiempo en que se encuentra el hablante.

Hoy he trabajado bastante.
He estado con Juan esta mañana.

— Para hablar de acciones o sucesos pasados que el hablante siente próximos al presente.

Este verano me lo he pasado fenomenal.

— Para hablar de experiencias o actividades pasadas sin especificar el momento de su realización.

He visto todas las películas de Harrison Ford.

Referencias temporales con pretérito perfecto: **hoy**, **esta semana**, **esta mañana**, **este mes**, **este año**, **hace un rato**, etc.

• PRETÉRITO INDEFINIDO

Se construye añadiendo a la raíz las terminaciones:

	-ar	-er / -ir
(Yo)	-é	-í
(Tú)	-aste	-iste
(Él/ella/usted)	-ó	-ió
(Nosotros/nosotras)	-amos	-imos
(Vosotros/vosotras)	-asteis	-isteis
(Ellos/ellas/ustedes)	-aron	-ieron

Algunos verbos irregulares frecuentes:

tener	tuve
estar	estuve
poder	pude
poner	puse
saber	supe
andar	anduve
hacer	hice
querer	quise
venir	vine
ser/ir	fui
dar	di
decir	dije
traer	traje

Sólo irregulares en las terceras personas:

dormir	durmió
	durmieron
morir	murió
	murieron
pedir	pidió
	pidieron
leer	leyó
	leyeron
oír	oyó
	oyeron

Usos:

— Para hablar de acciones o sucesos pasados situados en una unidad de tiempo independiente del presente, que interesan en sí mismos y no en su relación con el presente del hablante.

Ayer por la noche fui al teatro.

— Para situar el inicio de una actividad en el pasado.

El año pasado empecé a estudiar informática.

— Con la perífrasis [estar] + [GERUNDIO], la acción pasada queda señalada en su duración.

¿Qué hiciste ayer? Estuve cenando con Asun y Javi.

Referencias temporales con pretérito indefinido: **ayer**, **el otro día**, **la semana pasada**, **el mes pasado**, **el año pasado**, **hace unos meses**, **hace un rato**, etc.

Con algunas referencias temporales, el contraste entre pretérito perfecto e indefinido se neutraliza y el uso de uno u otro tiempo depende únicamente de la subjetividad del hablante:

Ha salido hace un rato.
Salió hace un rato.

• PRETÉRITO IMPERFECTO

Se forma añadiendo a la raíz las siguientes terminaciones:

	-ar	-er / -ir
(Yo)	-aba	-ía
(Tú)	-abas	-ías
(Él/ella/usted)	-aba	-ía
(Nosotros/nosotras)	-ábamos	-íamos
(Vosotros/vosotras)	-abais	-íais
(Ellos/ellas/ustedes)	-aban	-ían

Ejemplos: habl**aba**, beb**ía**, sal**ía**.

Verbos irregulares:

ser	era
ir	iba
ver	veía

Usos:

— Para describir una situación o una actividad en el pasado.

En los años cincuenta estaba de moda la minifalda.

— Para hablar de una actividad habitual en el pasado.

Los domingos por la tarde íbamos al cine con mis padres.

La idea de habitualidad queda reforzada con el uso de la perífrasis soler + INFINITIVO.

De pequeño solía ir de vacaciones a Santander.

Referencias temporales con imperfecto: **entonces, en aquellos años, en aquellos días, de joven** (/pequeño/estudiante...), **en** (+fecha), etc.

• Contraste **pretérito indefinido / pretérito imperfecto / pretérito perfecto**

PRETÉRITO INDEFINIDO: el hablante se refiere a un acontecimiento pasado interesándose por la acción en sí.

PRETÉRITO IMPERFECTO: el hablante describe una situación pasada, unas circunstancias que interesan como contexto.

PRETÉRITO PERFECTO: el hablante se refiere a un acontecimiento pasado interesándose por su relación con el presente (repercusiones, interpretación subjetiva de una acción, etc.).

Me casé hace dos años.
En esa época, la gente se casaba muy joven.
Me he casado porque quiero tener hijos.

• PRETÉRITO PLUSCUAMPERFECTO

Se forma con el pretérito imperfecto del verbo **haber** y el participio pasado del verbo que se conjuga.

(Yo)	hab**ía**	+	habl**ado**
(Tú)	hab**ías**		
(Él/ella/usted)	hab**ía**		com**ido**
(Nosotros/nosotras)	hab**íamos**		
(Vosotros/vosotras)	hab**íais**		repet**ido**
(Ellos/ellas/ustedes)	hab**ían**		

Observaciones:

— En los tiempos compuestos, el participio pasado es invariable.
— El auxiliar no se separa del participio pasado.

Usos:

— Describir en el pasado las circunstancias en que se produjo un acontecimiento.
Había salido a cenar con unos amigos y me encontré a Chema.
— Indicar la anterioridad de una acción pasada con respecto a otra.
Leí el libro que me habías regalado y me gustó mucho.

• Contraste **pretérito imperfecto / pretérito indefinido / pretérito pluscuamperfecto**

PRETÉRITO INDEFINIDO: el hablante se refiere a una acción pasada sin ponerla en relación con otro acontecimiento o situación.

PRETÉRITO IMPERFECTO: el hablante describe una situación pasada que interesa como contexto de otros acontecimientos.

PRETÉRITO PLUSCUAMPERFECTO: el hablante se refiere a un acontecimiento pasado señalando su anterioridad con respecto a otro acontecimiento o situación descrita.

Había salido a cenar con unos amigos y, cuando estábamos en el restaurante, llegó Carlos con su novia.

• IMPERATIVO

Imperativo afirmativo

La segunda persona del singular es igual a la tercera persona del singular del presente de indicativo.

La segunda persona del plural (vosotros) se forma sustituyendo la **-r** final del infinitivo por una **-d**, excepto en los verbos pronominales en que ésta se pierde (estudiad/sentaos).

Las formas de cortesía (usted/ustedes) coinciden con la tercera persona del singular y del plural del presente de subjuntivo.

	-ar	-er	-ir
(Tú)	entr**a**	le**e**	abr**e**
(Usted)	entr**e**	le**a**	abr**a**
(Vosotros)	entr**ad**	le**ed**	abr**id**
(Ustedes)	entr**en**	le**an**	abr**an**

Observaciones:

— La segunda persona del plural (vosotros) puede verse sustituida en los verbos pronominales por el uso del infinitivo.
Sentaos/sentaros.
— Los pronombres van detrás del imperativo, formando con el verbo una sola palabra. Al añadir sílabas, se producen modificaciones en la acentuación.
¿Puedo cerrar la ventana? Sí, sí, ciérrala (cierre + la).

Verbos irregulares

— Los verbos irregulares en la primera persona del singular del presente de indicativo tienen la misma irregularidad en el imperativo afirmativo de las personas usted/ustedes.

c**ie**rro	c**ie**rre - c**ie**rren
s**i**go	s**i**ga - s**i**gan
sal**g**o	sal**g**a - sal**g**an

— Excepciones:

ir	vaya - vayan
ser	sea - sean
estar	esté - estén
dar	dé - den

— Otros verbos irregulares:

hacer	haz
poner	pon
venir	ven
tener	ten
salir	sal
decir	di
ir	ve
ser	sé

Imperativo negativo

En frases negativas, el imperativo se expresa con las formas del presente de subjuntivo en todas las personas.

No hables	No comas	No abras
No hable	No coma	No abra
No habléis	No comáis	No abráis
No hablen	No coman	No abran

Usos:

— Dar instrucciones.

Para ir al centro, gire a la derecha y luego siga todo recto.

— Ofrecer cosas.

Oye, coge otro bombón.

— Conceder permiso.

Abre la ventana si quieres, yo no tengo frío.

— Prohibir o dar una orden. Cuando se reitera la orden, ésta aparece introducida por **que**.

¡No lo toques! ¡Que no lo toques!
¡Cállate! ¡Que te calles!

• FUTURO

Verbos regulares

El futuro se construye añadiendo las terminaciones al infinitivo.

(Yo)	(hablar)	-é
(Tú)		-ás
(Él/ella/usted)		-á
(Nosotros/nosotras)	(comer)	-emos
(Vosotros/vosotras)		-éis
(Ellos/ellas/ustedes)	(vivir)	-án

Verbos irregulares

Las terminaciones se añaden a la raíz irregular.

Verbos irregulares más frecuentes:

venir	-	vendré	haber	-	habré
tener	-	tendré	caber	-	cabré
salir	-	saldré	decir	-	diré
poner	-	pondré	hacer	-	haré
poder	-	podré	querer	-	querré
saber	-	sabré			

Usos:

— Predecir y anunciar algo programado.

Visitaremos el museo y luego la catedral.
La contaminación crecerá en los próximos años.

— Dar referencias sobre el espacio.

Cuando llegue, verá un semáforo; pues siga todo recto.

— Expresar diferentes grados de certeza.

No sé si le dará tiempo.
Supongo que lo encontrará.

— Dar referencias temporales aproximadas.

Serán las ocho o así.

— Hablar de una acción futura sin precisar el momento: Ya + FUTURO

Ya hablaremos un día de éstos.

Referencias temporales con futuro: **el/la** (próximo/a) **semana, mes, año, lunes...** (próximo); **el/la semana/mes/domingo/año... que viene; dentro de +** (unidad de tiempo); **ya**, etc.

Estará listo la semana que viene.
Te llamaré dentro de unos días.
Ya te llamaré.

• CONDICIONAL

Verbos regulares

El condicional se forma añadiendo al infinitivo las terminaciones de imperfecto de los verbos en **-er/-ir**.

(Yo) (Tú) (Él/ella/usted) (Nosotros/nosotras) (Vosotros/vosotras) (Ellos/ellas/ustedes)	(comprar) (coger) (escribir)	-ía -ías -ía -íamos -íais -ían

Verbos irregulares

Las terminaciones se añaden a la raíz irregular.

Los verbos irregulares más frecuentes:

venir	-	vendría	querer	-	querría
tener	-	tendría	decir	-	diría
poner	-	pondría	hacer	-	haría
poder	-	podría	haber	-	habría
saber	-	sabría	caber	-	cabría
salir	-	saldría			

Usos:

— Dar consejos: con verbos como **deber**, **tener que**, **ser mejor que**.

Deberías utilizar menos el coche.
Sería mejor que no lo hicieras.

— Formular hipótesis poco probables.

Si terminara el trabajo a tiempo, lo entregaríamos el lunes.
Si tuviera bastante dinero, haría un viaje por América.

— Matizar una opinión señalando que es subjetiva.

Yo que tú, no lo haría.

— Expresar deseo: con expresiones y verbos como **gustar**, **hacer ilusión**, **apetecer**, **querer**.

Me gustaría mucho ver esa película.

— Expresar necesidad retrasando la realización de la acción, bien porque no es urgente o bien porque es desagradable/difícil/incómodo, etc.

Es muy tarde, tendríamos que volver; pero, bueno...
Habría que avisar a la familia.

— Solicitar un favor o un servicio de manera formal: con verbos y expresiones como **ser tan amable de**, **importar**, **poder**, **querer**.

¿Sería tan amable de cerrar la puerta, por favor?

• PRESENTE DE SUBJUNTIVO

Verbos regulares

El presente de subjuntivo se forma añadiendo a la raíz las terminaciones, en las que se invierten las vocales características de cada grupo en indicativo.

	llamar	beber	escribir
(Yo)	llam**e**	beb**a**	escrib**a**
(Tú)	llames	bebas	escribas
(Él/ella/usted)	llame	beba	escriba
(Nosotros/nosotras)	llamemos	bebamos	escribamos
(Vosotros/vosotras)	llaméis	bebáis	escribáis
(Ellos/ellas/ustedes)	llamen	beban	escriban

Verbos irregulares

El presente de subjuntivo de los verbos irregulares en la primera persona del presente de indicativo se construye a partir de esta forma.

— Los verbos que presentan alternancia vocálica en el presente de indicativo tienen la misma irregularidad en el subjuntivo.

	Indicativo	Subjuntivo
poner	pongo	ponga pongas ponga pongamos pongáis pongan

	Indicativo	Subjuntivo
volver	vuelvo	vuelva vuelvas vuelva volvamos volváis vuelvan

	Indicativo	Subjuntivo
traducir	traduzco	traduzca traduzcas traduzca traduzcamos traduzcáis traduzcan

	Indicativo	Subjuntivo
caber	quepo	quepa quepas quepa quepamos quepáis quepan

— Verbos en **e...ir** y **o...ir**.

La primera y segunda personas del plural presentan un cierre de la vocal en **i** y en **u**.

	Indicativo	Subjuntivo
seguir	sigo	siga sigas siga s**i**gamos s**i**gáis sigan

	Indicativo	Subjuntivo
dormir	duermo	duerma duermas duerma d**u**rmamos d**u**rmáis duerman

— El verbo **saber**.

sepa sepas sepa sepamos sepáis sepan

Usos:

— Hablar del futuro: Cuando + SUBJUNTIVO

Cuando llegues, llámame.

— Expresar deseo o esperanza.

¡Ójala llueva!
Espero que venga.

— Expresar voluntad.

Quiero que me lo compres.

— Expresar posibilidad o hacer hipótesis.

Tal vez estén en casa.
Puede que esté enfermo.

— Destacar una posibilidad.

No creo que esté enfermo.
Espero que no esté agotado.

— Dar una alternativa a una posibilidad.

A no ser que esté entre las novedades.

— En la petición de permiso.

¿Le molesta que fume?

— Expresar una opinión: Ser + ADJETIVO + que...

Es fundamental que lo sepa.

— Hablar de la finalidad.

Te lo he traído para que lo veas.

• IMPERFECTO DE SUBJUNTIVO

Verbos regulares

Se forma a partir de la tercera persona del plural del pretérito indefinido, sustituyendo la terminación **-ron** por las mismas terminaciones para las tres conjugaciones:

(Yo)	-ra/-se
(Tú)	-ras/-ses
(Él/ella/usted)	-ra/-se
(Nosotros/nosotras)	-ramos/-semos
(Vosotros/vosotras)	-rais/-seis
(Ellos/ellas/ustedes)	-ran/-sen

Ejemplos: **hablara/hablase**
comiera/comiese
escribiera /escribiese

Verbos irregulares

Son irregulares aquellos verbos que lo son en la tercera persona del plural del pretérito indefinido.

Algunos verbos irregulares:

ser - ir	fuera/fuese	querer	quisiera/quisiese
tener	tuviera/tuviese	venir	viniera/viniese
estar	estuviera/estuviese	decir	dijera/dijese
poder	pudiera/pudiese	traer	trajera/trajese
poner	pusiera/pusiese	dormir	durmiera/durmiese
saber	supiera/supiese	pedir	pidiera/pidiese
andar	anduviera/anduviese	leer	leyera/leyese
hacer	hiciera/hiciese	dar	diera/diese

Usos:

— Hablar de hipótesis no realizables en el presente.

Si creciera la contaminación en las ciudades, no se podría respirar.
En caso de que vinieras, llámame.

— Para expresar deseos de que otro sujeto realice una acción.

Me gustaría que vinieras conmigo de vacaciones.

— Para pedir un objeto o un servicio.

Quisiera una habitación doble (= quería/querría).
Quisiera llamar por teléfono.

El uso del pretérito imperfecto o del condicional se produce en situaciones más formales.

• Contraste **presente de subjuntivo / imperfecto de subjuntivo**

Los tiempos de subjuntivo suelen encontrarse en oraciones subordinadas.

Con verbos y expresiones que indican deseos, duda, sentimientos/opiniones: cuando el verbo principal está en presente de indicativo (1), el verbo de la subordinada (2) está en presente de subjuntivo.

Me apetece que venga.
Le molesta mucho que fumes.

Si el verbo principal está en un tiempo del pasado o en condicional (1), la acción de la subordinada se expresa en imperfecto de subjuntivo (2).

Me apetecía que viniera.
Me apetecería que viniera.
Le molestaba mucho que fumases.
Le molestó mucho que fumases.

2 PERÍFRASIS VERBALES

— Para expresar futuro y/o propósitos: Ir a + INFINITIVO

Voy a estudiar español este verano.

— Para expresar intenciones y propósitos: Pensar + INFINITIVO

Pienso comprarme un buen diccionario.

— Para expresar voluntad e intenciones: Querer + INFINITIVO

Quiero aprender inglés este verano.

— Para expresar intenciones y propósitos: Tener intención de + INFINITIVO

Tengo intención de aprender inglés este verano.

Para expresar necesidad: Tener que + INFINITIVO

Tienes que llegar hasta la plaza y luego torcer a la derecha.

— En condicional, se atenúa la idea de necesidad; lo expresado aparece como conveniencia o consejo.

Tendría que ir al médico esta semana.
Tendrías que hablar con tu hermano, a ver qué le pasa.

— Los pronombres C.D. y C.I. pueden aparecer antes del verbo **tener** o después del infinitivo.

Tengo que leerlo esta semana.
Lo tengo que leer esta semana.

— Para expresar la conveniencia de realizar una acción: Deber + INFINITIVO

Se diferencia de **tener que** en que la idea de necesidad está determinada por la subjetividad del locutor.

Debes leerlo, es un libro muy interesante.

— De la misma manera que en el caso anterior, la idea de conveniencia queda atenuada en el uso en condicional.

Deberías hablar con tu hermano, a ver qué le pasa.
No deberías comer tanto.

— Los pronombres C.D. y C.I. pueden aparecer antes del verbo **deber** o después del infinitivo.

Deberías leerlo.
Lo deberías leer.

— Para hablar del inicio de una acción: Empezar / Comenzar a + INFINITIVO

Empecé a estudiar español hace dos años.
Ha comenzado a ir a un gimnasio.

— Para hablar del final de una acción: Acabar / Terminar de + INFINITIVO

¿Ya has terminado de comer?

— **Acabar de** posee además otro uso: indica que la acción expresada en infinitivo es inmediatamente anterior al momento en que se habla.

¿Andrés? Pues acaba de salir ahora mismo...

— Para hablar de la interrupción de una acción: Dejar de + INFINITIVO

Ha dejado de llover.
He dejado de jugar al tenis porque me duele una rodilla.

— La misma significación se expresa con el uso del adverbio **ya**.

Ya no llueve.
Ya no juego al tenis.

— Para hablar de la repetición de una acción: Volver a + INFINITIVO

¿No ha vuelto a llamarte?
No, no he vuelto a saber nada de él.
El año pasado dejé de fumar, pero he vuelto a empezar.

— Para hablar del carácter habitual de una acción: Soler + INFINITIVO

Suelo levantarme a las ocho.
Solíamos ir de excursión los fines de semana.

— Para hablar de una acción inminente que no se ha producido: Estar a punto de + INFINITIVO

He estado a punto de llamarte esta tarde y, mira, ahora nos encontramos.

— Para hablar de la posibilidad de realizar una acción: Estar a tiempo de + INFINITIVO

Estamos a tiempo de salvar el medio ambiente.

— Para referir una acción en el proceso de su realización: Estar + GERUNDIO

Estamos arreglando la casa.

— Para hablar de la continuidad de una acción: Seguir / Continuar + GERUNDIO

Sigo trabajando en la Universidad.
¿Sigues aprendiendo español?

— El adverbio **todavía** puede equivaler al uso de esta perífrasis.

¿Todavía sales con Javier?
¿Sigues saliendo con Javier?

— Para hablar de la duración de una acción: Llevar + GERUNDIO

Se puede construir:

Llevar + cantidad de tiempo/**desde** + fecha + GERUNDIO

Llevar + GERUNDIO + cantidad de tiempo/**desde** + fecha

Llevo cinco años viviendo en Madrid.
Llevamos pasando las vacaciones en Cádiz desde 1989.

3 SER Y ESTAR

Ser

1. Identidad.
   ¿Quién es el director?
2. Origen y nacionalidad.
   Es polaco, creo que es de Cracovia.
3. Profesión.
   Son músicos.
4. Descripción de personas, objetos y lugares.
   Es bastante alto y rubio.
   Tu ordenador es compatible, ¿verdad?
   Es un teatro muy antiguo.
5. Valoración de las cualidades de personas, objetos y lugares.
   Tus hermanos son simpatiquísimos.
   Esta película es estupenda.
   Es un teatro precioso.
6. Valoración de actividades y períodos de tiempo.
   Ha sido un concierto precioso.
   Han sido unas vacaciones estupendas.
7. La materia.
   Este pastel es de almendras, ¿no?
8. Localización en el tiempo.
   El concierto es el lunes por la noche.
9. Localización en el espacio.
   El concierto es en el teatro Calderón.
10. Posesión.
    Ese abrigo es de María Luisa.
11. La hora.
    El concierto es a las ocho.
12. Explicar un contenido.
    La película es de indios y vaqueros.
13. Expresar opiniones subjetivas.
    Es absurdo que se ponga así.

Estar

1. Localización en el espacio.
   El teatro está en la plaza Mayor.
2. Estados físicos o anímicos de personas.
   Estoy bastante deprimido.
   Ana está con gripe.

3. Circunstancias o estados de objetos y lugares.

   La farmacia está cerrada, no he podido comprar las aspirinas.

4. Descripción de situaciones: **estar** + GERUNDIO

   ¿No sales? No, está lloviendo.

5. Encontrarse en un lugar.

   ¿Está Julio? No, ha salido. ¿Quieres que le diga algo?

Ser/estar

1. Describir personas y objetos de manera objetiva: **ser**.

   La fruta es carísima.
   María es muy delgada.

   Opinar sobre objetos y personas: **estar**.

   La fruta está carísima.
   María está muy delgada.

   En la descripción, el uso de **ser** + ADJETIVO presenta características inherentes al sujeto, sentidas por el hablante como permanentes. Por el contrario, **estar** + ADJETIVO presenta una característica que el hablante siente como temporal o relativa.

   Algunos adjetivos que indican estados físicos o anímicos pasajeros se usan normalmente sólo con **estar**: *contento, embarazada, triste, indignado, harto, acatarrado*, etc.

2. Valorar una actividad o período de tiempo de manera objetiva: **ser**.

   ¿Qué tal el concierto? Ha sido muy bueno.
   Las vacaciones han sido estupendas.

   Opinar sobre una actividad o período de tiempo: **estar**.

   ¿Qué tal ha estado el concierto? Fenomenal.
   ¿Qué tal las vacaciones? Pues no han estado mal.

PREPOSICIONES

- **Por**

1. Movimiento en el espacio: **a través de**.

   Vamos a dar un paseo por el parque.

2. Canal físico.

   ¿Te lo mando por correo o por fax?
   Llámala por teléfono.

3. Localización aproximada en el espacio: **cerca de**.

   Esa calle está por la plaza Mayor.

4. Localización y frecuencia en el tiempo.
   - Fecha aproximada.
     Suele venir por el mes de mayo o así.
   - Durante, en.
     Trabajo sólo por las mañanas.
   - Provisionalidad.
     Por ahora no voy a comprar más.
     Por lo que parece, no ha llegado todavía.
   - Frecuencia: al/a la.
     Voy a la piscina tres veces por semana (a la semana).
5. Causa.

   Me he quedado por los niños.
   Eso te pasa por hacerle caso.
6. Finalidad que provoca la acción.

   Siempre ha luchado por los derechos humanos.
7. Complemento agente en oraciones pasivas.

   Fue destruido por los misiles.
8. Justificación: **por si, por eso.**

   Por si no lo sabes, ponen una película de Bergman.
   Te lo digo por si te interesa.
   Por eso te lo digo.

• **Para**

1. Movimiento en el espacio: destino.

   ¿Está Alberto? No, ha salido ya para la Facultad.

   Contraste **para/a/hacia/hasta.**

   Salió para la Facultad (movimiento y punto de destino).
   Se ha ido a la Facultad (dirección).
   Este autobús llega hasta la Facultad (término del movimiento).
2. Localización temporal.

   El trabajo estará listo para junio.
3. Finalidad.

   Dale el libro para que lo vea.
   Te espero para celebrar mi cumpleaños.
4. Destinatario.

   Toma, esto es para ti.
5. Matizar, relativizar una opinión.

   Para ser tan pequeño, es muy listo.
   Para mí, la película es demasiado lenta.

• **Durante**

1. Para expresar la duración de una actividad.

   Ha llovido durante toda la semana.
   Tome estas pastillas durante un mes.

2. Situar temporalmente una acción.

   Te llamó durante las vacaciones.

• **Desde**

1. Indica punto de partida/origen espacial o temporal.

   Te ha llamado desde una cabina.
   Tengo gripe desde hace una semana.
   Desde esta mañana es el nuevo director.
   Desde aquí se ve todo el valle.

2. Cuando el punto de origen es una acción (verbo conjugado), se utiliza **desde que**.

   Desde que llegamos, no ha dejado de llover.

• **Hasta**

1. Término de un movimiento espacial o temporal.

   Han llegado hasta Santiago de Compostela.
   Me he quedado leyendo hasta las dos de la mañana.

2. Cuando el término es una acción (verbo conjugado), se utiliza **hasta que**.

   Quédate hasta que quieras.
   Me quedé en casa hasta que me llamó.

• **Desde ... hasta**

Para poner de relieve el recorrido espacial o temporal marcando el origen y el término:

Atravesaron todo el país, desde el norte hasta el sur.

• **A**

1. Indicar destino.

   ¿Vas a la Facultad?

2. Localizar en el espacio.

   La secretaría está a la entrada, a la derecha.

   Algunas expresiones: *al final de, al fondo, al lado de, al norte, al sur...*

3. Hablar de la distancia.

   Valladolid está a 200 km de Madrid.

4. Hablar de la hora.

   ¿A qué hora hemos quedado? A las diez, en el cine.

5. Hablar de la edad.

   A los cinco años ya sabía leer.

6. Para introducir el complemento indirecto.

   Dile a Alberto que me pase a buscar.

7. Para introducir el complemento directo de persona.

   ¿Has visto a Pilar? Te está buscando.

8. Para indicar el sujeto que experimenta una acción/sensación/opinión: [A] + [PRONOMBRE COMPLEMENTO] (formas tónicas) (con verbos como *gustar, parecer, encantar...*).

   A ti te encantan las películas de terror, ¿no?

9. Para hablar del precio.

   La merluza está a 1.600 pesetas el kilo.

10. Modo de hacer algo.

    Está hecho a mano.
    Es pintura al óleo.

- **En**

1. Localizar en el espacio.

   Vivo en Estocolmo.
   El periódico está en el cuarto de estar.

2. Hablar de medios de transporte.

   Voy a ir a París en tren; en avión sale muy caro.

3. Para expresar movimiento hacia el interior de un lugar.

   ¿Y las llaves? Las he metido en el cajón.

4. Localizar en el tiempo.

   En enero ha hecho mucho frío.
   Nació en 1962.

5. Duración de un plazo de tiempo.

   Yo creo que recibiremos el libro en una semana.

6. Hablar de un área de conocimiento o especialidad.

   En Medicina, los estudiantes tienen muchas prácticas.

- **De**

1. Punto de origen, procedencia, nacionalidad.

   Soy de Madrid.
   Vengo de Santander.
   Soy suizo, de Zúrich.

2. Materia, contenido, argumento.

   El traje es de lana.
   Para cenar hay sopa de verduras.
   ¿Te gustan las novelas de amor?
   Vamos a hablar de la reunión de mañana.

3. Para hablar de la posesión o del autor.

   ¿De quién es este bolso?
   «Entre visillos» es de Carmen Martín Gaite.

4. Para especificar precio, edad, dimensión, tipo.

   Es un coche de un millón de pesetas.
   Sale con un chico de 30 años.
   Es una casa de dos pisos.
   ¿Me dejas tu bolsa de viaje?

5. Para introducir el segundo término de la comparación.

   Es más larga de lo que pensaba.

- **Con**

1. Para expresar compañía.

   Voy a ir al cine con Mónica.

2. Para indicar el instrumento o modo.

   Escribo siempre con pluma.

3. Indicar la materia o el contenido.

   El mueble está hecho con maderas y hierro.

• **Sin**

Para señalar la ausencia de un elemento.

Se ha quedado sin amigos.
Se ha ido sin comer.

• **Entre**

Situar en el espacio y en el tiempo con respecto a dos referencias.

Esa tienda está entre el Ayuntamiento y el banco.
No vengas entre las cinco y las ocho porque tengo trabajo.

• **Sobre**

1. Situar en el espacio: **encima de**.

   Te he puesto el abrigo encima de la cama.

2. Indicar un tema o un argumento.

   Tenemos que hablar sobre la reunión de ayer.

3. Indicar aproximadamente.

   Llegará sobre las ocho.

EXPRESIÓN DE LA CONDICIÓN

1. Condiciones posibles en el presente o en el futuro.

   Oración condicional: [Si] + [PRESENTE DE INDICATIVO]

   Oración principal: PRESENTE DE INDICATIVO/IMPERATIVO/FUTURO.

   Si no tienes tiempo, nos llamamos otro día.
   llámame otro día.
   ya te llamaré otro día.

   Con la expresión **en caso de que** encontramos el presente de subjuntivo en la oración condicional.

   En caso de que no tengas tiempo, llámame.

2. Condiciones irreales o imposibles en el presente o en el futuro.

   Oración condicional: [Si / En caso de que] + [IMPERFECTO DE SUBJUNTIVO]

   Oración principal: CONDICIONAL SIMPLE/IMPERATIVO/PRESENTE DE INDICATIVO.

   Si no recibieras el paquete, me llamarías, ¿no?
   me llamas, ¿no?
   llámame.

1 SUPERIORIDAD - INFERIORIDAD

Más / Menos + ADJETIVO/ADVERBIO/SUSTANTIVO + que...

El zoo está más lejos que el parque.
Tu hermana es más alta que tú.
Tiene muchos más libros que yo.

Más / Menos de + EXPRESIÓN DE CANTIDAD

Si tienes más de 65 años, pagas menos de 500 pesetas.

Comparativos irregulares:

bueno/ bien	mejor
malo/mal	peor
grande (edad)	mayor
pequeño (edad)	menor
grande (tamaño)	mayor/más grande
pequeño (tamaño)	menor/más pequeño

2 IGUALDAD

Tan + ADJETIVO/ADVERBIO + como...

El zoo está tan lejos como el parque.

Igual de + ADJETIVO/ADVERBIO + que...

El concierto es igual de caro que el cine.

Lo mismo que...

El teatro dura lo mismo que el concierto.

Tanto-a-os-as + SUSTANTIVO + como...

Tiene tantos problemas como tú.

VERBO + tanto como...

Trabaja tanto como tú.

3 SUPERLATIVOS

Absoluto

Se añade la terminación **-ísimo/-a/-os/-as** al adjetivo. Si el adjetivo termina en vocal, ésta desaparece.

caro	carísimo
fácil	facilísimo

Observaciones:

— Esta forma se percibe como más enfática que la construcción **Muy** + ADJETIVO.

Es muy caro. / Es carísimo.

— Algunos superlativos irregulares:

amable	amabilísimo
fuerte	fortísimo
antiguo	antiquísimo
célebre	celebérrimo

En estos casos suele preferirse la forma **Muy** + ADJETIVO.

— Algunos adjetivos con valor de superlativo:

genial fenomenal precioso ideal fantástico	= muy bueno/bonito

horrible nefasto espantoso horroroso	= muy malo/feo

Relativo

La característica destacada se compara con otros elementos.

el la los + las lo	∅ / SUSTANTIVO +	más + menos	adjetivo +	que (+ frase) de (+ nombre)

Es la película más divertida que he visto.
Es la más aburrida de todas sus novelas.
Es lo mejor que he visto en mi vida.

CONSTRUCCIONES CON «LO»

Lo es un artículo determinado neutro, invariable, que nominaliza el término al que acompaña.

Usos:

1. Para hacer valoraciones o expresar puntos de vista sobre objetos y conceptos. Uso en construcciones comparativas y valor superlativo:

   lo + [más/menos] ADJETIVO + [que] (+ frase)

   Hablar es lo más difícil.
   Es lo mejor que he visto.
   Me ha gustado más de lo que esperaba.

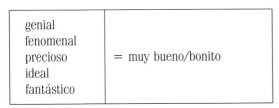

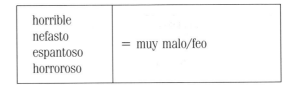

2. Para referirse a algo sin nombrarlo, bien porque el interlocutor ya posee la información y no considera necesario repetirla o bien porque no encuentra las palabras adecuadas: lo de + NOMBRE.

¿Cómo hemos quedado para lo del regalo?
¿Qué hacemos con lo de Juan?

3. Para referirnos a una información que acabamos de dar: **lo cual.**

Me dejé las llaves, con lo cual tuve que volver a la oficina a buscarlas.

ORACIONES IMPERSONALES

El hablante da a su afirmación un carácter general que no excluye a ningún sujeto.

Se + TERCERA PERSONA DE SINGULAR

En el campo se vive muy bien.

Observaciones:

— Cuando en estas construcciones aparecen verbos transitivos seguidos de un sustantivo, suele haber concordancia y en ese caso puede aparecer el verbo en tercera persona del plural.

En vacaciones se venden muchas novelas.

— Se puede expresar la impersonalidad con expresiones como **la mayoría, todo el mundo, la gente** + tercera persona del singular del verbo. En este caso, el hablante se excluye del sujeto universal.

— Se tiene otros valores en español además de ser marca de sujeto impersonal:

a) Pronombre de tercera persona en verbos pronominales.

¿Qué tal se encuentra tu madre?
Tus hermanos se parecen mucho.

b) Pronombre C.I. de tercera persona del singular y del plural, cuando aparece junto a un C.D. de tercera persona.

¿Le doy el libro? Ya se lo doy yo.

EXCLAMACIÓN

Las exclamaciones sirven para valorar positiva o negativamente algo o a alguien, expresar sorpresa, admiración, desagrado o contrariedad.

¡Qué + ADJETIVO/ADVERBIO/SUSTANTIVO (+VERBO)!

¡Qué calor!
¡Qué lejos está!
¡Qué guapo es!

¡Cómo + VERBO!

¡Cómo llueve!

¡Vaya + SUSTANTIVO!

¡Vaya rollo!

YA / TODAVÍA

Ya: para indicar que una acción se ha realizado antes del momento en que nos referimos a ella.

Ya he leído esa novela.

Para posponer una acción a un momento indeterminado del futuro.

Ya te llamaré.

Ya no: para indicar la interrupción de una actividad.

Ya no fumo.

Todavía: para señalar la continuación de una actividad o situación que se espera que cambie.

Todavía juega al tenis los fines de semana.

Todavía no: para indicar que una acción no se ha realizado antes del momento en que nos referimos a ella.

Todavía no he empezado a leer esa novela.

EXPRESIÓN DE LA FRECUENCIA

Para indicar la frecuencia con que se realiza una acción, podemos utilizar las siguientes expresiones:

+	siempre
	casi siempre
	normalmente/generalmente
	a menudo
	a veces
	casi nunca (no ... casi nunca)
–	nunca (no ... nunca)

todos los todas las	días/lunes/martes... meses años semanas	=	cada	día/lunes... mes año semana

una vez dos/tres... veces	al/por día/mes/año a la/por semana
(una vez/dos veces...)	cada dos/tres... días/semanas/meses/años

Voy a la piscina todos los días.
Como pescado tres veces por semana.

SUGERENCIAS

Para sugerir al interlocutor la realización de una actividad.

— Poder + INFINITIVO: en imperfecto o condicional se acentúa el carácter de propuesta subjetiva del hablante.

A Eduardo podemos regalarle una agenda.
A Eduardo podíamos/podríamos regalarle una agenda.

— ¿Y si...?: en imperfecto de subjuntivo se acentúa el carácter de propuesta subjetiva del hablante.

¿Y si le regalamos un disco?
¿Y si le regaláramos un disco?

— ¿Por qué no...?

¿Por qué no le regalamos un libro?

INDEFINIDOS

1. Para hablar de cosas o personas de identidad indefinida.

Personas	alguien	nadie
Cosas	algo	nada

Cuando las formas negativas **nada** y **nadie** aparecen detrás del verbo, éste va precedido de **no**.

¿Me ha llamado alguien?
No, no te ha llamado nadie.

2. Para referirse a cosas o personas de un conjunto que han sido mencionadas con anterioridad o que el contexto especifica.

Personas y cosas	alguno-a-os-as	ninguno-a

Cuando las formas negativas **ninguno-a** aparecen detrás del verbo, éste va precedido de **no**.

Alguno y **ninguno** pierden la vocal final cuando acompañan a un sustantivo.

¿Tienes algún libro de Sánchez Ferlosio?
No, no tengo ninguno.

3. Para referirse a una persona o cosa prescindiendo de su identidad.

Cualquiera / Cualquier + SUSTANTIVO

Déjame un bolígrafo, por favor
¿Rojo o azul?
Da igual, cualquiera.
Ese libro lo encuentras en cualquier librería.

4. Para referirse a la totalidad de una realidad fraccionable o de un conjunto de cosas o personas.

Todo-a-os-as

Ha estado todo el día lloviendo.
Todos los candidatos tienen un buen currículum.

Para referirse a una parte próxima a la totalidad.

La mayoría / La mayor parte de + SUSTANTIVO: cuando se trata de un sustantivo contable plural, el verbo puede aparecer en tercera persona del singular o del plural.

La mayoría de los candidatos sabe inglés.
La mayor parte de los bosques están destruidos.

5. Para destacar un elemento dentro de un conjunto.

El único/la única/los únicos/las únicas

El único deporte que me gusta es la natación.

6. Para referirse a un número concreto de elementos.

Los/las + NÚMERO

¿Cuál te gusta más, el jersey rojo o el negro?
Los dos son muy bonitos.

Cuando se trata de un grupo de dos elementos puede utilizarse la forma **ambos/as**, que nunca va precedida de artículo.

Ambos son muy bonitos.

EXPRESIÓN DE LA CAUSA

Porque

¿Por qué se ha ido tan pronto?
Porque la estaban esperando.

Es que: introduce una explicación como justificación o pretexto.

¿Por qué se ha ido tan pronto?
Es que la estaban esperando.

Como/ya que/puesto que: explican las circunstancias en que se produce la acción de que se informa. **Como** sólo puede aparecer al comienzo de la frase y aporta información nueva al interlocutor. **Ya que** y **puesto que** informan de una causa que el interlocutor ya conoce o que viene dada por el contexto.

Como me quedé sin dinero, tuve que hacer autoestop.
Coge otro bombón, ya que te gustan tanto.
Vámonos a cenar, puesto que no queréis ir al cine.

EXPRESIÓN DE LA CONSECUENCIA

Así [es] que

Tengo un montón de trabajo, así que no voy a salir esta noche.

Por tanto

El director sigue enfermo; por tanto, la reunión se aplaza a la semana que viene.

Con lo cual

Ha perdido las llaves de la casa, con lo cual he tenido que cambiar la cerradura.

De modo que/total que: la consecuencia tiene valor de conclusión.

La grúa se llevó el coche, de modo que tuve que coger un taxi.

SECUENCIACIÓN DE UN RELATO

Resulta que: inicia el relato o la explicación.

Además/entonces/luego/encima: se añade información en diferentes etapas.

Total que/al final: se cierra el relato con una conclusión.

Resulta que fui al banco a sacar dinero y había mucha cola; además no tenían línea en el ordenador; así es que me fui al cajero automático, y el caso es que, al teclear el número, no aceptó la operación y encima no me devolvió la tarjeta. Total, que tuve que volver al banco.

DIFERENTES GRADOS DE SEGURIDAD SOBRE UNA HIPÓTESIS

Creo que
Seguro que
Seguramente
Supongo que
No sé si

\+ FUTURO IMPERFECTO/PRESENTE DE INDICATIVO

No creo que + PRESENTE DE SUBJUNTIVO

Seguramente te volverá a llamar.
No creo que me vuelva a llamar.

RELACIÓN DE ACONTECIMIENTOS EN EL TIEMPO

Cuando: indica la simultaneidad o contigüidad de dos acontecimientos.

— Referidos al pasado.

Cuando éramos pequeños, íbamos al parque.
Cuando me presentaron a Rocío, me pareció muy simpática.
Cuando llegué, ya había salido.

— Referidos al futuro: Cuando + PRESENTE DE SUBJUNTIVO

Cuando tengas un momento, ven a mi despacho.

En cuanto: indica la contigüidad de dos acontecimientos.

— Referidos al pasado.

En cuanto salí, me fui para casa.

— Referidos al futuro: En cuanto + PRESENTE DE SUBJUNTIVO

En cuanto tengas las fotos, déjamelas ver.

Nada más + INFINITIVO: indica la contigüidad inmediata de dos acontecimientos.

Nada más irte, te llamó por teléfono.

Mientras: indica la simultaneidad de dos acontecimientos.

— Referidos al pasado.

Mientras esperábamos a nuestros amigos, tomábamos algo en la cafetería.
Mientras hacía cola para comprar las entradas, perdí la cartera.

— Referidos al futuro: Mientras + PRESENTE DE SUBJUNTIVO

Mientras tenga tiempo, seguiré estudiando idiomas.

Después de + INFINITIVO: indica la posterioridad de un acontecimiento.

Paso a buscarte después de cenar.

Desde que/Desde hace/Hace ... que: para medir la distancia temporal desde un suceso.

— Si el punto de referencia es una acción expresada en una forma conjugada del verbo, se utiliza desde que.

Desde que se casó, ha cambiado muchísimo.

— El valor de desde hace y hace ... que es semejante al de la perífrasis verbal llevar + GERUNDIO

Vivo en Madrid desde hace cuatro años.
Hace cuatro años que vivo en Madrid.
Llevo cuatro años viviendo en Madrid.

REPRODUCCIÓN DE LAS PALABRAS DE OTRA PERSONA

1. Dejar recados para otra persona.

a) Solicitar la transmisión de una información.

Imperativo de decir/poder decir + que + FUTURO IMPERFECTO / PRESENTE DE INDICATIVO / PRETÉRITO PERFECTO

¿Puede decirle que le ha llamado el señor Llanos?
¿No está? Pues nada, dile que le llamaré esta noche.
Dígale, por favor, que estoy en Madrid y quiero verlo.

b) Solicitar la transmisión de una petición o sugerencia.

Imperativo de decir + que + PRESENTE DE SUBJUNTIVO

Dile que me pase a buscar a las once.
Dígale que me llame esta noche.

2. Transmitir información y mensajes a otra persona.

Pretérito perfecto de decir + que + PRESENTE / PRETÉRITO PERFECTO / PRETÉRITO INDEFINIDO / FUTURO IMPERFECTO

— Referidos al presente.

Te ha llamado Juan; ha dicho que ya tiene las entradas.

— Referidos al pasado.

Te llamó Luisa; ha dicho que ya ha grabado los discos y que cuándo te los devuelve.

— Referidos al futuro.

Ha dicho que te llamará esta noche.

Observación: frecuentemente el verbo decir se elide al informar de las palabras de una tercera persona:

Te ha llamado Luis; que pases por su oficina esta tarde.
Te llamó Rocío; que Manuel tiene las entradas para el concierto.

EXPRESIÓN DE NECESIDAD

1. Para expresar necesidad con carácter impersonal.

   Hay que + INFINITIVO

   Hay que comprar leche porque se ha acabado.

   Se necesita / Es necesario + SUSTANTIVO/INFINITIVO

   Para este trabajo se necesita una buena información.

   Hace falta + SUSTANTIVO/INFINITIVO

   No voy a contestar al anuncio porque hacen falta cuatro años de experiencia.

2. Para expresar necesidad de forma personal.

   Necesitar + SUSTANTIVO/INFINITIVO

   Necesitas saber inglés y francés.

   Tener que + INFINITIVO (con valor de obligación).

   Tengo que ir a ver a mi madre.

3. Para indicar las necesidades mínimas.

   Bastar con + SUSTANTIVO/INFINITIVO

   Para este trabajo basta con saber un poco de informática.

4. Para hablar de la conveniencia de hacer algo: condicional de tener que + INFINITIVO y condicional de deber + INFINITIVO

   Tendríamos que avisar a su familia.
   Debería contarle la verdad.

EXPRESIÓN DE DESEO O ESPERANZA

A ver si + PRESENTE DE INDICATIVO

¡A ver si quedamos un día a cenar, que tengo muchas ganas de hablar contigo!

Ojalá / Que + PRESENTE DE SUBJUNTIVO

¡Ojalá haga bueno este fin de semana!
Oye, que tengas mucha suerte en el examen.

Querer / Esperar / Me gustaría + INFINITIVO : cuando el sujeto de los dos verbos es el mismo.

Quiero terminar el trabajo antes de irme.
Espero recibir pronto noticias suyas.
Me gustaría quedarme en casa todo el fin de semana y no hacer nada.

En la formulación de deseos y peticiones, el verbo **querer** aparece también en imperfecto de indicativo y condicional: se produce una distanciación del hablante con respecto a la realización del deseo.

Querría reservar una habitación para el fin de semana, ¿es posible?
Quería terminar el trabajo antes de irme.

Querer / Esperar que + PRESENTE DE SUBJUNTIVO
Me gustaría que + IMPERFECTO DE SUBJUNTIVO

Cuando se expresa el deseo de que otra persona realice una acción.

Quiero que vengas a verme un día.
Espero que puedas venir a la fiesta.
Me gustaría que vinieras a la fiesta.

FORMULACIÓN DE HIPÓTESIS

A lo mejor / Lo mismo / Igual / A ver si + PRESENTE DE INDICATIVO

¿Pero no ha llegado todavía? A lo mejor se ha quedado dormido.
A ver si está enfermo...

Quizá(s) / Tal vez + PRESENTE DE INDICATIVO (posibilidad más segura)
PRESENTE DE SUBJUNTIVO (posibilidad más incierta)

Puede que / Es posible que + PRESENTE DE SUBJUNTIVO

¿Has visto a Pepe? No, pero puede que esté en la cafetería.

SOLICITUD DE UN SERVICIO

¿Te/os/le/les importaría/molestaría + INFINITIVO?
¿Podría(s) + INFINITIVO?

¿Le importaría bajar el volumen, por favor?
¿Te molestaría ir a buscar un paquete a Correos?
¿Podría despertarme a las ocho de la mañana?

¿Sería tan amable de / Querría + INFINITIVO?: en situaciones formales.

¿Sería tan amable de decirme qué hora es?
¿Querría cerrar la puerta, por favor?

PETICIÓN DE PERMISO

¿Podría/Puedo + INFINITIVO?

¿Puedo coger su periódico un momento, por favor?
¿Podría dejarme pasar, por favor?

¿Te/os/le/les importa/molesta que + PRESENTE DE SUBJUNTIVO?

¿Te molesta que fume? Pues sí.
¿Le importa que cierre la venta? No, en absoluto.

¿Me permite(s)/deja(s) + INFINITIVO/PRESENTE DE SUBJUNTIVO?

¿Me permite sentarme?
¿Me dejas que invite a mis amigos el fin de semana?

Observación: las formas en condicional y el verbo **permitir** se reservan para situaciones más formales.

FORMULACIÓN DE UNA INVITACIÓN

¿Te/le/os apetece + INFINITIVO/que + PRESENTE DE SUBJUNTIVO?

¿Os apetece venir a cenar mañana?
¿Te apetece que vayamos al cine?

¿Te/le/os gustaría + INFINITIVO/que + IMPERFECTO DE SUBJUNTIVO?

¿Le gustaría visitar el museo?
¿Os gustaría que fuésemos a la montaña el fin de semana?

— Para aceptar una invitación podemos utilizar las expresiones: Me encantaría, Me apetece mucho, Me gustaría mucho.

— Para rechazar una invitación: Lo siento, pero (+ explicación).

— Ofrecer una alternativa a la propuesta: Yo preferiría...

GLOSARIO

Nota: Los sustantivos masculinos se indican con (**m**) y los femeninos con (**f**). El símbolo (**col**) significa que la palabra se utiliza en español coloquial, y (**amer**) indica que es una palabra que se utiliza en Hispanoamérica pero no en España.

LECCIÓN 1

alojarse: residir.
costera: de la costa.
disfrutar: apreciar lo bueno de algo y gozar de ello.
elegir: escoger, seleccionar.
pasárselo bien: divertirse, disfrutar.
personal (m) (col): gente que forma parte de un grupo.

LECCIÓN 2

abrocharse: cerrar o ajustar mediante broches.
adelantar: pasar delante de otro.
cajero automático (m): máquina que permite realizar operaciones bancarias, especialmente depositar y retirar dinero.
césped (m): hierba menuda y abundante que cubre el suelo.
consigna (f): lugar en que se pueden dejar temporalmente bultos o equipajes.
descolgar: coger el auricular del teléfono.
horrorizar: espantar, causar horror.
importar: molestar.
introducir: meter.
recibo (m): documento en que se declara haber recibido dinero u otra cosa.
retirar: sacar.
suscribirse: inscribirse y pagar una cantidad de dinero para recibir periódicamente una publicación.
soportar: aguantar.
tecla (f): pieza móvil de algunos aparatos que permite escribir una letra o un signo.
teclear: pulsar las teclas.

LECCIÓN 3

abierto: sincero, sencillo y dispuesto a comunicarse.
adelgazar: perder peso.
ahorrar: guardar una parte del dinero de que se dispone.
atreverse a: ser capaz de hacer algo.
callado: que habla poco.
ceñido: estrecho, ajustado.
detallista: que se preocupa mucho de los detalles.
elogiar: alabar las cualidades de alguien.
evitar: apartar algo o procurar que no suceda.
maquillarse: ponerse productos cosméticos en el rostro.
materialista: que está excesivamente preocupado por los intereses materiales.
ocultar: esconder, callar intencionadamente algo.
reventar: romper.
trabajador: que trabaja mucho.
vago: que no le gusta trabajar.

LECCIÓN 4

a cobro revertido: forma de realizar una llamada telefónica en la que el importe de la misma lo paga la persona que la recibe y no quien la hace.

anuncio (m): escrito, dibujo o conjunto de signos con que se hace publicidad.
bajar: reducirse, disminuir.
concurso (m): programa en que varias personas compiten para conseguir un premio.
crecer: aumentar, incrementar.
dibujos animados (m): películas hechas con dibujos que limitan el movimiento de los seres vivos.
disminuir: reducir.
empresa (f): compañía o sociedad que se dedica a una actividad que produce beneficios económicos.
en directo: que se transmite en el mismo momento en que se realiza.
fabricar: hacer, construir.
impuesto (m): cantidad de dinero que se debe pagar obligatoriamente para contribuir a los gastos públicos.
informe (m): documento en que se expone el estado de una cuestión.
noticia (f): hecho o suceso que se da a conocer.
selva (f): terreno no cultivado y muy poblado de árboles.
sindicato (m): organismo para la defensa de los intereses económicos de los trabajadores.
subir: aumentar, incrementar.
telecomedia (f): serie televisiva de humor.
vacuna (f): medicamento que se administra a una persona o a un animal para inmunizarlos de una enfermedad.

LECCIÓN 5

adornar: decorar.
apetecer: tener ganas.
avisar: informar de algo.
brindar: expresar, al ir a beber, un deseo de felicidad para alguien.
compartir: repartir entre dos o más personas.
dar la enhorabuena: felicitar.
despistado: distraído.
encargarse de: ocuparse de.
en el fondo: en realidad.
fondo (m): dinero que tienen unas personas en común.
pegar (col): ajustar al carácter de una persona.
sospechar: presentir.
torcer: girar.
volver loco: gustar muchísimo.
zapatilla: calzado cómodo que se utiliza para hacer deporte o para estar en casa.

LECCIÓN 6

actual: de ahora.
baloncesto (m): deporte en que dos equipos, de cinco jugadores cada uno, intentan marcar el mayor número posible de puntos introduciendo el balón en la canasta del equipo contrario.
monitor de esquí (m): profesor de esquí.
natación (f): deporte que consiste en nadar y que comprende distintas modalidades.
paracaidismo (m): actividad deportiva que consiste en lanzarse con paracaídas desde un avión.
parapente (m): modalidad de paracaidismo que se practica con un paracaídas rectangular y que consiste en lanzarse desde una pendiente muy pronunciada y hacer un descenso controlado.
patinaje (m): deporte que consiste en realizar una serie de ejercicios deslizándose sobre patines.
piragüismo (m): deporte que consiste en una competición de dos o más piraguas de remo.
salir de copas: salir a tomar unas bebidas.
sonar la cara: resultar familiar o conocido.
submarinismo (m): actividad que consiste en sumergirse bajo la superficie del mar utilizando aparatos apropiados y con distintos fines, generalmente deportivos o científicos.
vela (f): deporte de competición que se practica con barcos provistos de velas.

LECCIÓN 7

abogado (m): persona licenciada en derecho que interviene en juicios y procesos legales.
arreglar: reparar, volver a poner lo que estaba roto en condiciones de ser utilizado.
carpeta (f): utensilio, normalmente de cartón, que sirve para guardar papeles.
cartera (f): especie de estuche que se emplea para llevar documentos y dinero.
contratiempo (m): suceso inoportuno que dificulta el curso normal de algo.
echar la bronca: reñir.
faena (f): disgusto, contrariedad.
localizar: averiguar el lugar en donde se encuentra una persona.
multa (f): cantidad de dinero que se debe pagar por haber infringido la ley.
pegar: golpear.
quedarse dormido: no despertarse a su hora.
recado (m): mensaje.
taller (m): lugar donde se arreglan los coches.
tocar: ganar un premio en un sorteo.
torcerse: estropearse.

LECCIÓN 8

aburrirse: sufrir un estado de ánimo producido por falta de estímulos, diversiones o distracciones.
ayudar: cooperar, prestar colaboración.
bricolaje (m): trabajo manual, no profesional, generalmente destinado al arreglo o a la decoración de una casa.
cocinar: guisar, preparar los alimentos para ser consumidos.
coser: unir telas con hilo y aguja.
charlar: conversar sin un objetivo determinado y por simple pasatiempo.
dedicarse a: tener cierta ocupación o profesión.
edad media (f): época medieval, período histórico que abarca aproximadamente desde el siglo V hasta el siglo XV.
hacer punto: tejer con lana y agujas.
juntos: en compañía el uno del otro.
obedecer: hacer alguien lo que se le manda.
parchís (m): juego que se practica entre varios jugadores sobre un tablero con cuatro o más casillas de salida, que consiste en mover unas fichas tantas casillas como indique el dado al tirarlo, y en el que gana el jugador que antes hace llegar sus cuatro fichas a la casilla central.
primo (m): el hijo de un tío o tía tuyo.
proteger: resguardar de un daño o peligro.
siglo (m): período de tiempo de cien años.

LECCIÓN 9

acceder a: tener acceso a una situación, condición o grado superiores.
aclarar: poner en claro, explicar.
conceder: dar, otorgar.
conseguir: lograr, obtener.
dejar de: abandonar una actividad.
derrocar: derribar, hacer caer.
galardón (m): premio.
golpe de Estado: toma ilegal y por la fuerza del gobierno de un país.
grave: serio.
hacer autoestop: modo de viajar que consiste en pedir transporte gratuito a los automovilistas.
hacerse: llegar a ser, convertirse en.

indicio (m): señal, pista que permite conocer algo.
licenciarse: terminar una carrera universitaria y obtener el grado que permite ejercerla.
muerte (f): final o terminación de la vida.
plata (f) (amer): dinero.
resolver: solucionar.
viudo (m): hombre cuya esposa ha muerto.

LECCIÓN 10

asesor jurídico (m): persona que aconseja sobre asuntos legales.
bastar: ser suficiente.
conocimientos (m): ideas, nociones.
convencer: persuadir.
estar dispuesto a: estar preparado o en disposición de hacer algo.
formación (f): educación o adiestramiento en una determinada materia o actividad.
hacer falta: ser necesario.
letras (f): conjunto de las ciencias humanísticas.
maître (m): jefe de un comedor o restaurante.
maletín (m): maleta pequeña que sirve para llevar papeles y documentos.
ordenanza (m): empleado de una oficina que se ocupa de hacer recados, llevar órdenes y realizar otros cometidos no especializados.
propio: que pertenece a uno mismo.
solicitar un trabajo: hacer las gestiones necesarias para pedir un trabajo.
taquimecanografía (f): técnica de escribir a máquina y mediante la taquigrafía o sistema de escritura a base de abreviaturas y signos convencionales.
técnico comercial (m): vendedor.

LECCIÓN 11

acariciar: tocar suavemente.
almacén (m): local donde se gurdan mercancías.
atasco (m): embotellamiento de tráfico.
cuento (m): narración literaria corta.
culpable (m/f): persona que es causa de algo malo o perjudicial.
dar plantón: no acudir a una cita.
ensayo (m): composición literaria constituida por las meditaciones del autor sobre un tema.
estar agotado: estar acabado o no quedar existencias de algo.
estar harto: estar muy cansado o aburrido de hacer algo o de aguantar a alguien.
gripe (f): enfermedad que produce fiebre y que se manifiesta con síntomas de catarro.
novedad (f): lo que ha aparecido recientemente.
partido (m): competición entre dos equipos.
pastilla (f): píldora hecha con algún medicamento.
tocar: ganar un premio en un sorteo.
tontería (f): hecho o dicho tonto o imprudente.

LECCIÓN 12

cursi: que pretende ser elegante o refinado pero resulta ridículo y de mal gusto.
dar una vuelta: dar un paseo.

echar: proyectar una película.
entretenido: divertido.
guardaespaldas (m): persona que acompaña a otra para protegerla de una posible agresión.
jubilado (m): persona que ya no trabaja, generalmente por haber cumplido cierta edad.
montón (m): cantidad grande de algo.
pasado de moda: anticuado.
pasta (f) (col): dinero.
protagonista (m/f): personaje principal en una obra de ficción, como un libro o una película.
recoger: ir a buscar.
sangriento: con muchas escenas crueles y en las que se derrama sangre.
taller (m): lugar donde se arreglan los coches.
tapa (f): pequeña cantidad de comida que se sirve en los bares para acompañar las bebidas.

LECCIÓN 13

aspirador (m): aparato eléctrico que sirve para limpiar la suciedad.
cenicero (m): recipiente en donde se echan las cenizas del cigarro.
cuenta (f): factura.
estropearse: romperse.
faltar: no haber algo o existir en menor cantidad de la que es necesaria.
galleta (f): pasta delgada, seca y crujiente que está cocida al horno.
genial: magnífico, fenomenal.
grabar: registrar imágenes y sonido en un disco o en una cinta magnética que permitan reproducirlos.
gratuito: gratis.
inadmisible: intolerable, que no se puede admitir.
jaula (f): caja hecha con listones o barrotes separados entre sí que sirve para encerrar animales.
marisco (m): animal marino invertebrado, comestible.
podrido: en mal estado.
regar: echar agua.
sábana (f): cada una de las dos piezas de tela que cubren la cama y entre las que se mete una persona al acostarse.
sobrar: haber más de lo necesario.

LECCIÓN 14

abarcar: comprender, extenderse.
agitado: inquieto, movido, con muchas ocupaciones.
basura (f): conjunto de desechos y desperdicios que se tiran.
criada (f): mujer que sirve en una casa.
culebrón (m): serie televisiva con muchos episodios, de argumento enredado y tono marcadamente sentimental.
equivocarse: confundirse.
gasolina (f): producto derivado del petróleo que se usa como combustible para los coches.
hacer la mudanza: trasladar los muebles y enseres a una nueva casa.
jubilarse: dejar de trabajar, generalmente por haber llegado a una determinada edad.
negarse a: no querer hacer algo.
preocuparse: sentir inquietud o angustia.
quedarse sin: acabársele a una persona algo que necesita.
ramo (m): manojo de flores.
recoger: ordenar.
recorrer: atravesar en toda su extensión.

caducado: pasado de fecha.
cartel (m): anuncio, pancarta.
central nuclear (f): instalación en que se genera electricidad por medio de la energía nuclear.
desarrollo (m): crecimiento, evolución.
desertización (f): transformación de un terreno en desierto.
desforestación (f): pérdida o eliminación de las extensiones de bosque.
doler: sentir dolor.
folleto (m): obra impresa de más de cuatro páginas y menos de cincuenta.
grifo (m): dispositivo con una llave que permite regular el paso del agua.
ladrón (m): persona que roba.
marea (f): movimiento de las aguas del mar.
mascarilla (f): careta que se utiliza para cubrirse la boca y la nariz.
pila (f): dispositivo que se utiliza en distintos aparatos para generar electricidad.
piropo (m): cumplido.
repartir: distribuir.
tejido (m): tela.
tercera edad: población jubilada.
vertedero (m): lugar en que se echan las basuras.

CHESTER COLLEGE LIBRARY